Grundwissen
Verwaltungsrecht

Hemmer/Wüst

Januar 2011

Hemmer/Wüst Verlagsgesellschaft

Hemmer/Wüst, Grundwissen Verwaltungsrecht

ISBN 978-3-86193-029-7

4. Auflage, Januar 2011

gedruckt auf chlorfrei gebleichtem Papier
von Schleunungdruck GmbH, Marktheidenfeld

Ihre Online-Recherche: So leicht ist es, bequem von überall – zu Hause, im Zug, in der Uni – zu recherchieren. Ob Sie einen Gesetzestext suchen, Entscheidungen aus allen Gerichtsbarkeiten, zitierte und zitierende Rechtsprechung, Normen, Kommentare oder Aufsätze – **juris by hemmer** bietet Ihnen weitreichend verlinkte Informationen auf dem aktuellen Stand des Rechts.

Erfahrung trifft Erfahrung

juris verfügt inzwischen über mehr als dreißig Jahre Erfahrung in der Bereitstellung und Aufbereitung von Rechtsinformationen und war der erste, der digitale Rechtsinformationen angeboten hat. hemmer bildet seit 1976 Juristen aus. Das umfassende Lernprogramm des Marktführers bereitet gezielt auf die Staatsexamina vor. Jetzt ergänzt durch die intuitive Online-Recherche von juris.

Nutzen Sie die durch das Kooperationsmodell von **juris by hemmer** geschaffene Möglichkeit: Für die Scheine, vor dem Examen die neuesten Entscheidungen abrufen, schnelle Vorbereitung auf die mündliche Prüfung, bequemes Nachlesen der Originalentscheidung passend zur Life&Law und den hemmer-Skripten. So erleichtern Sie sich durch frühzeitigen Umgang mit Onlinedatenbanken die spätere Praxis. Schon für Referendare ist die Online-Recherche unentbehrlich. Erst recht für den Anwalt oder im Staatsdienst ist der schnelle Zugriff obligatorisch. hemmer hat ein umfassendes juris-Paket geschnürt: Über 800.000 Entscheidungen, der juris PraxisKommentar zum BGB und Fachzeitschriften zu unterschiedlichen Rechtsgebieten ermöglichen eine Voll-Recherche!

Das „juris by hemmer"-Angebot für hemmer.club-Mitglieder
So einfach ist es, **juris by hemmer** kennenzulernen:

***Ihr Vorteil:** 6 Monate kostenfrei für alle hemmer Haupt- oder Klausurenkursteilnehmer des Studenten- oder Referendarkurses, die gleichzeitig hemmer.club-Mitglied sind. Die Mitgliedschaft im hemmer.club ist kostenlos.

Danach nur 2,90 € monatlich, solange Sie Jurastudent oder Rechtsreferendar sind. Voraussetzung ist auch dann die Mitgliedschaft im hemmer.club. Auch für alle hemmer.club-Mitglieder, die nicht (mehr) Kursteilnehmer sind, gilt unser Angebot: nur 2,90 € monatlich, solange Sie Jurastudent oder Rechtsreferendar sind. Kündigung jederzeit zum Monatsende möglich.

Jetzt anmelden unter „juris by hemmer": www.hemmer.de

Mit dem exklusiv für Sie konzipierten Online-Recherche-Angebot bieten wir Ihnen zusätzliche Unterstützung bei Ihrer Prüfungsvorbereitung. Lesen Sie hier, wie Sie „juris by hemmer" schnell und effektiv nutzen.

Loggen Sie sich zunächst unter www.juris.de/hemmer mit Ihren Kennungsdaten in die juris-Datenbank ein.

Der einfachste Weg, eine Gerichtsentscheidung zu recherchieren, führt über die Eingabe eines Ihnen bekannten Aktenzeichens. Geben Sie dieses in der Eingabezeile der Suche über alle Dokumente (Schnellsuche) ein und lösen Sie dann die Suche durch Klick auf den Button oder die Enter-Taste aus.

Neben der Aktenzeichen-Suche können Sie auch Fundstellen, Normen oder relevante Textbegriffe in die Suchzeile eingeben. Bei mehreren Suchworten wird automatisch nach der Schnittmenge Ihrer Eingaben gesucht (logische UND-Verknüpfung).

Erhalten Sie zu einer Suchanfrage mehr als einen Treffer, wird Ihnen zunächst eine Treffer-liste angezeigt. Aus dieser können Sie den Treffer, den Sie sich im Detail ansehen möchten, per Mausklick aufrufen.

In der Dokumentansicht werden Ihre Suchbegriffe dort, wo sie im Text auftauchen, farblich hervor-gehoben. Gerade bei der Textsuche erleichtert dies Ihnen die Orientierung.

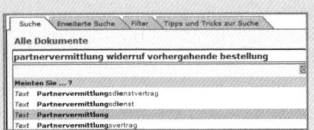

„JURIS BY HEMMER"

Durch Hyperlinks, z.B. in der Normenkette mit entscheidungserheblichen Normen im Dokumentkopf, können Sie sich Querverweise schnell erschließen.

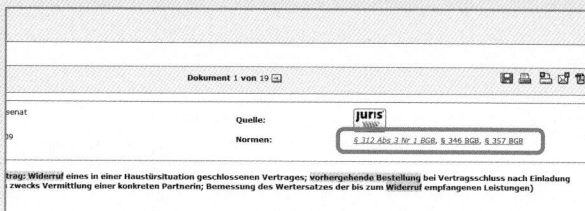

Rufen Sie den gewünschten Gesetzestext per Klick auf und navigieren Sie auch von dort aus zu weiterführenden Informationen. Beispielsweise zur Kommentierung der Norm im juris PraxisKommentar BGB.

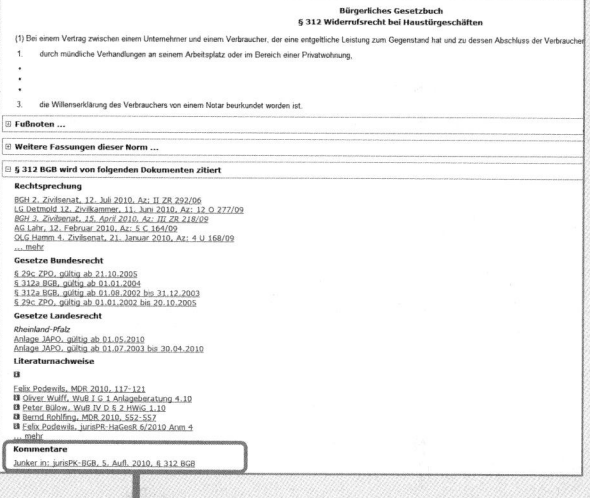

Der juris PraxisKommentar wird von den Verfassern ständig an die aktuelle Rechtslage angepasst. Die entsprechenden Aktualisierungshinweise werden direkt in den Text eingearbeitet und sind grau hinterlegt.

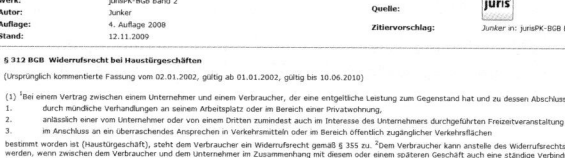

Vorwort

Das vorliegende Skript ist für **Studenten in den ersten Semestern** gedacht. Gerade in dieser Phase ist es wichtig, bei der Auswahl der Lernmaterialien den richtigen Weg einzuschlagen. Auch in den späteren Semestern und im Referendariat sollte man in den grundsätzlichen Problemfeldern sicher sein. Die essentials sollte jeder kennen.

Das Skript ist als Ergänzung zu dem jeweiligen Band unserer Reihe „die wichtigsten Fälle" gedacht. Die für die Lösung der Fälle erforderlichen Grundlagen werden vermittelt. Machen Sie sich klar: Die Gefahr zu Beginn des Studiums liegt darin, den Stoff zu abstrakt zu erarbeiten. Nur ein **problemorientiertes Lernen**, d.h. ein Lernen am konkreten Fall, führt zum Erfolg. Daher empfehlen wir parallel zu diesem Skript gleich eine Einübung anhand der konkreten Fälle der entsprechenden Fallsammlung. Denn in juristischen Klausuren wird nicht ein möglichst breites Wissen abgeprüft. In juristischen Klausuren steht der Umgang mit konkreten Problemen im Vordergrund. Nur wer gelernt hat, sich die Probleme des Falles aus dem Sachverhalt zu erschließen, schreibt die gute Klausur. Es geht darum, Probleme zu erkennen und zu lösen. Abstraktes anwendungsunspezifisches Wissen, sog. „Träges Wissen", täuscht Sicherheit vor, schadet aber letztlich.

Das Skript Grundwissen und die entsprechende Fallsammlung bilden so ein ideales Lernsystem für die Bewältigung der ersten Semester des Studiums.

Bei der Anwendung dieses Lernsystems sind wir Marktführer. Profitieren Sie von der 30-jährigen Erfahrung des Juristischen Repetitoriums hemmer im Umgang mit Examensklausuren. Diese Erfahrung fließt in sämtliche Skripten des Verlages ein. Das Repetitorium beschäftigt und beschäftigte **ausschließlich Spitzenjuristen**, teilweise Landesbeste ihres eigenen Examenstermins. Die so erreichte Qualität in Unterricht und Skripten werden Sie woanders vergeblich suchen. Lernen Sie mit den Profis!

Erarbeiten Sie sich das notwendige Handwerkszeug anhand unserer Skripten. Sie werden feststellen: Wer Jura richtig lernt, dem macht es auch Spaß. Je mehr Sie verstehen, desto mehr Freude werden Sie haben, sich neue Probleme durch eigenständiges Denken zu erarbeiten. Wir bieten Ihnen mit unserer **juristischen Kompetenz** die notwendige Hilfestellung.

Vertrauen Sie auf unsere Erfahrungen im Umgang mit Prüfungsklausuren. Unser Beruf ist es, **alle klausurrelevanten Inhalte** zusammenzutragen und verständlich aufzubereiten. Prüfungsinhalte wiederholen sich. Wir vermitteln Ihnen das, worauf es in der Prüfung ankommt – verständlich – knapp – präzise.

Wir hoffen, Ihnen den Einstieg in das juristische Denken mit dem vorliegenden Skript zu erleichtern und würden uns freuen, Sie auf Ihrem Weg in der Ausbildung auch weiterhin begleiten zu dürfen.

hemmer   wüst

Inhaltsverzeichnis: Die Zahlen beziehen sich auf die Seiten des Skripts.

§ 1 EINFÜHRUNG

A) Die öffentlich-rechtliche Klausur im juristischen Studium

Bedeutung im Studium

Dem öffentlichen Recht kommt große Bedeutung zu: Fast jeder Jurastudent muss i.R. seines Studiums sowohl öffentlich-rechtliche Scheine als auch die Zwischenprüfung bestehen und im Ersten Staatsexamen mindestens eine Klausur aus dem öffentlichen Recht bewältigen. Daneben wird das Öffentliche Recht auch als Nebenfach in anderen Studiengängen (etwa für Wirtschaftswissenschaftler oder Diplom-Geographen, für welche das vorliegende Skript durchaus auch eine sinnvolle Einstiegslektüre darstellt) gelehrt.

1

Gleichwohl haben viele (Jura-)Studenten eine regelrechte Abneigung gegen dieses Fach. Dies liegt wohl nicht nur daran, dass in vielen Bundesländern das Zivilrecht das Studium dominiert, die strafrechtlichen Fälle regelmäßig „unterhaltsamer" gebildet werden können und „die Verwaltung" entsprechend eines gängigen Vorurteils als langweilig und verstaubt befunden wird.

Eigenarten des ÖR

Vielmehr schreckt auch die gewaltige Stofffülle, die sich in teilweise unüberschaubaren Gesetzessammlungen widerspiegelt, manchen Studenten ab. Schließlich ist das Öffentliche Recht dasjenige Fach, in dem zum ersten Mal i.R.d. Jurastudiums vertiefte prozessuale Kenntnisse erforderlich sind.

2

Andererseits bringen genau diese Eigenschaften des Öffentlichen Rechts auch wieder gewisse Vorzüge mit sich: Wo es „viel Gesetz" gibt (was zwar nicht im Verfassungs-, aber im Verwaltungsrecht der Fall ist), muss man sein Gedächtnis nicht mit unzähligen Einzelheiten belasten, sondern kann mit dem Gesetzestext arbeiten. Die häufige prozessuale Einkleidung von öffentlich-rechtlichen Klausuren hat den Vorteil, dass man sich zumeist an einem relativ leicht erlernbaren Schema „entlanghangeln" kann, welches gerade für den ersten Einstieg in eine Klausur eine gewisse Sicherheit gibt.

B) Klärung wichtiger Grundbegriffe

Grundbegriffe

Bevor die systematische Darstellung des Verfassungs- und des Verwaltungsrechts erfolgt, werden zunächst einige wenige wichtige Grundbegriffe geklärt, die den meisten Lesern bekannt sein sollten, deren Einordnung aber gerade bei Anfängern immer wieder auf Schwierigkeiten stößt.

3

I. Verfassungsrecht und Verwaltungsrecht

VerfassungR ⇔ VerwaltungR

Das Verfassungsrecht und das Verwaltungsrecht gehören jeweils zum Bereich des Öffentlichen Rechts; dieses regelt das Verhältnis des Staates zum Bürger bzw. der Staatsorgane untereinander, während das Privatrecht das Verhältnis der Bürger untereinander regelt.

4

> **Bsp. 1:** *Möchte der Bürger B von einer staatlichen Stelle die Genehmigung zum Bau eines Hauses, bestimmt sich die Erteilung der Genehmigung nach dem öffentlichen Recht (BauGB, LBOen).*

> **Bsp. 2:** *Ist B der Meinung, der Videorecorder, den er im Kaufhaus K erworben hat, sei fehlerhaft, bestimmen sich seine Rechte ausschließlich nach dem Privatrecht (z.B. §§ 434 ff. BGB).*

hemmer-Methode: Allein die Tatsache, dass auf einer Seite eine Behörde handelt, lässt aber noch keinen Rückschluss auf das Öffentliche Recht zu. Vielmehr ist das Privatrecht einschlägig, wenn der Staat dem Bürger nicht hoheitlich, sondern wie ein Privater gegenübertritt, wenn also z.B. die Behörde im Kaufhaus Bleistifte kauft (sog. fiskalische Hilfsgeschäfte der Verwaltung) oder bei reinen erwerbswirtschaftlichen Tätigkeiten (z.B. städtische Brauerei).

Graphisch lässt sich also das Verhältnis der Rechtsgebiete wie folgt darstellen:

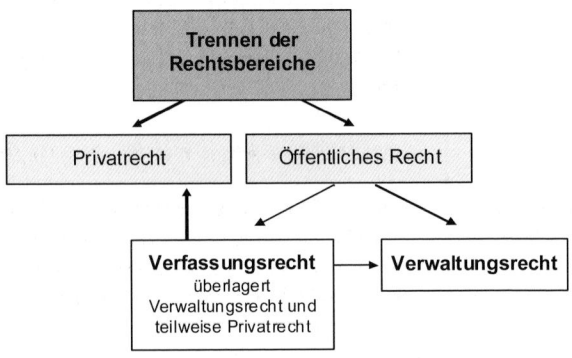

Normenhierarchie

Allerdings darf diese Abbildung nicht dahingehend missverstanden werden, dass Verwaltungs- und Verfassungsrecht wirklich gleichgeordnet sind. 5

Vielmehr besteht ein Vorrang des Verfassungsrechts, welches jedem anderen Recht übergeordnet ist.

hemmer-Methode: Das Verfassungsrecht steht also an der Spitze der Normenhierarchie, gefolgt von formellen Gesetzen, also solchen, die vom Parlament in einem förmlichen Verfahren erlassen worden sind, und den untergesetzlichen Rechtsvorschriften wie Satzungen und Verordnungen (bloß materielle Gesetze). Innerhalb dieser Normenhierarchie ist zudem noch der in Art. 31 GG angeordnete Vorrang des Bundesrechts vor dem Landesrecht zu berücksichtigen. Damit ergibt sich zusammengefasst folgende Rangfolge:
1. Bundesverfassungsrecht
2. formelle Bundesgesetze
3. Rechtsverordnungen des Bundes
4. Landesverfassungsrecht
5. formelle Landesgesetze
6. Satzungen und Verordnungen des Landesrechts

Regelungsgehalt des GG

Das Grundgesetz als Verfassung regelt zum einen die Grundlagen der Staatsorganisation, also z.B. die Befugnisse der obersten Staatsorgane und ihr Verhältnis untereinander sowie die Staatszielbestimmungen. 6

Zum anderen werden die elementaren Grundzüge des Verhältnisses Bürger – Staat in seinem Grundrechtsteil in den Art. 1 bis 19 GG geregelt.

Eine genauere Konkretisierung dieses Verhältnisses findet im Verwaltungsrecht statt, welches sich aber immer an die Vorgaben des übergeordneten Verfassungsrechts halten muss.

D.h. das einfache Gesetzesrecht darf nicht gegen das Grundgesetz verstoßen und in Zweifelsfällen ist die Interpretation des einfachen Gesetzesrechts zu wählen, die mit der Verfassung übereinstimmt (verfassungskonforme Auslegung).

II. Formelles Recht und materielles Recht

formelles Recht ⇔ materielles Recht

Eine wichtige Unterscheidung, die in diesem Skript zum Öffentlichen Recht häufig eine Rolle spielen wird, ist die zwischen formellem und materiellem Recht bzw. zwischen formeller und materieller Rechtmäßigkeit. 7

Vereinfacht ausgedrückt bestimmt das materielle Recht, wie die Rechtslage im Hinblick auf einen bestimmten Sachverhalt tatsächlich ist. Dagegen legt das formelle Recht fest, wie das entsprechende Recht verwirklicht werden kann bzw. wie über die Rechtslage entschieden werden muss.

Bsp.: Unter welchen Voraussetzungen jemand eine Baugenehmigung bekommen kann, oder aber wann ihm ein Gewerbe untersagt werden kann, regelt das materielle Recht.

Welches Verfahren bei der Erteilung der Genehmigung bzw. der Untersagung einzuhalten ist, also z.B. welche Anträge gestellt und welche Beteiligten angehört werden müssen, sind formell-rechtliche Fragen.

hemmer-Methode: Im Zivilrecht spielt dagegen die Einhaltung von Formen eine geringere Rolle, regelmäßig ist z.B. ein Vertragsschluss unter Privaten formfrei. Bei staatlichem Handeln muss dagegen zum einen geklärt sein, welches Organ handeln darf; zum anderen dient es der Rechtssicherheit und dem Schutz vor staatlicher Willkür, wenn Entscheidungen in einem formalisierten Verfahren getroffen werden.

Ein Akt staatlicher Gewalt ist dabei grds. nur dann rechtmäßig, wenn seine formellen und seine materiellen Voraussetzungen erfüllt sind.

8

Bsp. 1: Ein Gesetz darf (materiell) nicht gegen die Grundrechte verstoßen und muss (formell) in einem ordnungsgemäßen Gesetzgebungsverfahren erlassen worden sein.

Bsp. 2: Eine Gewerbeuntersagung muss sich auf die gesetzlich vorgesehenen Gründe (z.B. § 35 BauGB) stützen und in einem formell ordnungsgemäßen Verwaltungsverfahren (zuständige Behörde, Anhörungen, usw.) erlassen worden sein.

hemmer-Methode: Verwechseln Sie die Unterscheidung in formelle und materielle Rechtmäßigkeit nicht mit der oben schon einmal angesprochenen Differenzierung in formelle und materielle Gesetze. Formell sind alle die Gesetze, die vom Gesetzgeber im verfassungsrechtlich vorgegebenen Verfahren erlassen worden sind. Maßgebend ist also die äußere Form. Materiell liegt hingegen dann ein Gesetz vor, wenn es seinem Inhalt nach abstrakt und generell die Beziehungen zwischen Staat und Bürger regelt. Das BauGB ist z.B. ein Gesetz im formellen und materiellen Sinn. Der Bebauungsplan, der nach § 10 BauGB als Satzung beschlossen wird, ist hingegen nur ein Gesetz im materiellen Sinn.

Verwaltung = v.a.
Vollzug von Gesetzen

Verwaltungsrecht ist das Rechtsgebiet, das sich mit der Exekutive (Verwaltung) in Abgrenzung zur Judikative (Rechtsprechung) und Legislative (Gesetzgebung) beschäftigt.

9

Verwaltung bedeutet dabei im Wesentlichen den Vollzug der von der Legislative vorgegebenen Gesetze (**Gewaltenteilung**, siehe unten Rn. 187 ff.). Es handelt sich also um die Form des Staatshandelns, mit der es der Bürger „normalerweise" am häufigsten zu tun hat.

Bsp.: *Erteilung einer Baugenehmigung oder eines Führerscheins; Untersagung eines Gewerbes; Zulassung zu einer öffentlichen Einrichtung (z.B. Stadthalle) usw.*

hemmer-Methode: Begrifflich ebenfalls dem Verwaltungsrecht zuzuordnen sind das Steuerrecht, das Sozialrecht und eigentlich auch das Strafrecht. Allerdings werden diese überwiegend als eigene Rechtsgebiete aufgefasst.

Bedeutung des
Prozessrechts

Im Gegensatz zum Zivilrecht und Strafrecht muss man sich im Verwaltungsrecht von Beginn an auch mit prozessualen Problemen auseinandersetzen. Typisch für eine verwaltungsrechtliche Klausur ist die Verknüpfung von Prozessrecht und materiellem Recht. Die Fallfrage lautet hier zumeist:

10

⇨ „Hat die eingelegte Klage Aussicht auf Erfolg?".

hemmer-Methode: Nur wer Probleme nicht nur lernt, sondern auch versteht, ist in der Lage, in einer Klausur auch unbekannte Probleme zu lösen. Mit diesem Verständnis macht Jura Spaß und wird nie zu einer stupiden und zudem erfolglosen Auswendiglernerei. Fragen Sie sich deshalb immer nach dem „Warum?". Warum ist es z.B. gerade im Verwaltungsrecht besonders wichtig, sich vor einem Gericht gegen staatliches Handeln wehren zu können?
Die Antwort auf diese Frage gibt zum einen Art. 19 IV GG, der dem Bürger zum Schutz gegen staatliche Eingriffe einen Rechtsweg garantiert (Rechtsstaatsprinzip, unten Rn. 423 ff). Zum anderen ist es die Grundaussage des Gewaltenteilungsgrundsatzes (siehe unten Rn. 187), dass Verwaltungshandeln von unabhängigen Gerichten auf seine Rechtmäßigkeit hin überprüft werden kann.

§ 2 Klagearten der VwGO[1]

A) Klagearten

§ 173 VwGO ⇨ Verweis auf ZPO

Das Verwaltungsprozessrecht baut im Wesentlichen auf das Zivilprozessrecht auf. Nach § 173 VwGO ist z.b. die ZPO immer dann entsprechend heranzuziehen, wenn sich in der VwGO zu einer Frage keine Regelungen finden. **11**

hemmer-Methode: Fassen Sie das Verwaltungsprozessrecht deshalb von Beginn an als Chance auf. Sie haben hier die Möglichkeit, sich Grundlagen auch für das Zivilprozessrecht zu schaffen. Beide Rechtsgebiete werden bspw. gleichermaßen vom Dispositionsgrundsatz beherrscht, § 88 VwGO bzw. § 305 ZPO. Dieser beinhaltet, dass das Gericht nur soweit und solange tätig werden darf, wie von den Parteien eine Entscheidung begehrt wird.

Klagearten

Wie im Zivilprozessrecht gibt es auch im Verwaltungsprozessrecht drei verschiedene Grundklagearten. Maßgeblich für die Abgrenzung der Klagearten ist immer das Klagebegehren, also der Antrag des Klägers, an den das Gericht gebunden ist, § 88 VwGO. **12**

I. Leistungsklagen

Leistungsklage

Mit dieser Klage verfolgt der Bürger das Ziel, die Behörde bzw. deren Rechtsträger durch das Gericht zur Vornahme einer bestimmten Handlung verurteilen zu lassen. **13**

Verpflichtungsklage als besondere Leistungsklage

Besteht diese Handlung im Erlass eines Verwaltungsaktes i.S.d. § 35 VwVfG (vgl. dazu unten Rn. 37 ff.), ist eine **Verpflichtungsklage** nach § 42 I Alt. 2 VwGO einschlägig. **14**

hemmer-Methode: Im Folgenden werden die Vorschriften des Bundes-VwVfG (in §§) zugrunde gelegt. Beim Handeln einer Landesbehörde müssen Sie die (grds. inhaltsgleichen) Normen Ihres jeweiligen Landes-VwVfG anwenden, vgl. § 1 III VwVfG.

allgemeine Leistungsklage

Begehrt der Kläger eine sonstige Leistung der Behörde, so handelt es sich um eine allgemeine Leistungsklage, die zwar in der VwGO nicht speziell geregelt ist, aber in verschiedenen Vorschriften als selbstverständlich bestehend vorausgesetzt wird, z.B. in §§ 43 II, 111, 113 IV VwGO. **15**

---

[1] Ausführlich Hemmer/Wüst, Verwaltungsrecht I, Rn. 7 ff.

> **hemmer-Methode:** Die §§ 42, 43 VwGO zählen die Klage-
> arten im Verwaltungsprozessrecht nicht abschließend auf.
> Im Hintergrund steht Art. 19 IV GG, der dem Bürger in allen
> grundrechtsrelevanten Bereichen den Weg zu den Gerichten
> eröffnet (vgl. Rechtsstaatsprinzip, s. oben Rn. 423 ff.).
> Deshalb muss es für jedes Klagebegehren des Bürgers eine
> statthafte Klageart geben, vgl. auch § 40 VwGO „in allen".

II. Gestaltungsklagen

Gestaltungsklage

Mit einer Gestaltungsklage verfolgt der Bürger das Ziel, die   **16**
Rechtslage durch das Urteil zu seinen Gunsten zu verän-
dern. Eine solche Gestaltungsklage in Form der **Anfechtungsklage** ist statthaft, wenn der Kläger die Aufhebung eines Verwaltungsaktes begehrt, § 42 I Alt. 1 VwGO. Ist die
Klage zulässig und begründet, hebt das Gericht gemäß
§ 113 I S. 1 VwGO den angefochtenen Verwaltungsakt auf,
ändert also unmittelbar durch sein Urteil die Rechtslage.

> **hemmer-Methode:** Grenzen Sie zur Leistungsklage ab! Im
> Falle eines Leistungsurteils wird die Behörde lediglich zur
> Änderung der Rechtslage z.B. zum Erlass eines VA verur-
> teilt. Im Fall des Gestaltungsurteils nimmt das Gericht die
> Rechtsänderung selber vor, indem es den angefochtenen
> VA aufhebt. Die Gestaltungsklage ist also rechtsschutzinten-
> siver und damit vorrangig!
> Hintergrund dieser Unterscheidung ist der Gewaltentei-
> lungsgrundsatz (siehe unten Rn. 187). Mit diesem wäre es
> unvereinbar, wenn das Gericht eine verwaltungstypische
> Handlung wie den Erlass eines VA selbst vornehmen würde.
> Die Aufhebung einer fehlerhaften Verwaltungsentscheidung
> hingegen ist eine Handlung, die in den Kernbereich der Ju-
> dikative fällt.

Dass im Fall eines rechtswidrigen VA überhaupt eine ge-   **17**
sonderte Aufhebung notwendig ist und nicht wie bei Gesetzen die Feststellung der Unwirksamkeit ausreicht (abstrakte
und konkrete Normenkontrolle vor dem BVerfG, § 78 I BVer-
fGG, Normenkontrolle vor dem OVG, § 47 VwGO), hat seinen Grund in § 43 II VwVfG. Danach ist im Interesse der
Rechtssicherheit und der Effektivität der Verwaltung auch
ein rechtswidriger VA grundsätzlich wirksam (ausführlicher
dazu unten Rn. 76 ff.).

III. Feststellungsklagen

Feststellungsklage

Mit der Feststellungsklage begehrt der Bürger in Abgren- **18**
zung zur Leistungs- und Gestaltungsklage keine Veränderung der Rechtslage, sondern lediglich deren Feststellung.

(Nicht-)Bestehen ei-
nes Rechtsverhält-
nisses oder Nich-
tigkeit eines VA

Ist Streitgegenstand das Bestehen oder Nichtbestehen eines **19**
Rechtsverhältnisses oder die Feststellung der Nichtigkeit eines VAs, dann handelt es sich um eine allgemeine Feststellungsklage nach § 43 I VwGO, die allerdings gegenüber den
übrigen Klagearten der VwGO subsidiär ist, § 43 II VwGO.

Geht es dem Kläger dagegen um die Feststellung der Nichtigkeit einer Rechtsvorschrift des (nur) materiellen Landesrechts, dann ist die Normenkontrollklage nach § 47 VwGO
einschlägig.

hemmer-Methode: Einen Sonderfall stellt die Fortsetzungsfeststellungsklage nach § 113 I S. 4 VwGO dar. Diese ist
statthaft, wenn der Kläger die Feststellung der Rechtswidrigkeit eines bereits erledigten VAs begehrt. Ihrer Rechtsnatur
nach handelt es sich dabei um eine Feststellungsklage, die
allerdings häufig als umgestellte Anfechtungsklage bezeichnet wird.

B) Sachurteilsvoraussetzungen

hemmer-Methode: Der Begriff „Sachurteilsvoraussetzungen" tritt an die Stelle der „Zulässigkeit der Klage". Hintergrund ist die Regelung des § 17a GVG. Danach ist die Eröffnung des Rechtsweges keine eigentliche Zulässigkeitsvo-
raussetzung mehr, da eine Klage, mit welcher der falsche
Rechtsweg beschritten wurde, nicht als unzulässig abgewie-
sen wird. Es wird vielmehr von Amts wegen an das für den
Streit zuständige Gericht verwiesen, § 17a II S. 1 GVG.
Gleiches gilt über § 83 VwGO für die sachliche und örtliche
Zuständigkeit. Aus diesem Grund sollten Sie nicht von der
Zulässigkeit sondern von Sachurteilsvoraussetzungen spre-
chen. Eine gleichwertige Alternative ist es, die Prüfung des
§ 40 I VwGO aus dem Zulässigkeitsschema herauszuneh-
men und ihm als eigenen Gliederungspunkt voranzustellen.
In der Klausur sollte man sich ohne Diskussion für einen der
Wege entscheiden, da alle akzeptiert werden.

Sachurteilsvorausset- Den Klagearten der VwGO sind folgende Sachurteilsvoraus- **20**
zungen setzungen gemeinsam:

Sachurteilsvoraussetzungen:

I.   **Eröffnung des Verwaltungsrechtsweges, § 40 I S. 1 VwGO**

II.   **Statthafte Klageart**

III.   **Klagebefugnis, § 42 II VwGO (analog)**

IV.   **Beteiligten- und Prozessfähigkeit, §§ 61, 62 VwGO**

V.   **Allgemeines Rechtsschutzbedürfnis**

VI.   Weitere Zulässigkeitsvoraussetzungen (nur sofern problematisch, z.b. ordnungsgemäße Klageerhebung nach §§ 81, 82 VwGO, Gerichtszuständigkeit, §§ 45, 52 VwGO)

Besonderheiten bei Hinzu kommen für die Anfechtungs- und Verpflichtungsklage **21**
Anfechtungs- und weitere besondere Prozessvoraussetzungen wie das Wider-
Verpflichtungsklage spruchsverfahren und die Klagefrist. Die Besonderheiten für Anfechtungs- und Verpflichtungsklage sind in §§ 68 ff. VwGO geregelt.

> **hemmer-Methode:** Da nahezu alle typischen Klausuren aus dem Verwaltungsrecht mit einer Zulässigkeitsprüfung bzw. der Prüfung der Sachurteilsvoraussetzungen beginnen, trägt ein diesbezüglich gelungener Einstieg zum guten „ersten Eindruck" des Korrektors bei.
> Allerdings sollten Sie von Beginn an im Auge behalten, dass hier kaum einmal die Schwerpunkte einer Klausur liegen werden. Es kommt deshalb hier vor allem darauf an, die einzelnen Punkte kurz und flüssig abzuhandeln, um nicht zu viel Zeit für die maßgebliche Begründetheitsprüfung zu verlieren.
> **Tipp:** Wenn Sie in einer Klausur regelmäßig Zeitprobleme haben, kann es ratsam sein, bei der Ausformulierung der Lösung mit der Begründetheit zu beginnen.

§ 3 ANFECHTUNGSKLAGE[2]

A) Sachurteilsvoraussetzungen

Sachurteilsvorausset-
zungen der Anfech-
tungsklage

Bei der Anfechtungsklage sind folgende Punkte als Sachurteilsvoraussetzungen zu beachten:

22

I. **Eröffnung des Verwaltungsrechtsweg, § 40 I VwGO**

II. **Statthaftigkeit der Anfechtungsklage**

III. **Klagebefugnis, § 42 II VwGO**

IV. **Vorverfahren, §§ 68 ff. VwGO**

V. **Klagefrist, § 74 VwGO**

VI. **Beteiligten- und Prozessfähigkeit, §§ 61, 62 VwGO**

VII. **Sonstiges: ordnungsgemäße Klageerhebung (§§ 81, 82 VwGO), richtiger Beklagter (§ 78 VwGO), allgemeines Rechtsschutzbedürfnis**

I. Eröffnung des Verwaltungsrechtswegs

Prüfungsschema

Nach den gesetzlichen Tatbestandsmerkmalen des § 40 I
VwGO ist folgendermaßen vorzugehen:

23

---

1. **aufdrängende Sonderzuweisung**

2. **öffentlich-rechtliche Streitigkeit gem. § 40 I VwGO**

3. **nicht-verfassungsrechtlicher Art**

4. **keine abdrängende Sonderzuweisung**

---

hemmer-Methode: Es sei nochmals darauf hingewiesen,
dass in der Zulässigkeit der Anfechtungsklage und gerade
bei der Frage des Rechtsweges häufig gar keine Probleme
auftauchen werden. Fassen Sie sich hier deshalb kurz. Das
Herunterbeten angelernten Wissens bringt hier keine Plus-
punkte und kostet nur wertvolle Zeit.
Legen Sie sich deshalb eine Standardformulierung zurecht,
die Sie in den meisten Fällen benutzen können. Unser Vor-
schlag:

---

[2] Ausführlich Hemmer/Wüst, Verwaltungsrecht I, Rn. 15 ff.

„Der Verwaltungsrechtsweg gem. § 40 I VwGO ist eröffnet, da es sich um eine Streitigkeit auf dem Gebiet des öffentlichen Baurechts (Kommunalrechts, Polizeirechts, Gewerberechts etc.) handelt, die nicht verfassungsrechtlicher Art ist und für die keine anderweitige Zuweisung ersichtlich ist."

1. Aufdrängende Sonderzuweisung

24

Sonderzuweisung zu Verw.gerichten (z.B. § 126 BRRG)

Eine aufdrängende Sonderzuweisung liegt vor, wenn die Verwaltungsgerichte durch eine spezielle Rechtsnorm für zuständig erklärt werden. Bei einer derartigen Vorschrift entfällt eine Prüfung des § 40 I VwGO. Ein Beispiel hierfür sind § 126 I Bundesbeamtengesetz (BBG)[3] bzw. die entsprechenden Vorschriften der Landesgesetze, die die Verwaltungsgerichte in **allen** „beamtenrechtlichen" Streitigkeiten für zuständig erklärt.

2. Öffentlich-rechtliche Streitigkeit

öffentlich-rechtliche Streitigkeit

Für die Prüfung der öffentlich-rechtlichen Streitigkeit eignet sich folgende Vorgehensweise:

25

⇨ Festlegung des Streitgegenstands / Klagebegehrens

⇨ Zuordnung dieses Streitgegenstandes zu einer streitbeherrschenden Norm

⇨ Qualifikation dieser Norm als öffentlich-rechtlich oder privatrechtlich

---

a) Festlegung des Streitgegenstandes

Streitgegenstand

Der Streitgegenstand wird geklärt durch eine Festlegung des Klagebegehrens, d.h. es ist darzustellen, was der Kläger mit seiner Klage genau erreichen möchte, welchen Anspruch er gegen die öffentliche Hand zu haben glaubt.

26

hemmer-Methode: Die Bedeutung dieses Punktes wird meist unterschätzt. Dabei werden an diesem Punkt die Weichen auch für die Festlegung der richtigen Klageart gestellt. Arbeiten Sie hier genau, da sonst die Gefahr besteht, dass die Klausur das vorgegebene Thema verfehlt.

---

[3] Sartorius 150

b) Zuordnung

streitentscheidende Norm

Der zweite Schritt besteht in der Prüfung der Frage, nach **27** welchen Normen dieser Streitgegenstand zu entscheiden ist.

Im „Normalfall" der Verwaltungsrechtsklausur, also der Anfechtungs- und Verpflichtungsklage, ist hier einfach auf die Rechtsgrundlage für den Verwaltungsakt abzustellen.

> ***Bsp.:*** *Begehrt der Bürger die Aufhebung einer Gaststättenerlaubnis, sind die streitentscheidenden Normen §§ 48, 49 VwVfG, da diese Vorschriften bestimmen, unter welchen Voraussetzungen eine Erlaubnis zu erteilen ist.*

Probleme ergeben sich hierbei i.R.d. Anfechtungsklage praktisch nicht. Die schwierigen Fälle finden sich bei der Verpflichtungsklage,[4] vor allem aber der allgemeinen Leistungsklage.[5]

c) Qualifikation

entscheidend ist streitbeherrschende Norm

Eine öffentlich-rechtliche Streitigkeit liegt dann vor, wenn die **28** i.R.d. Zuordnung gefundene streitbeherrschende Norm als öffentlich-rechtliche zu qualifizieren ist.

hemmer-Methode: In aller Regel werden Sie auf diese Frage überhaupt nicht eingehen müssen. Dass Normen des BauGB, des GastG, GewO, der Landesbauordnungen u.Ä. dem öffentlichen Recht zuzuordnen sind, ist so selbstverständlich, dass es keiner Ausführungen bedarf.

Abgrenzungstheorien

Auf die in Lit. und Rspr. entwickelten Abgrenzungstheorien **29** ist in aller Regel nicht einzugehen.

Diese daher nur in Kürze:

➪ Nach der Interessentheorie zeichnen sich öffentlich-rechtliche Rechtsvorschriften durch die Verfolgung öffentlicher Interessen aus. Problematisch ist hier jedoch, dass das Öffentliche Recht auch Individualinteressen dienen kann.

---

[4] Siehe u. Rn. 262 ff.
[5] Siehe u. Rn. 340 ff.

⇨ Nach der Subordinationstheorie ist eine Rechtsnorm öffentlich-rechtlich, wenn sie ein Über-/Unterordnungsverhältnis zwischen Personen begründet. Problematisch ist hierbei jedoch, dass öffentliches Recht auch im Gleichordnungsverhältnis möglich ist, z.B. beim öffentlich-rechtlichen Vertrag.

⇨ Die herrschende modifizierte Subjektstheorie qualifiziert eine Norm als öffentlich-rechtlich, wenn sie sich ausschließlich an einen Träger öffentlicher Gewalt in dieser Funktion richtet.

3. Streitigkeit nicht verfassungsrechtlicher Art

keine doppelte Verfassungsun-mittelbarkeit

Eine Streitigkeit ist nur dann verfassungsrechtlicher Art, wenn zwei **unmittelbar am Verfassungsleben Beteiligte** (Verfassungsorgane und deren Teile) sich **um materielles Verfassungsrecht streiten** (sog. **doppelte Verfassungsunmittelbarkeit**).

30

Bspe.:

- *Für eine verfassungsrechtliche Streitigkeit: Bundesrat und Bundestag streiten darüber, ob der Bundesrat im Gesetzgebungsverfahren ausreichend berücksichtigt wurde (Organstreitverfahren, abstrakte Normenkontrolle)*

- *Gegen eine verfassungsrechtliche Streitigkeit: Ein Bürger beruft sich vor dem VG auf seine Grundrechte. Die doppelte Verfassungsunmittelbarkeit scheitert schon daran, dass der Bürger kein Verfassungsorgan ist.*

hemmer-Methode: Vergleichen Sie hierzu Hemmer/Wüst, „Die 44 wichtigsten Fälle nicht nur für Anfangssemester", Fall 2.

4. Keine abdrängende Sonderzuweisung, § 40 I S. 1 HS 2 und S. 2 VwGO

§ 40 I VwGO, andere Rechtswegzuweisung

Liegen die Voraussetzungen des § 40 I VwGO an sich vor, kann dennoch eine Sonderzuweisung an einen anderen Gerichtszweig bestehen.

31

In der Praxis sind hierbei vor allem die Zuweisungen an die „besonderen" Verwaltungsgerichte der Sozial- und Finanzgerichtsbarkeit nach § 51 Sozialgerichtsgesetz (SGG) bzw. § 33 Finanzgerichtsordnung (FGO) interessant.

Klausurrelevant dagegen sind alleine die Zuweisungen an   *32*
die ordentliche Gerichtsbarkeit.

Eine wichtige Zuweisung für den Bereich des **Polizeirechts**   *33*
findet sich in **§ 23 EGGVG**.

Doppelfunktion   Die Polizei hat eine doppelte Funktion:

⇨   Im präventiven Bereich muss sie Störungen der öffentlichen Sicherheit und Ordnung, also auch die Begehung
von Straftaten, verhüten

⇨   Im repressiven Bereich hat sie als Hilfsorgan der
Staatsanwaltschaft die Aufgabe, Straftaten mit den Mit-
teln der StPO aufzuklären, § 163 StPO. Gleiches gilt für
Ordnungswidrigkeiten, § 53 OWiG.

Justizverwaltungsakte   Für die Klärung der Rechtmäßigkeit des entsprechenden   *34*
Vorgehens sind verschiedene Rechtswege eröffnet. Die re-
pressiven „Justizverwaltungsakte" werden nach § 23
EGGVG[6] bzw. § 68 OWiG dem ordentlichen Rechtsweg zu-
gewiesen, die präventiven Akte verbleiben im Verwaltungsrechtsweg nach § 40 I VwGO.

In Polizeirechtsfällen ist also danach zu fragen, ob die angegriffene Maßnahme im präventiven oder repressiven Bereich
stattgefunden hat.

Problematisch ist dies insbesondere dann, wenn ein gesam-
ter Polizeieinsatz beschrieben wird und der Charakter der
Maßnahmen innerhalb des Einsatzes wechselt oder zu
wechseln scheint.

Bsp.: *Die Polizei schleppt ein falsch geparktes Fahrzeug*
ab.

Falschparken stellt zum einen i.d.R. eine Ordnungswidrigkeit dar, vgl. §§ 49 I Nr. 12, 13 StVO, sodass der repressive Tätigkeitsbereich der Polizei eröffnet ist, § 53
OWiG. Zum anderen besteht hier die Gefahr, dass das
Dauerdelikt Falschparken weiterhin verwirklicht wird, sodass die Polizei auch präventiv tätig werden könnte.

Das Abschleppen stellt jedenfalls nach seinem Schwerpunkt eine Maßnahme der Gefahrenabwehr dar, sodass
über die Frage der Rechtmäßigkeit die Verwaltungsgerichte zu entscheiden haben, § 40 I VwGO.

---

[6]   Einführungsgesetz zum Gerichtsverfassungsgesetz, Schönfelder 95a.

Nur durch ein Abschleppen des Kfz kann die Gefahr für die öffentliche Ordnung beseitigt werden. Als repressive Maßnahme ist das Abschleppen aber nicht erforderlich, soweit zur Ahndung der Ordnungswidrigkeit, d.h. zum Erlass eines Bußgeldbescheides, auch das Aufschreiben der Nummer genügt hätte.

hemmer-Methode: Die Abgrenzung polizeilichen Handelns ist auch Thema von Hemmer/Wüst „Die 44 wichtigsten Fälle nicht nur für Anfangssemester", Fall 3.

Eine weitere abdrängende Zuweisung auf dem Gebiet des Polizeirechts findet sich in den landesrechtlichen Vorschriften, die den Vorbehalt des ordentlichen Gerichts für die Entscheidung über Freiheitsentziehungen nach Art. 104 II GG realisieren, vgl. z.B. § 36 PolG NW, Art. 18 II S. 2 BayPAG, § 22 VIII SächsPolG.   *35*

II. Statthaftigkeit der Anfechtungsklage

Anfechtungsklage:
Aufhebung eines VA

Die Anfechtungsklage ist statthaft, wenn der Kläger die **Aufhebung eines Verwaltungsakts begehrt**, § 42 I Alt. 1 VwGO. Entscheidend hierfür ist wiederum das Klagebegehren. Die Statthaftigkeit der Anfechtungsklage ist in folgenden Schritten zu prüfen: *36*

---

1. Vorliegen eines Verwaltungsakts: Voraussetzungen des **§ 35 VwVfG**, sowie ordnungsgemäße **Bekanntgabe**, § 41 VwVfG

2. Keine **Nichtigkeit** des Verwaltungsakts, § 44 VwVfG

3. Keine **Aufhebung** oder anderweitige Erledigung des Verwaltungsakts, § 43 II VwVfG

---

1. Vorliegen eines Verwaltungsakts, § 35 VwVfG[7]

Begriff des Verwaltungsakts

Zunächst ist der Tatbestand des § 35 VwVfG zu prüfen.   *37*

hemmer-Methode: Das Vorliegen eines VA ist in Klausuren meist unproblematisch und kann mit dem Hinweis, dass „die Anfechtungsklage richtige Klageart ist, da es sich hier um einen VA i.S.d. § 35 VwVfG handelt", erledigt werden. Sollte sich ausnahmsweise ein Problem ergeben, sind die Tatbestandsmerkmale der VA-Definition aus § 35 S. 1 VwVfG einzeln durchzuprüfen.

---

[7]   Ausführlich Hemmer/Wüst, Verwaltungsrecht I, Rn. 54 ff.

a) Maßnahme einer **Behörde**, § 1 IV VwVfG

b) zur **Regelung**

c) eines **Einzelfalls**

c) auf dem Gebiet des **Öffentlichen Rechts** (in der Klausur regelmäßig bereits i.R.d. § 40 VwGO bejaht)

d) gerichtet auf **unmittelbare Rechtswirkung nach außen**

Die klausurtypischen Probleme liegen hauptsächlich in den Begriffen der Regelung, des Einzelfalls und der Außenwirkung.

a) Behörde

§ 1 IV VwVfG

Für den Behördenbegriff des § 35 VwVfG ist die Legaldefinition in § 1 IV VwVfG anzuwenden.[8] Behörde ist danach jede Stelle, die Aufgaben der öffentlichen Verwaltung wahrnimmt. Abzugrenzen ist die Verwaltungstätigkeit hierbei von den anderen Staatsfunktionen der legislativen Tätigkeit und der Judikative.

§ 1 IV VwVfG knüpft also an die Teilung der Staatsgewalten in Gesetzgebung, Verwaltung und Rechtsprechung an. Verfassungsrechtlich ist diese in Art. 20 II S. 2 GG verankert. Entscheidend ist, dass es nicht auf die organisatorische Einordnung der handelnden Stelle ankommt, sondern auf die konkret wahrgenommene Aufgabe. § 1 IV VwVfG normiert einen **funktionellen oder materiellen Behördenbegriff**.

Bsp.: Der Bundestagspräsident ist organisatorisch Teil des Legislativorgans Bundestag. Entscheidet er aber über die staatliche Parteienfinanzierung, so nimmt er hierbei keine Aufgaben der Gesetzgebung wahr, sondern der Verwaltung. Er ist dann Behörde i.S.d. §§ 1 IV, 35 VwVfG.

38

---

[8] In den VwVfG der Länder häufig in Abs. 2, vgl. § 1 II VwVfG NW, Art. 1 II BayVwVfG, § 1 II SächsVwVfG.

b) Regelung

Regelung: auf die Setzung einer Rechtsfolge gerichtet

Eine Regelung ist eine behördliche Handlung, die **auf die Setzung einer Rechtsfolge gerichtet** ist. Aus diesem Begriff fallen Absichtserklärungen, Meinungsäußerungen, Auskünfte,[9] Hinweise, Empfehlungen usw. heraus. Diese können als nicht-regelnde Erklärungen unter dem Oberbegriff der Mitteilungen zusammengefasst werden. Von den Erklärungen insgesamt sind auch die tatsächlichen Handlungen abzugrenzen, die sog. Realakte. Diese sind nicht auf die Setzung einer Rechtsfolge, sondern auf einen tatsächlichen Erfolg gerichtet. Realakte sind der Abriss eines Hauses, die Fahrt mit dem Kfz, der Schlag mit dem Schlagstock, wobei die h.M. hier in den Schlag die konkludente Verpflichtung, diesen zu dulden, hineinliest und so zu einer Regelung gelangt (Stichwort: Immanente Duldungsverfügung).

39

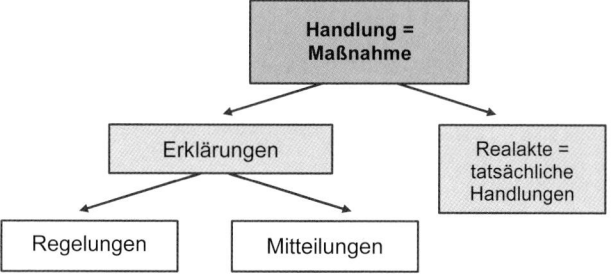

objektiver Empfängerhorizont entscheidend

Während die Abgrenzung der Regelungen zu den Realakten zumeist nach dem äußeren Erscheinungsbild behördlichen Handelns gelingt, kann dies bei den Mitteilungen Schwierigkeiten aufwerfen. Ob eine behördliche Erklärung auf die Setzung einer Rechtsfolge gerichtet ist oder nicht, ist aufgrund ihres **Erklärungswerts** nach dem **objektiven Empfängerhorizont** zu beurteilen.[10]

40

> **hemmer-Methode:** Für die Auslegung von Erklärungen gilt daher im Verwaltungsrecht der gleiche Maßstab wie im Zivilrecht! Deshalb können Sie an dieser Stelle auch §§ 133, 157 BGB anführen – natürlich in analoger Anwendung!

---

[9] Zu den Auskünften u. Rn. 270 ff. bei der Verpflichtungsklage.
[10] BVerwGE 57, 26 (29); 100, 206 (207); BGHZ 138, 15 (19); VGH München, BayVBl. 1993, 374.

Problem: Wiederho- | In diesem Zusammenhang stellt sich auch die Problematik   *41*
lende Verfügung | der Abgrenzung zwischen wiederholender Verfügung (Hinweis auf bereits bestehende Regelung, kein neuer VA) und Zweitbescheid (inhaltlich mit einem vorangegangenen VA übereinstimmender neuer VA, der nach erneuter Sachprüfung ergeht).

Wird zunächst ein Verwaltungsakt erlassen und bezieht sich die Behörde später in einem weiteren Schreiben auf die zuvor erlassene Regelung, so stellt sich die Frage, ob das zweite Schreiben eine eigene Regelung trifft, die inhaltlich der ersten Maßnahme entspricht, oder aber lediglich auf den erlassenen Verwaltungsakt hinweist. Im ersteren Fall handelt es um einen sog. Zweitbescheid, der eine Regelung und damit einen Verwaltungsakt darstellt. Im letzteren Fall fehlt dagegen die Verwaltungsakt-Qualität.

hemmer-Methode: Die Abgrenzung wiederholende Verfügung und Zweitbescheid finden Sie am Beispiel eines behördlichen Verbots in Hemmer/Wüst „Die 44 wichtigsten Fälle nicht nur für Anfangssemester Verwaltungsrecht", Fall 5.

c) Auf dem Gebiet des Öffentlichen Rechts

wie in § 40 I VwGO | In aller Regel läuft diese Prüfung parallel zu der Frage, ob   *42*
eine **öffentlich-rechtliche Streitigkeit** im Sinne von § 40 I VwGO vorliegt. Bei der Anfechtungsklage treten hierbei zumeist keine Schwierigkeiten auf, anders bei der noch zu erörternden Verpflichtungsklage.[11]

d) Auf unmittelbare Rechtswirkung nach außen gerichtet

Außenwirkung oder | Unmittelbare Rechtswirkung nach außen besitzt eine be-   *43*
nur Verwaltungsinter- | hördliche Entscheidung dann, wenn die Regelung einen an-
num? | deren Rechtskreis betrifft. Erforderlich ist eine Abgrenzung zum bloßen **Verwaltungsinternum**.

---

[11]   Siehe u. Rn. 262 ff.

Die Außenwirkung wird regelmäßig in bestimmten Fallgruppen problematisch, die Sie kennen müssen:

> ⇨ Maßnahmen im **Beamtenverhältnis** und anderen sog. **Sonderstatusverhältnissen** (u. Rn. 44 ff.)
>
> ⇨ Verwaltungsvorschriften
>
> ⇨ **Aufsichtsmaßnahmen** gegenüber anderen Verwaltungsträgern (u. Rn. 50 ff.)
>
> ⇨ sonstige Maßnahmen innerhalb von oder zwischen Verwaltungsträgern

aa) Beamtenverhältnis und andere sog. Sonderstatusverhältnisse

Sog. Sonderstatus-
verhältnisse

In bestimmten Fällen steht der Einzelne in einer **besonderen Nähebeziehung zum Staat**. Beispiele hierfür sind das Beamtenverhältnis, aber auch:

44

> ⇨ Richter
>
> ⇨ Soldaten
>
> ⇨ Zivildienstleistende
>
> ⇨ Schüler
>
> ⇨ Strafgefangene

Zwar werden diese Rechtsverhältnisse nicht alle freiwillig von Seiten des Einzelnen begründet, wie sich am Beispiel des Strafgefangenen, aber auch des Zivildienstleistenden und des (seinen Wehrdienst ableistenden) Soldaten zeigt. Dennoch wird in allen diesen Fällen die Voraussetzung problematisiert, ob eine Maßnahme gegenüber dem Schüler, Soldaten oder Studenten auf unmittelbare Rechtswirkung nach außen gerichtet ist im Sinne des § 35 VwVfG.

Im 19. Jahrhundert, lange vor Inkrafttreten des Grundgesetzes, wurden diese Beziehungen als „besondere Gewaltverhältnisse" bezeichnet.

Dieser Begriff stand hierbei für die teilweise Rechtlosigkeit des Individuums, dem weitgehend keine Grundrechte zustehen sollten und aus diesem Grund für belastende Maßnahmen auch keine gesetzliche Grundlage erforderlich war.[12]

umfassende Grundrechtsgeltung, Art 1 III GG

Diese Auffassung ist mit dem Grundgesetz nicht vereinbar. Denn zum einen ist gem. Art. 1 III GG jegliche Staatsgewalt an die Grundrechte gebunden. Zum anderen sind die Grundrechte, wie sich aus einer Lektüre des Grundgesetzes (vgl. Art. 17a GG) ergibt, in vollem Umfang für Beamte, Soldaten und Studenten anwendbar, auch wenn diese gerade in ihrer Eigenschaft als Beamte, Soldaten und Studenten betroffen werden. **45**

> **hemmer-Methode:** Das „besondere Gewaltverhältnis" ist lange tot, und hat in der Entscheidung BVerfGE 33, 1 ein Staatsbegräbnis erster Klasse bekommen. Die damit zusammenhängenden rechtlichen Fragen sind ebenfalls geklärt: Die Grundrechte schützen auch den Beamten, Schüler, Studenten usw. Belastungen bedürfen hierbei einer gesetzlichen Grundlage. Schwierig ist alleine die Anwendung des § 35 VwVfG. Die Entwicklung geht aber weiter: So verwendet das BVerfG in der „Kopftuch-Entscheidung"[13] sogar den Begriff des „Sonderstatusverhältnisses" nicht mehr – obwohl dies in gutachterlichen Stellungnahmen vor dieser Entscheidung eine große Rolle spielte. Dies ist konsequent, da auch bei Beamten, Soldaten usw. eben **überhaupt keine grundsätzlichen Unterschiede mehr zum sonstigen, „normalen" Staat-Bürger-Verhältnis** bestehen!

rein innerdienstliche Maßnahmen

Bestimmte Maßnahmen sind nicht auf unmittelbare Rechtswirkung nach außen gerichtet, sondern wirken lediglich **verwaltungsintern**. **46**

> *Bsp.:* Die Einteilung eines Schülers zum Tafeldienst stellt mangels Außenwirkung keinen VA dar. Ebenso die Weisung an einen Beamten, die Akten in einer bestimmten Reihenfolge zu bearbeiten.

betroffen als Privatperson

Zugleich ist aber unstrittig, dass andere Maßnahmen Außenwirkung und Verwaltungsaktqualität haben. Der Beamte kann **als Privatperson** und damit **außerhalb des verwaltungsinternen Bereichs** betroffen sein. **47**

---

[12] Zum Erfordernis einer Ermächtigungsgrundlage und dem verfassungsrechtlichen Grundsatz des Vorbehalts des Gesetzes S.u. Rn. 158 ff.
[13] BVerfGE 108, 282=NJW 2003, 3111.

Bspe.: *Die Versetzung oder Nichtversetzung eines Schülers in die nächste Klasse.[14] Die Einstellung, Beförderung oder Entlassung eines Beamten.[15]*

Daneben sind aber auch schwierige Grenzfälle denkbar.

Bspe.: *Die Ablehnung eines Urlaubsgesuchs des Beamten, die Zuweisung eines Schülers in eine Parallelklasse aus organisatorischen Gründen.*

h.M.: Amtsstellung – persönliche Rechtsstellung

Für die Beamten unterscheidet die h.M. danach, ob der Beamte lediglich in seiner **Amtsstellung** oder aber seiner **persönlichen Rechtsstellung** berührt ist. Im wesentlich nur ein anderer begrifflicher Ansatzpunkt ist die die Frage nach dem **Grund- bzw. Betriebsverhältnis**.

48

hemmer-Methode: Die Aussagekraft dieser Formeln ist begrenzt, und entbindet nicht von der Wertungsentscheidung, wie weit die persönliche Rechtsstellung des Beamten gehen soll und wo sie endet. Behelfen Sie sich mit den Überlegungen: Wie wichtig ist die Sache für den Beamten? Wie häufig kommt eine solche Entscheidung vor?

oder: Grund- und Betriebsverhältnis

Die Unterscheidung von Grund- und Betriebsverhältnis wird nach wie vor angewendet für das Schüler- und das Studentenverhältnis.[16] Die Begriffe Amtsstellung und persönliche Rechtsstellung sollten Sie daher für die Beamten reservieren.

49

Bsp.: *Während der Ablehnung eines Urlaubsgesuchs die Außenwirkung zugesprochen wird,[17] wird die Einordnung eines Schülers in eine Parallelklasse als Verwaltungsinternum angesehen.[18] Anders soll dies sein, wenn sie nicht aus organisatorischen, sondern aus erzieherischen Gründen erfolgt.[19]*

hemmer-Methode: Die Außenwirkung kann nicht nur im Rahmen einer Anfechtungsklage, sondern auch bei der Verpflichtungsklage problematisch sein. Die Verpflichtungsklage des Beamten auf Nebentätigkeitsgenehmigung ist dargestellt in Hemmer/Wüst „Die 44 wichtigsten Fälle nicht nur für Anfangssemester", Fall 25.

---

[14] Kopp/Schenke, Anh § 42 VwGO, Rn. 71.
[15] Kopp/Schenke, Anh § 42 VwGO, Rn. 69.
[16] VGH Mannheim, NVwZ-RR 1999, 636; Kopp/Schenke, Anh § 42 VwGO, Rn. 71. = **juris**byhemmer (wenn dieses Logo hinter einer Fundstelle abgedruckt wird, finden Sie die Entscheidung bei juris. Zur Arbeit mit juris befindet sich vorne im Skript eine ausführliche Anleitung).
[17] Kopp/Schenke, Anh § 42 VwGO, Rn. 69.
[18] OVG Hamburg, NVwZ-RR 2005, 40 f. = **juris**byhemmer
[19] OVG Bremen, NJW 2003, 1962. = **juris**byhemmer

Kein zulässiges Argument ist es, die Annahme eines Verwaltungsakts damit zu begründen, dem Betroffenen der Maßnahme solle wegen Art. 19 IV GG **Rechtsschutz** zu Teil werden. Da § 40 I S. 1 VwGO den Rechtsschutz in **allen** öffentlich-rechtlichen Streitigkeiten nicht-verfassungsrechtlicher Art ermöglicht, kommt es für den Zugang zu den Verwaltungsgerichten nicht darauf an, ob ein Verwaltungsakt vorliegt.[20] Das Vorliegen eines Verwaltungsakts entscheidet prozessual lediglich darüber, welche **Klageart** statthaft ist, und damit, welche **klageartspezifischen Zulässigkeitsvoraussetzungen** gelten.

bb) Aufsichtsmaßnahmen gegenüber anderen Verwaltungsträgern

Aufsicht über Gemeinden

Probleme bereiten immer wieder Maßnahmen, die von einer Aufsichtsbehörde gegenüber der ihr „unterstellten" Behörde getroffen werden. Hauptbeispiel sind hier die Gemeinden.

50

> **Bsp.**: *Die Aufsichtsbehörde beanstandet den Abschluss eines Vertrags durch den Bürgermeister mit einem privaten Dritten;[21] sie ordnet den Erlass einer Haushaltssatzung an.[22]*

Im Unterschied zu den Weisungen an einen Beamten wird hier nicht lediglich innerhalb ein und derselben Behörde gehandelt, sondern eine **andere juristische Person** des Öffentlichen Rechts angesprochen.

> **hemmer-Methode:** Statt von juristischen Personen wird im Öffentlichen Recht auch häufig von Verwaltungsträgern oder Rechtsträgern gesprochen. Die Begriffe meinen dasselbe, nämlich dass eine Stelle rechtlich verselbstständigt ist. Dies muss stets gesetzlich angeordnet sein: Auch für die Errichtung und Organisation der Behörden gilt der verfassungsrechtliche Grundsatz des Vorbehalts des Gesetzes, Art. 20 III GG, in diesem Zusammenhang auch als „institutioneller Gesetzesvorbehalt" bezeichnet.

selbstständig wahrgenommener Aufgabenkreis der Gemeinden

Die Gemeinden sind selbstständige Verwaltungsträger.[23] Dies genügt aber **noch nicht**, um die Außenwirkung von Maßnahmen bejahen zu können.

51

---

20   Dies war vor Inkrafttreten der VwGO anders, da nach den zuvor geltenden Prozessordnungen Rechtsschutz im Wesentlichen davon abhing, ob um einen Verwaltungsakt gestritten wurde.
21   Zur Beanstandung vgl. z.B. § 122 II S. 1 GO NW, Art. 112 S. 1 BayGO, § 114 I SächsGO.
22   Zur Anordnungsbefugnis vgl. z.B. § 123 I GO NW, Art. 112 S. 2 BayGO, § 115 SächsGO.
23   Z.B. § 1 II GO NW, Art. 1 S. 1 BayGO, § 1 III SächsGO.

Erforderlich ist vielmehr darüber hinaus, dass die Gemeinde in einem **Aufgabenkreis** betroffen ist, der ihr zur **selbstständigen Wahrnehmung und Entscheidung** zusteht.

mindestens zwei Aufgabenarten unterscheiden

Es kommt darauf an, welche Aufgaben das Landesrecht den Gemeinden in dieser Weise zuordnet. Hierbei werden in allen Bundesländern mindestens zwei Arten gemeindlicher Aufgaben unterschieden, in vielen Ländern auch mehr.

52

In **Nordrhein-Westfalen** beispielsweise liegt die Außenwirkung sowohl bei den weisungsfreien Aufgaben (§§ 2, 3 I GO NW) als auch bei den Pflichtaufgaben zur Erfüllung nach Weisung (§ 3 II GO NW) vor. Nur die in § 132 GO NW erwähnten Auftragsangelegenheiten sind hiervon ausgenommen.

In **Bayern** wird zwischen eigenem und übertragenem Wirkungskreis unterschieden. In ersterem ist die Außenwirkung gegeben, während sie im übertragenen Wirkungskreis noch z.T. verneint wird.[24]

In **Baden-Württemberg** ist zwischen weisungsfreien und Weisungsaufgaben zu differenzieren. Die Außenwirkung fehlt bei Aufsichtsmaßnahmen, die Weisungsaufgaben betreffen.[25] Die gleiche Rechtslage besteht in **Sachsen**.[26]

hemmer-Methode: Weitere Einzelheiten müssen hier dem Kommunalrecht vorbehalten bleiben. An dieser Stelle kann es nur darum gehen, Ihr Problembewusstsein zu schärfen: Es kommt auf die konkrete Aufgabe an, die von einer bestimmten Aufsichtsmaßnahme betroffen wird. Näheres finden Sie dann im Landesrecht Ihres Bundeslandes, in der Gemeindeordnung.

e) Einzelfall

Im Einzelfall
⇨ konkret-individuell

Ein weiteres Problem innerhalb des VA-Begriffes stellt die Abgrenzung von VAen in Form der Allgemeinverfügung, § 35 S. 2 VwVfG, zu Rechtsverordnungen und Satzungen dar.

53

⇨ Abgrenzung zur Rechtsnorm

Eine Rechtsnorm ist zumeist abstrakt, d.h. für eine Vielzahl möglicher Fälle, und generell, d.h. für eine Vielzahl von Adressaten.

54

---

[24] Dazu ausführlich Hemmer/Wüst, Kommunalrecht Bayern, Rn. 123 f.
[25] Hemmer/Wüst, Kommunalrecht Baden-Württemberg, Rn. 134.
[26] Weisungsfreie Aufgaben gem. §§ 2, 3 I SächsGO, Weisungsaufgaben gem. § 3 II SächsGO.

Eine Allgemeinverfügung hingegen ist konkret, d.h. sie erfasst nur einen bestimmten Sachverhalt, und generell.

Dabei sind die drei Erscheinungsformen der Allgemeinverfügung auseinander zu halten:

55

⇨ § 35 S. 2 Var. 1 VwVfG, die sog. adressatenbezogene Allgemeinverfügung, d.h. für eine noch unbestimmte Anzahl von betroffenen Personen wird eine bestimmte Situation geregelt.

Bsp.: Verbot des Betretens eines baufälligen Hauses.

⇨ § 35 S. 2 Var. 2 VwVfG, die sog. sachbezogene Allgemeinverfügung oder der „dingliche VA", der sich auf die öffentlich-rechtliche Eigenschaft einer Sache bezieht.

Bsp.: Widmung oder Umbenennung einer Straße.

⇨ § 35 S. 2 Var. 3 VwVfG, die sog. benutzungsregelnde Allgemeinverfügung.

Bsp.: Verkehrszeichen oder Regelungen für die Benutzung öffentlicher Einrichtungen.

Hier wird für die Abgrenzung auf die äußere Form zurückgegriffen, da sich der Bürger für seinen Rechtsschutz auf dieses äußere Erscheinungsbild verlassen darf.[27]

56

Abgrenzungskriterien sind:

⇨ das „äußere Erscheinungsbild", d.h. z.B. Einteilung in Paragraphen, die für eine Rechtsverordnung spricht,

⇨ die von der Behörde gewählte Bezeichnung,

⇨ Art und Weise des Erlasses und der Bekanntgabe.

Nur wenn sich danach kein eindeutiges Ergebnis herausstellt, muss auf den Inhalt zurückgegriffen werden. Man muss sich dann die Frage stellen, ob eine abstrakt-generelle Regelung, also eine Rechtsnorm, oder eine konkret-generelle Regelung vorliegt.

57

hemmer-Methode: Einen Klausurfall zu dem Merkmal des „Einzelfalls" finden Sie in Hemmer/Wüst „Die 44 wichtigsten Fälle nicht nur für Anfangssemester" Fall 6!

---

[27] Allgemein zu diesem Gedanken auch bei den anderen Voraussetzungen des § 35 VwVfG u. Rn. 37 ff.

f) Qualifikation des VA nach dem äußeren Erscheinungsbild

Qualifikation als VA nach dem äußeren Erscheinungsbild

In der Rechtsprechung wird zudem auf die Form des behördlichen Handelns zurückgegriffen, um die Qualifikation als Verwaltungsakt zu begründen.[28] Soweit der objektiv feststellbare äußere Eindruck eines VA hervorgerufen wird, soll dieser Akt auch mit der Anfechtungsklage angreifbar sein. 58

Solche entscheidenden äußeren Punkte sind insbesondere: 59

⇨ Der schriftliche Erlass unter der Bezeichnung „Verfügung", „Anordnung" o.Ä.

⇨ Handlungsanordnungen an den Betroffenen, evtl. mit Fristsetzungen.

⇨ Der Aufbau des Schreibens, unter Verwendung eines Verfügungssatzes und einer Begründung

⇨ Beifügung einer Rechtsbehelfsbelehrung.

hemmer-Methode: Sofern die schriftliche Maßnahme nach dem äußeren Anschein als Verwaltungsakt gewollt ist, könnten Sie daher alleine darauf abstellen und eine Prüfung des § 35 VwVfG dahin gestellt sein lassen. Doch Vorsicht! In der Klausur ist regelmäßig nicht gewollt, dass Sie die klassischen Probleme des Verwaltungsakts auf diesem Weg umgehen! Diese sollten Sie dennoch prüfen, und allenfalls als „Überdies"-Argument die Form anbringen!

g) Bekanntgabe des Verwaltungsakts, § 41 VwVfG[29]

ordnungsgemäße Bekanntgabe

Voraussetzung für die Statthaftigkeit der Anfechtungsklage ist weiterhin, dass der Verwaltungsakt ordnungsgemäß bekannt gegeben wurde. Die Bekanntgabe ist in § 41 VwVfG geregelt. 60

hemmer-Methode: Der Verwaltungsakts-Begriff in § 42 I VwGO für die Statthaftigkeit der Anfechtungsklage ist nicht identisch mit dem des § 35 VwVfG, wie sich bereits hier zeigt! Erforderlich ist nicht nur der Tatbestand des Verwaltungsakts gem. § 35 VwVfG, sondern dessen Bekanntgabe. Zudem darf der Verwaltungsakt nicht nichtig und nicht erledigt sein. Diese zusätzlichen Voraussetzungen lassen sich dahingehend zusammenfassen, dass § 42 I VwGO einen wirksamen Verwaltungsakt erfordert!

---

[28] Krit. dazu Kopp/Schenke, Anh § 42 VwGO, Rn. 5.
[29] Vgl. umfassend hierzu „Bekanntgabe, Zustellung, Fristen in der öffentlich-rechtlichen Klausur", **Life & Law 2007, 60, 208, 418**.

Definition Bekanntgabe

Eine Legaldefinition der Bekanntgabe findet sich in § 41   61
VwVfG nicht. Erforderlich ist bei einem schriftlichen Verwaltungsakt, dass das Schriftstück **mit Wissen und Wollen der
Behörde in den Machtbereich des Empfängers gelangt
und unter normalen Umständen mit der Kenntnisnahme
durch den Empfänger zu rechnen ist.**[30]

> **hemmer-Methode:** Diese Definition kommt Ihnen zu Recht
> bekannt vor: Sie ist praktisch identisch mit dem Begriff des
> Zugangs einer Willenserklärung gem. § 130 BGB! Deshalb
> kann diese Vorschrift auch hier analog angewendet werden!
> Sie sehen: Bei allen grundlegenden Unterschieden besteht
> eine Gemeinsamkeit zwischen der Willenserklärung i.S.d.
> BGB und dem Verwaltungsakt des VwVfG und der VwGO.
> Beides sind Erklärungen, die auf die Setzung einer Rechts-
> folge gerichtet sind! Soll die zu setzende Rechtsfolge zum
> Nachteil einer anderen Person wirken, so ist sowohl im Öf-
> fentlichen Recht als auch im Zivilrecht für die Wirksamkeit
> erforderlich, dass die Möglichkeit der Kenntnisnahme be-
> steht. Was im Zivilrecht für empfangsbedürftige Willenserklä-
> rungen gilt, muss nicht zuletzt aus rechtsstaatlichen Grün-
> den auch für den Verwaltungsakt gelten. Denn dieser ist
> immer darauf gerichtet, gegenüber anderen Personen zu
> wirken. Dies ergibt sich bereits begrifflich aus dem Merkmal
> der „Außenwirkung"![31]

Bekanntgabe liegt demnach vor, wenn das behördliche
Schreiben verschickt wird und im Briefkasten des Empfängers liegt. Natürlich genügt auch eine persönliche Übergabe
durch einen Behördenbediensteten. Bei mündlichen Verwaltungsakten (sehr häufig im Polizeirecht!) muss die Erklärung
gegenüber dem Empfänger so erfolgen, dass dieser sie verstehen kann.

*für Statthaftigkeit der
Anfechtungsklage
genügt Bekanntgabe
an eine Person*

Erforderlich ist für die Statthaftigkeit lediglich, dass über-   62
haupt eine ordnungsgemäße Bekanntgabe an **irgendeine
Person** vorliegt. „Empfänger" i.S.d. vorstehenden Absätze
muss also nicht der Kläger sein! Die Anfechtungsklage ist
statthaft, wenn ein Verwaltungsakt objektiv vorliegt, d.h.
„rechtliche Existenz" gegeben ist: Diese erfordert aber nur
die Bekanntgabe an eine einzige Person.

Zwar verpflichtet § 41 I S. 1 VwVfG die Behörde, einen Verwaltungsakt jedem bekannt zu geben, der von ihm betroffen
wird.

---

[30] Zur Bekanntgabe des Verwaltungsakts vgl. Fall 9 aus „Die 44 wichtigsten Fälle nicht nur für Anfangssemester" von Hem-
mer/Wüst.
[31] Siehe o. Rn. 43 ff.

Zudem wirkt der Verwaltungsakt gem. § 43 I S. 1 VwVfG lediglich gegenüber denjenigen Personen, an die er bekannt gegeben wurde. Dies spielt allerdings für die Statthaftigkeit der Anfechtungsklage keine Rolle. Ob der Verwaltungsakt auch an den Kläger bekannt gegeben wurde und zu welchem Zeitpunkt dies geschah, ist aber für die Widerspruchsfrist des § 70 I VwGO wichtig.[32]

2. Keine Nichtigkeit des Verwaltungsakts, § 44 VwVfG

hemmer-Methode: In Klausur und Praxis ist die Nichtigkeit des Verwaltungsakts der absolute Ausnahmefall. Wenn nicht deutliche Anhaltspunkte dafür vorhanden sind, dass ein ganz krasser Fehler vorliegt, sprechen Sie § 44 VwVfG in Ihrer Prüfung überhaupt nicht an.

nichtiger
Verwaltungsakt

Ein nichtiger Verwaltungsakt ist unwirksam, § 43 III VwVfG. Die Anfechtungsklage, als deren Resultat das Gericht die Aufhebung des Verwaltungsakts ausspricht (§ 113 I S. 1 VwGO), ist nur erforderlich, wenn eine wirksame Regelung in einem Verwaltungsakt vorliegt.

63

Demgegenüber bedarf eine unwirksame Regelung keiner Aufhebung, da sie ja ohnehin nicht gültig ist. Für den Fall eines nichtigen Verwaltungsakts sieht § 43 I Alt. 3 VwGO daher die Möglichkeit der **Nichtigkeitsfeststellungsklage** vor, als deren Resultat im Urteil eben jede Nichtigkeit ausgesprochen wird.[33]

hemmer-Methode: Vgl. Sie zur Nichtigkeitsfeststellungsklage unten Rn. 377 und Hemmer/Wüst „Die 44 wichtigsten Fälle nicht nur für Anfangssemester", Fall 43.

Dennoch wird vertreten, dass auch bei einem nichtigen Verwaltungsakt die Anfechtungsklage statthaft sein soll.[34] Begründet wird dies mit dem Bedürfnis, den Rechtsschein eines – wirksamen – Verwaltungsakts zu beseitigen. Zudem ist für den Bürger oft nicht ersichtlich, ob der Verwaltungsakt nichtig ist oder nicht, sodass er schon um die Bestandskraft des eventuell „nur" rechtswidrigen Verwaltungsakts zu vermeiden, Anfechtungsklage einreichen sollte.

64

---

[32] Siehe u. Rn. 131 ff.; vgl. hierzu auch OVG Magdeburg, Beschluss vom 27.05.2008, 2 M 72/08 = **Life & Law 2008, Heft 12.**
[33] Dazu u. Rn. 377, 392.
[34] Kopp/Schenke, § 42 VwGO, Rn. 3.

Bei der Prüfung des § 44 VwVfG sollten Sie zunächst bei den Absätzen 3 und 2 beginnen. Denn diese enthalten spezielle Fehler, die niemals (Abs. 3) oder immer (Abs. 2) den Verwaltungsakt nichtig machen. **65**

Greifen Abs. 3 und Abs. 2 des § 44 VwVfG nicht ein, so müssen Sie den Grundtatbestand des § 44 I VwVfG prüfen. Dieser erfordert einen besonders schwerwiegenden Fehler des Verwaltungsakts und dessen Offensichtlichkeit.

„Fehler" im Sinne des § 44 I VwVfG bedeutet Rechtswidrigkeit.[35] In Betracht kommt daher jeglicher Verstoß gegen Rechtsvorschriften, die rechtliche Anforderungen an die behördliche Maßnahme stellen.

hemmer-Methode: Dennoch sollten Sie an dieser Stelle grundsätzlich nicht bereits die gesamte Rechtmäßigkeit des Verwaltungsakts prüfen, sondern denjenigen Fehler herausgreifen, der überhaupt nur in Betracht kommt, derart schwerwiegend zu sein. Ein anderes Vorgehen kann allerdings geboten sein, wenn Sie zu dem Ergebnis kommen sollten, dass tatsächlich Nichtigkeit vorliegt: Da dann andere Rechtsfehler keine Rolle mehr spielen, hätten Sie keine Möglichkeit mehr, sich umfassend mit dem gesamten Verwaltungsakt auseinanderzusetzen. Dann kann es günstiger sein, hier eine komplette Prüfung der Rechtmäßigkeit vorzunehmen.

Sodann ist zu untersuchen, welche Intensität der Rechtsfehler aufweist und ob dies offensichtlich ist. Wichtigster Fall des nichtigen Verwaltungsakts sind Verstöße gegen das Bestimmtheitsgebot gem. § 37 I VwVfG. Allerdings ist auch nicht jeder unbestimmte Verwaltungsakt zugleich nichtig. **66**

hemmer-Methode: Arbeiten Sie zum Verhältnis von Unbestimmtheit und Nichtigkeit des Verwaltungsakts den Fall 43 aus Hemmer/Wüst „Die 44 wichtigsten Fälle nicht nur für Anfangssemester" durch!

3. Verwaltungsakt nicht aufgehoben oder anderweitig erledigt

Aufhebung des Verwaltungsakts

a) Eine Anfechtungsklage ist nicht statthaft, wenn ein Verwaltungsakt zwar erlassen wurde und zunächst auch wirksam war, später aber **aufgehoben** wurde. **67**

---

[35] Kopp/Ramsauer, § 44 VwVfG, Rn. 1.

Eine Aufhebung kann durch eine Behörde erfolgen. Allgemeine Ermächtigungsgrundlagen für die Aufhebung von Verwaltungsakten sind §§ 48, 49 VwVfG.[36]

Auch in diesem Fall besteht kein Bedürfnis mehr, eine Anfechtungsklage zuzulassen, da diese gem. § 113 I S. 1 VwGO auf die Aufhebung des Verwaltungsakts gerichtet wäre. Ist der Verwaltungsakt aber bereits aufgehoben, kann kein Interesse an einer nochmaligen Aufhebung bestehen. Denn das Gericht würde im Urteil nichts anderes aussprechen, als es bereits die Behörde getan hat.

68

Das Gleiche gilt, wenn zuvor bereits eine Aufhebung durch ein Gericht erfolgt ist, gem. § 113 I S. 1 VwGO als Ergebnis einer erfolgreichen Anfechtungsklage. Hier ist noch deutlicher, dass kein Grund für eine - nochmalige (!) - gerichtliche Aufhebung bestehen kann.

anderweitige Erledigung

b) Daneben gibt es noch weitere Fälle, in denen eine Aufhebung des Verwaltungsakts nicht mehr von Interesse ist, weil die mit dem Verwaltungsakt verbundene **rechtliche Belastung entfallen** ist. **§ 43 II VwVfG** nennt hierbei den Zeitablauf sowie die Erledigung in anderer Weise.

69

durch Zeitablauf

Eine Erledigung durch **Zeitablauf** kommt einerseits in Betracht, wenn der Verwaltungsakt selbst ein Datum oder einen Zeitraum enthält, auf den er bezogen ist.

70

> **Bsp.:** Die Behörde untersagt D, die von ihm für den nächsten Sonntag geplante Versammlung durchzuführen (vgl. § 15 I VersG)[37].

Eine Erledigung durch Zeitablauf liegt auch dann vor, wenn sich aus den Umständen ergibt, dass die Regelung nur auf einen begrenzten Zeitraum bezogen ist.

> **Bsp.:** Der Polizeibeamte P fordert eine Menschenmenge auf, die sich auf dem Rathausplatz versammelt hat, den Platz zu verlassen.

Hier ergibt sich aus den Umständen, dass der Platzverweis nur auf dieses Ereignis an diesem Tag bezogen ist. Kommt eine Person aus dieser Menschenmenge am nächsten Tag wieder auf diesen Platz, so gilt die Aufforderung nicht mehr. Sie gebietet lediglich, den Platz zu verlassen und vorübergehend nicht zurückzukehren.

---

[36] Siehe u. Rn. 216 ff.

[37] Für bayerische Leser: In Bayern gilt seit dem 01.10.2008 an Stelle des VersG des Bundes das BayVersG. Die entsprechende Vorschrift ist hier Art. 15 I BayVersG.

Ist der Zeitraum, auf den die Regelung des Verwaltungsakts **71**
bezogen war, verstrichen, so besteht kein Interesse mehr für
den Betroffenen, dass ein Gericht die Aufhebung des Verwaltungsakts ausspricht. Der Verwaltungsakt ist durch Zeitablauf erledigt. Aus diesem Grund ist die Anfechtungsklage
unstatthaft.

hemmer-Methode: Der Kläger hat dann ggf. noch die Möglichkeit, die Rechtswidrigkeit des Verwaltungsakts gerichtlich
feststellen zu lassen. Dies ist dann eine Fortsetzungsfeststellungsklage.[38]

Definition Erledigung

Eine **Erledigung in sonstiger Weise** liegt vor, wenn dem **72**
Betroffenen aus anderen Gründen nicht mehr damit gedient
ist, dass ein Gericht die Aufhebung des Verwaltungsakts
ausspricht.

*Bsp.: Die zuständige Behörde ordnet gegenüber S an,
dass dieser seinen Kampfhund K einzuschläfern habe.
Als S dem nicht nachkommt, veranlasst die Behörde die
Einschläferung. K ist tot.*

Die Anordnung verpflichtet S zur Einschläferung des
Hundes. Solange dieser lebt, hat S ein Interesse daran,
von dieser rechtlichen Verpflichtung befreit zu werden.
Dies würde geschehen, indem das Verwaltungsgericht
die Aufhebung des Verwaltungsakts ausspricht. Sodann
wäre S nicht mehr in dieser Weise rechtlich belastet.
Nachdem der Hund tot ist, kann S ohnehin ihn ohnehin
nicht mehr einschläfern lassen. Ihm ist in keiner Weise
mehr damit gedient, dass die Anordnung aufgehoben
wird. Allenfalls wenn für das Einschläfern nun noch Kosten durch die Behörde geltend gemacht werden, lässt
sich eine Fortwirkung der Regelung bejahen.[39]

*Fortsetzungsfeststel-
lungsklage, § 113 I
S. 4 VwGO*

Dass die Anfechtungsklage unstatthaft ist, wenn der Verwal- **73**
tungsakt seine Erledigung gefunden hat, ergibt sich nicht
unmittelbar aus § 42 I VwGO.

Dies muss aber im Zusammenhang mit der in § 113 I S. 4
VwGO vorgesehenen Klageart „Fortsetzungsfeststellungsklage" gesehen werden, die gerade bei Erledigung des Verwaltungsakts eingreift. Dann jedoch kann nicht zugleich die
Anfechtungsklage statthaft sein.

---

[38] Dazu u. Rn. 305 ff.
[39] BVerwG, NJW 2009, 122 = **Life & Law 2009, Heft 6.**

4. Gegenstand der Anfechtungsklage

Ausgangs-VA in Ge-
stalt des Wider-
spruchsbescheides

Gemäß § 79 I Nr. 1 VwGO ist der Gegenstand der Anfech-   74
tungsklage der Ausgangsverwaltungsakt in Gestalt des Widerspruchsbescheides. In dem Normalfall, dass vor Erhebung der Anfechtungsklage ein Vorverfahren durchgeführt
wurde, **verschmelzen** Ausgangs- und Widerspruchsbescheid zu einer **rechtlichen Einheit**.

hemmer-Methode: Zu erwähnen ist dieser Punkt v.a. auch,
wenn durch das Widerspruchsverfahren Fehler der Ausgangsbehörde geheilt wurden (unten Rn. 175 ff.).

Die Prüfung der Rechtmäßigkeit setzt daher an der Summe
beider Bescheide an. Anders ist dies selbstverständlich,
wenn kein Widerspruchsverfahren durchgeführt worden ist,
sei es wegen dessen Entbehrlichkeit,[40] sei es wegen Untätigkeit der Behörde.[41]

Ausnahmefall

Umgekehrt kann ausnahmsweise gar nicht der Ausgangs-   75
verwaltungsakt, sondern nur der Widerspruchsbescheid der
Gegenstand der Anfechtungsklage sein. In dem Ausnahmefall des § 79 I Nr. 2 VwGO kann der Widerspruchs- oder Abhilfebescheid auch alleiniger Klagegegenstand sein, soweit
er eine erstmalige Beschwer enthält. Dasselbe gilt bei über
den ersten VA hinausgehender Belastung durch den Widerspruchsbescheid gem. § 79 II VwGO.

Bsp. zu § 79 I Nr. 2 VwGO: Nachbar Nolte erhebt Wi-
derspruch gegen die dem Bauherrn Berner erteilte Bau-
genehmigung. Die Widerspruchsbehörde gibt dem Wi-
derspruch des Nolte statt und hebt im Widerspruchsbe-
scheid die dem Berner erteilte Baugenehmigung auf.
Damit ist nun natürlich Berner nicht einverstanden und
möchte dagegen klagen.

Erhebt Berner nun Anfechtungsklage, so geht er natürlich
nur gegen den Widerspruchsbescheid vor. Ausgangsverwaltungsakt ist ja die ihm zuvor erteilte Baugenehmigung. Diese wird er aber ganz sicher nicht angreifen,
denn sie begünstigt ihn. Daher **belastet** ihn der **Wider-**
spruchsbescheid, der die Baugenehmigung aufhebt,
erstmalig. In diesem Fall ist dann Gegenstand der Anfechtungsklage gem. § 79 I Nr. 2 VwGO naheliegenderweise Weise auch nur der Widerspruchsbescheid!

---

[40] Dazu u. Rn. 285, 329 f.
[41] § 75 VwGO, vgl. dazu u. Rn. 284.

Zudem muss er gem. § 68 I S. 2 Nr. 2 VwGO vor der Klage nicht noch einmal ein Widerspruchsverfahren durchführen.[42]

5. Sonderfälle der Anfechtungsklage

a) Fälle von Rücknahme und Widerruf von VAen[43]

> **hemmer-Methode:** Bei Rücknahme oder Widerruf von VAen handelt es sich um ein besonders beliebtes Klausurproblem, da innerhalb der Begründetheitsprüfung ein verschachtelter Aufbau gewählt werden muss.

bei Rücknahme/Widerruf begünstigender VA

Für die Zulässigkeit der Klage innerhalb des Punktes „Klageart" stellt sich alleine die Frage nach der Abgrenzung zur Verpflichtungsklage.   76

In diesem Zusammenhang ist auf § 43 II VwVfG abzustellen, wonach ein VA solange wirksam bleibt, bis er seinerseits wirksam aufgehoben oder zurückgenommen wird. In den Fällen der §§ 48, 49 VwVfG oder vorrangiger Sondervorschriften ist daher das Klagebegehren so auszulegen, dass eine Anfechtung der Aufhebungsentscheidung gewünscht ist. Fällt die Aufhebungsentscheidung weg, ist wegen § 43 II VwVfG der ursprüngliche VA weiterhin wirksam. Für eine Verpflichtungsklage auf Neuerlass des ursprünglichen begünstigenden VAs fehlt es damit am Rechtsschutzbedürfnis, da das Ziel auch mit der rechtsschutzintensiveren Gestaltungsklage erreicht werden kann: Während bei der Verpflichtungsklage die Behörde im günstigsten Fall zum Neuerlass des VA verurteilt wird, hebt das Gericht bei der Anfechtungsklage den Aufhebungs-VA selbst auf und „erweckt" so unmittelbar die Begünstigung wieder zum Leben.

b) Anfechtungsklage gegen Nebenbestimmungen

Sonderproblem: Nebenbestimmungen

Mögliche Nebenbestimmungen zu Verwaltungsakten ergeben sich aus § 36 II VwVfG, z.B. Bedingung, Befristung oder Auflage.   77

---

[42]   Dazu ausführlich u. Rn. 99.
[43]   Ausführlich Hemmer/Wüst, Verwaltungsrecht I, Rn. 101 ff.

hemmer-Methode: Das Feld der Nebenbestimmungen ist einer der schwierigsten und verwirrendsten Bereiche des allgemeinen Verwaltungsrechts. Vor allem in einem solchen Bereich ist es wichtig, sich nicht durch das „Lernen" möglichst vieler Theorien noch weiter zu verwirren, sondern von Beginn an auf das richtige Verständnis der Probleme hinzuarbeiten.

I.R.d. Statthaftigkeit der Klage geht es um die Frage, ob eine - dem Bürger nachteilige - Nebenbestimmung separat, also isoliert, angefochten werden kann, sodass der (vorteilhafte) VA alleine bestehen bleibt.

Ist dies nicht möglich, muss eine Verpflichtungsklage auf Erlass des VA ohne einschränkende Nebenbestimmung erhoben werden.

Voraussetzung für eine isolierte Anfechtung ist zweierlei:

⇨ Es liegt eine Nebenbestimmung im Sinne des § 36 VwVfG vor.

⇨ Diese ist isoliert anfechtbar.

aa) Vorliegen einer Nebenbestimmung

Nebenbestimmung

I.R.d. Zulässigkeitsprüfung ist zunächst zu untersuchen, ob überhaupt eine echte Nebenbestimmung i.S.d. § 36 II VwVfG vorliegt.   78

Eine Nebenbestimmung ist durch zwei Voraussetzungen gekennzeichnet:

⇨ Vorliegen eines Haupt-VA

⇨ Vorliegen einer weiteren (Neben-)Regelung neben dem Haupt-VA.

nicht bei eigenständigem Haupt-VA

An einem Haupt-VA fehlt es bspw. bei einer „Auflage" nach § 15 I VersammlG. Es gibt für eine Versammlung keine Genehmigung, denn Versammlungen sind nicht genehmigungspflichtig. Die „Auflage" ist somit selbstständiger Haupt-VA.   79

An einer weiteren Regelung neben dem Haupt-VA fehlt es bei bloßen Inhaltsbestimmungen, Teilgenehmigungen (Minus) oder modifizierten Gewährungen (aliud).

Bsp. für ein Minus: Die Behörde bewilligt nur 50.000,- € von den beantragten 100.000,- € Subventionen.

Bsp. für ein aliud: Die Behörde genehmigt statt des beantragten Giebeldachs ein Flachdach.

hemmer-Methode: Als Faustformel lässt sich sagen, eine Nebenbestimmung liegt vor, wenn die Behörde sagt: „ja, aber", ein aliud, wenn es heißt „nicht so, aber so".

bb) Isolierte Anfechtbarkeit

isolierte Anfechtbarkeit

Zur Frage, wann eine Nebenbestimmung isoliert anfechtbar ist, hat sich eine Vielzahl von Meinungen herausgebildet. **80**

Diff. nach Art

(1) Nach einer Ansicht ist nach Art der Nebenbestimmung zu unterscheiden. **81**

hemmer-Methode: Folgen Sie dieser Ansicht, so müssen Sie nun an dieser Stelle „Ihre" Nebenbestimmung als Auflage, Bedingung o.Ä. qualifizieren. Ein häufiges Problem ist hier die Abgrenzung zwischen Bedingung und Auflage. Es gilt dazu: „Eine Bedingung suspendiert, zwingt aber nicht. Eine Auflage zwingt, suspendiert aber nicht". „Übersetzt" bedeutet dies, dass bei einer Bedingung der Haupt-VA (zumeist eine Begünstigung für den Bürger) so lange nicht wirksam wird, bis die Bedingung eingetreten ist. Bei einer Auflage ist der Haupt-VA hingegen sofort wirksam. Kommt der Bürger der Auflage aber nicht nach, kann die Behörde sie zwangsweise durchsetzen. Im Zweifelsfall ist von einer Auflage als der für den Bürger günstigeren Form auszugehen (Art. 19 IV GG, siehe unten Rn. 423 ff.)

Nur bei einer Auflage liegt nach dieser Ansicht, die sich auf den Wortlaut des § 36 II VwVfG („verbunden mit") stützt, eine selbstständig anfechtbare Regelung vor. Gegen diese Ansicht spricht § 113 I S. 1 VwGO, wonach ein VA aufgehoben wird, „soweit" er rechtswidrig ist. Demnach können also auch (unselbstständige) Teile eines VA aufgehoben werden.

Diff. nach Art des Haupt-VAs

(2) Eine andere Ansicht differenziert nach der Art des Haupt-VAs. Eine isolierte Anfechtung von Nebenbestimmungen soll demnach nur bei gebundenen, nicht aber bei Ermessensentscheidungen möglich sein. **82**

Begründet wird diese Ansicht damit, dass bei Ermessensverwaltungsakten die isolierte Anfechtung der Nebenbestimmung zu einem Eingriff in den Ermessensspielraum der Behörde führen kann, indem der Behörde eine bestimmte Entscheidung gegen ihren Willen aufgezwungen wird.

Diese Bedenken können allerdings dadurch ausgeräumt werden, dass der Behörde nach Aufhebung der Nebenbestimmung analog § 49 II Nr. 2 VwVfG der Widerruf des Grund-VA möglich ist.

stets isolierte Anfechtbarkeit, wenn Haupt-VA rechtmäßig bleibt

(3) Am sachgerechtesten erscheint es, grundsätzlich in allen Fällen einer Nebenbestimmung eine isolierte Anfechtung zuzulassen. Dies entspricht auch dem Wortlaut des § 113 I S. 1 VwGO, wonach ein VA aufgehoben wird, „soweit" er rechtswidrig ist.   **83**

Ausnahmen werden für den Fall gemacht, in dem durch die Aufhebung der Nebenbestimmung der Haupt-VA rechtswidrig würde.

hemmer-Methode: Die genaue Prüfung, ob nach einer Kassation der Nebenbestimmung noch ein rechtmäßiger VA zurückbleibt, sollte erst i.R.d. Begründetheitsprüfung erfolgen. Stellt sich dort heraus, dass der Grund-VA ohne Nebenbestimmung seinerseits rechtswidrig ist, muss das Gericht von Amts wegen die Klage in eine Verpflichtungsklage umdeuten.

III. Klagebefugnis, § 42 II VwGO[44]

mögliche Rechtsverletzung

Gem. § 42 II VwGO ist die Anfechtungsklage nur zulässig, wenn der Kläger geltend macht, durch den Verwaltungsakt in seinen Rechten verletzt zu sein.   **84**

Die Klagebefugnis ist großzügig zu handhaben; sie fehlt nur dann, „wenn eine Rechtsverletzung des Klägers unter keinem denkbaren rechtlichen Gesichtspunkt möglich erscheint".

Innerhalb der Anfechtungsklage sind beim Prüfungspunkt „Klagebefugnis" zwei generell unterschiedliche Fälle zu differenzieren: **85**

⇨ die Anfechtung durch den betroffenen **„Adressaten"** selbst, sowie

⇨ die Anfechtung eines begünstigenden VA durch einen **Dritten**.

---

[44] Ausführlich Hemmer/Wüst, Verwaltungsrecht I, Rn. 113 ff.

1. Adressat

„Adressat" ⇨ *Verletzung von Art. 2 I GG mgl.*

Bei der Anfechtungsklage durch den Adressaten des VA ist die sog. „Adressatentheorie" anzuwenden. Sie besagt, dass der Adressat bei einer möglichen Rechtswidrigkeit eines belastenden Verwaltungsakts jedenfalls in seinem Grundrecht auf allgemeine Handlungsfreiheit aus Art. 2 I GG verletzt sein kann.   **86**

Dabei ist in einer Klausur aber auf die Formulierung zu achten. Nicht aus der Theorie ergibt sich die Befugnis, sondern aus dem möglicherweise verletzten Recht, also zumindest aus Art. 2 I GG.

Der Kläger muss allerdings immer die Verletzung eigener Rechte geltend machen. Vereinigungen dürfen also keine Mitgliederrechte, Gemeinden keine Bürgerrechte geltend machen. Eine solche Prozessstandschaft scheidet aber aus.   **87**

hemmer-Methode: Auch dieser Punkt ist häufig unproblematisch. Daher sollte man sich auch für diesen Fall eine Standardformulierung zurechtlegen, die man dann ohne Zeitverlust in der Klausur anbringen kann. Etwa: „Der Kläger kann geltend machen, als Adressat der belastenden Maßnahme zumindest in seinem Recht aus Art. 2 I GG verletzt zu sein, somit ist er klagebefugt gem. § 42 II VwGO". Sollte offensichtlich ein spezielleres Grundrecht als Art. 2 I GG einschlägig sein, ist dieses als möglicherweise verletzt zu nennen.

2. Anfechtung durch den Dritten

Anfechtung durch Dritten

Die Anfechtungsklage des Drittbetroffenen ist ein äußerst beliebtes Klausurproblem.   **88**

Neben dem bereits genannten Adressaten kann auch eine andere Person ein Interesse daran haben, sich gegen den Verwaltungsakt zu wehren. Denn ein Verwaltungsakt kann an die eine Person gerichtet sein, zugleich aber eine andere belasten.

Adressat

Adressat ist derjenige, für den der Verwaltungsakt **bestimmt** ist.   **89**

Bspe.: Die Behörde ordnet gegenüber Bauherrn B an, dass er das Bauen einzustellen habe. X wird durch einen Leistungsbescheid verpflichtet, 540,- € Abwassergebühren zu bezahlen. Die zuständige Behörde erlässt einen Bescheid, indem für Y die Schwerbehinderteneigenschaft mit einem Grad der Behinderung von 80 % festgestellt wird.

Drittbetroffener

Daneben gibt es Personen, an die der Verwaltungsakt nicht **90**
gerichtet ist, die aber von ihm betroffen sind. Dies ergibt sich
aus § 41 I S. 1 VwVfG und § 43 I S. 1 VwVfG.

> **Bspe.**: *Der Nachbar N bei der an den Bauherrn B erteil-*
> *ten Baugenehmigung; der Nachbar bei der dem G erteil-*
> *ten Gaststättenerlaubnis; die Einstellung des Beamten-*
> *bewerbers S gegenüber seinem Mitbewerber D.*

Ein Dritter ist klagebefugt, wenn   **91**

⇨   bei Erlass des VA möglicherweise eine **drittschützen-**
    de Vorschrift verletzt wurde, **und**

⇨   der Kläger unter den sachlichen und personalen
    Schutzbereich dieser Norm fällt.

hemmer-Methode: In der Klausur können Sie die Frage des
Drittschutzes entweder in der Zulässigkeit/Klagebefugnis
abschließend prüfen, oder aber erst in der Begründetheit bei
dem Prüfungspunkt „Rechtsverletzung" (dazu u. Rn. 251 ff.).
Dies ist reine Geschmacksfrage.

a) Drittschutznormen

Drittschutz

Während beim Adressaten auf Grundrechte abgestellt wird, **92**
ist in **Drei-Personen-Verhältnissen** zur Begründung der
Klagebefugnis grundsätzlich auf das **einfache Recht** zu-
rückzugreifen.

Der Dritte begehrt dabei die Aufhebung eines Verwaltungsakts, der an eine andere Person gerichtet worden ist. Dabei
kann es nur darum gehen, dass dieser Verwaltungsakt nicht
hätte erlassen werden dürfen. Die Klagebefugnis kann sich
daher nur aus solchen Vorschriften ergeben, welche die
Rechtswidrigkeit des Verwaltungsakts begründen können.

drittschützende Nor-
men: „Schutznorm-
theorie"

Merke: Drittschützend sind Vorschriften, die nicht nur öffent- **93**
liche Interessen verfolgen, sondern zumindest auch dem
Schutz eines von der Allgemeinheit abgrenzbaren Kreises
Dritter zu dienen bestimmt sind (Schutznormtheorie).

Dies ist durch Auslegung zu entscheiden. So ist der Drittschutz in denjenigen Vorschriften, die den Begriff der schädlichen Umwelteinwirkungen verwenden, grundsätzlich anerkannt.[45]

---

[45]   Aber Ausnahme: § 5 I Nr. 2 BlmSchG!

Zu begründen ist dies mit der Legaldefinition in § 3 I des Bundesimmissionsschutzgesetzes (BImSchG), denn diese hebt ausdrücklich die „Nachbarschaft" hervor, welche vor Gefahren, erheblichen Belästigungen und Nachteilen zu schützen ist.

Dies ergibt sich primär aus dem Wortlaut (§ 5 I Nr. 1 BIm-SchG: Nachbarschaft, § 31 II BauGB, § 15 I S. 2 BauNVO), sonst aus Sinn und Zweck der Regelung oder dem Gesamt-zusammenhang.

hemmer-Methode: Als Vertiefungsanregung für das beson-ders klausurrelevante Baurecht: Dort können manche Nor-men, die nach der Schutznormtheorie an sich nicht dritt-schützend sind, im Zusammenhang mit dem Gebot der Rücksichtnahme drittschützend wirken. Auf Art. 14 GG sollte in Baurechtsfällen nur zurückgegriffen werden, wenn keine anderen Normen gefunden wurden. Dann darf aber ein „schwerer und unerträglicher Eingriff" nicht ausgeschlossen sein.

b) Personaler und sachlicher Schutzbereich (insbes. Nachbarbegriff)

Schutzbereich der drittschützenden Norm

Liegt eine grundsätzlich drittschützende Vorschrift vor, muss diese auch auf den konkreten Kläger im konkreten Fall an-wendbar sein. Er muss m.a.W. dem sachlichen und perso-nalen Schutzbereich der Vorschrift unterfallen. **94**

> *Bsp.: Beruft sich der Kläger auf § 31 II BauGB, muss er auch Nachbar im Sinne dieser Vorschrift sein.*

Der Nachbarbegriff wird im Bau- und Immissionsschutzrecht aufgrund der Verschiedenheit der Schutzzwecke der beiden Rechtsbereiche unterschiedlich gehandhabt. **95**

c) Nachbar im Baurecht

Baurecht: enger Nachbarbegriff

Das Baurecht regelt die Rechtsbeziehungen zwischen be-nachbarten Grundstücken. Im Baurecht werden deshalb nur boden- und grundstücksbezogene Rechte, keine bloß obli-gatorischen Berechtigungen wie Miete etc. geschützt. Nach-bar ist also grundsätzlich nur der Eigentümer oder Erbbau-berechtigte. **96**

d) Nachbar im Immissionsschutzrecht

Immissions-
schutzrecht: weiter
Nachbarbegriff

Das Immissionsschutzrecht soll u.a. vor Gesundheitsgefahren schützen, die von (Industrie-)Anlagen ausgehen. Diesen Gefahren ist der Mieter des Nachbargrundstücks im gleichen Maße ausgesetzt wie der Eigentümer. Im Immissionsschutzrecht gilt daher ein weiterer Nachbarbegriff. Vorausgesetzt wird lediglich eine dem engeren Lebensbereich zugehörige Beziehung von gewisser Dauer zu der Stelle, an der die Anlage errichtet werden soll. Erfasst wird also auch der Mieter oder dort Berufstätige, nicht aber Urlauber.

97

IV. Vorverfahren, §§ 68 ff. VwGO[46]

Nachprüfung der Be-
hördenentscheidung
im Vorverfahren

Gem. § 68 I S. 1 VwGO ist vor Erhebung der Anfechtungsklage die Rechtmäßigkeit und die Zweckmäßigkeit des Verwaltungsakts in einem Vorverfahren nachzuprüfen. Bevor der Betroffene eines Verwaltungsakts sich an das Gericht mit dem Ziel der Aufhebung wenden kann, muss er demnach grundsätzlich die Behörde damit befassen und versuchen, auf diesem Weg sein Begehren zu erreichen, indem die Behörde den VA aufhebt.

98

Bei dem Prüfungspunkt Vorverfahren sind folgende Schritte einzuhalten:

⇨   Erforderlichkeit des Vorverfahrens

⇨   Ordnungsgemäße Einlegung des Widerspruchs

⇨   Widerspruch erfolglos

1. Erforderlichkeit des Vorverfahrens

Vorverfahren entbehr-
lich?

§ 68 I S. 2 VwGO bestimmt **Ausnahmen** von dem Erfordernis eines Vorverfahrens. In diesen Fällen kann ohne vorherige Einlegung eines Widerspruchs unmittelbar die Anfechtungsklage erhoben werden.

99

a) Gemäß § 68 I S. 2 HS 1 VwGO entfällt das Vorverfahren, soweit dies gesetzlich bestimmt ist. Einige Bundesländer haben von dieser Ermächtigung Gebrauch gemacht und das Vorverfahren weitgehend abgeschafft.

99a

---

[46]   Ausführlich Hemmer/Wüst, Verwaltungsrecht I, Rn. 146 ff.

So bestimmt Art. 15 I, II BayAGVwGO, dass der Bürger bei einem Verwaltungsakt bayerischer Behörden grundsätzlich sofort klagen kann bzw. muss. Nur in den in Art. 15 I BayAGVwGO aufgezählten Fällen kann er (muss aber nicht) noch Widerspruch einlegen!

oberste Bundes- oder Landesbehörde, Nr. 1

b) Gem. § 68 I S. 2 Nr. 1 VwGO ist dies der Fall, wenn der Verwaltungsakt von einer **obersten Bundes- oder Landesbehörde** erlassen worden ist. Hierzu zählen vor allem die **Ministerien** auf Bundes- oder Landesebene. *100*

Grund für diese Ausnahme ist insbesondere, dass als Normalfall des Widerspruchsverfahrens die Nachprüfung des Verwaltungsakts durch eine nächsthöhere Behörde erfolgt. Dies wird auch mit dem sog. Devolutiveffekt umschrieben, und ergibt sich aus der grundsätzlichen Zuständigkeitsregelung des § 73 I S. 2 Nr. 1 VwGO.

hemmer-Methode: Als weiteres Argument könnte angeführt werden, dass das Gesetz davon ausgeht, bei Entscheidungen oberster Bundes- und Landesbehörden sei eine behördliche Nachprüfung entbehrlich, da die Fehlerquote geringer sei als bei anderen Behörden. Der empirische Nachweis dieser Annahme steht allerdings in den Sternen.

Allgemein handelt es sich um eine oberste Bundes- oder Landesbehörde, wenn es **zu dieser keine nächsthöhere Behörde gibt**. Neben den Ministerien sind dies solche Stellen, die ausnahmsweise nicht der Verwaltungsspitze im Rahmen des hierarchischen Aufbaus der Verwaltung unterstehen, sondern weisungsfrei arbeiten.[47]

erstmalige Beschwer, Nr. 2

c) Entbehrlich ist ein Vorverfahren gem. § 68 I S. 2 Nr. 2 VwGO auch dann, wenn der Abhilfebescheid oder der Widerspruchsbescheid **erstmalig eine Beschwer** enthält. *101*

Hiermit ist vor allem folgender Fall gemeint: Wenn bereits ein Vorverfahren durchgeführt wurde und am Ende der Verwaltungsakt aufgehoben wurde, so muss derjenige, der nunmehr durch die Aufhebung des Verwaltungsakts belastet wird, nicht nochmals ein Vorverfahren durchführen. Er kann direkt Anfechtungsklage erheben.

---

[47] Z.B. der Präsident des Bundesrechnungshofs, weitere Bspe. vgl. Kopp/Schenke, § 68 VwGO, Rn. 19. Dies bedarf aufgrund des Demokratiegebots – demokratische Legitimation der Staatsgewalt – stets eines besonderen rechtfertigenden Grundes, vgl. Fall 19, Hemmer/Wüst „Die 32 wichtigsten Fälle nicht nur für Anfangssemester Verfassungsrecht".

Bsp.: Dem Bauherrn B wird eine Baugenehmigung für ein Einfamilienhaus erteilt. Hiergegen legt Nachbar N Widerspruch ein. Die Widerspruchsbehörde kommt zu dem Ergebnis, dass die Baugenehmigung rechtswidrig und der Widerspruch zulässig und begründet ist. Im Widerspruchsbescheid hebt sie daher die Baugenehmigung auf.

Will sich nunmehr Bauherr B gegen die Aufhebung der Baugenehmigung wehren, so muss er nicht noch mal selbst ein Vorverfahren durchlaufen. Wird vielmehr ein Verwaltungsakt im Rahmen des Widerspruchsverfahrens aufgehoben, so kann dann sofort Klage erhoben werden.

Das Gleiche gilt, wenn statt einer vollständigen Aufhebung des Verwaltungsakts bloß eine Änderung erfolgt.

Bsp.: Kommt die Widerspruchsbehörde zu dem Ergebnis, dass zwar die Baugenehmigung rechtswidrig ist, aber lediglich ein Balkon kleiner ausfallen müsste als genehmigt, so ändert sie die Baugenehmigung dementsprechend im Widerspruchsbescheid. Im Übrigen wird der Widerspruch dann zurückgewiesen.

Abhilfe

Das Widerspruchsverfahren ist zweistufig. Legt ein Bürger Widerspruch ein, so befasst sich damit zunächst die Ausgangsbehörde (**Abhilfeverfahren**, § 72 VwGO). 　102

wenn (-), Widerspruchsbescheid

Hilft die Ausgangsbehörde nicht ab, hebt sie also den angegriffenen VA nicht auf, so legt sie die Angelegenheit der Widerspruchsbehörde vor. Diese entscheidet dann und erlässt als Abschluss des Vorverfahrens einen Widerspruchsbescheid, § 73 VwGO. 　103

hemmer-Methode: Zweck des Vorverfahrens ist dreierlei. Zum einen soll die Behörde noch einmal Gelegenheit bekommen, ihre eigene Handlung auf deren Rechtmäßigkeit hin zu untersuchen, sog. Selbstkontrolle der Verwaltung. Zweitens dient das Vorverfahren der Entlastung der ohnehin überlasteten Verwaltungsgerichte. Drittens ist es natürlich auch eine weitere Rechtsschutzmöglichkeit für den Bürger.
Behandeln Sie solches Hintergrundwissen nicht als überflüssigen theoretischen Ballast. Mit dem Zweck des Vorverfahrens lässt sich bspw. gut argumentieren, wenn es um ungeschriebene Fälle der Entbehrlichkeit des Widerspruchsverfahrens geht (dazu unter Rn. 104 ff.).

ungeschriebene Ausnahmen (i.E. jeweils str.)

c) Neben diesen geschriebenen Fällen der Entbehrlichkeit eines Vorverfahrens werden weitere, ungeschriebene Fälle diskutiert.[48] 　104

---

[48]　Kopp/Schenke, § 68 VwGO, Rn. 22 ff.

Es handelt sich dabei um Konstellationen, in denen der Zweck des Widerspruchsverfahrens schon erreicht wurde oder offensichtlich nicht mehr erreicht werden kann.

aa) Der angefochtene VA ändert, ersetzt oder wiederholt nur einen VA, gegen den bereits ein Widerspruchsverfahren durchgeführt wurde. *105*

bb) Das Widerspruchsverfahren wurde bereits von einem Dritten durchgeführt. Dabei müssen aber jetziger Kläger und damaliger Widerspruchsführer aus einem einheitlichen Rechtsgrund gegen den Verwaltungsakt vorgehen (z.B. Mitglieder einer Erbengemeinschaft). *106*

cc) Die Widerspruchsbehörde bzw. deren Rechtsträger, also der richtige Beklagte, hat sich sachlich auf die Klage eingelassen und deren Abweisung als unbegründet beantragt (sehr strittig). *107*

dd) Das Verhalten der Widerspruchsbehörde vor oder während des gerichtlichen Verfahrens lässt mit großer Wahrscheinlichkeit erwarten, dass der Widerspruch keinen Erfolg haben wird. *108*

hemmer-Methode: Die genannten Fälle beruhen größtenteils auf einer Einzelfallrechtsprechung, eine durchgängige Linie hat sich insoweit nicht gebildet. Jeder einzelne der Fälle ist daher strittig, entscheidend ist das Erkennen des Problems und die Argumentation, das Ergebnis ist zweitrangig.

2. Ordnungsgemäße Einlegung des Widerspruchs, § 70 VwGO

§ 70 VwGO: Form u. Frist

Das Vorverfahren muss **ordnungsgemäß** durchgeführt worden sein. Die Anforderungen hierfür ergeben sich aus § 70 VwGO. Dies bedeutet, dass der Bürger form- und fristgerecht Widerspruch eingelegt haben muss. *109*

a) Form

schriftlich oder zur Niederschrift

Nach § 70 I VwGO muss der Widerspruch schriftlich oder zur Niederschrift bei der Behörde eingelegt werden, die den Verwaltungsakt erlassen hat. Die Einhaltung der Schriftform würde nach § 126 BGB eine eigenhändige Unterschrift voraussetzen, der allerdings für Rechtsbehelfe wie Widerspruch und Klage nicht anwendbar ist.[49] *110*

---

[49] Kopp/Schenke, § 70 VwGO, Rn. 2; § 81 VwGO, Rn. 4 ff.

Sinn der Schriftform ist es hierbei nur, die Identität des Absenders festzustellen und gleichzeitig klarzustellen, dass es sich nicht um einen Entwurf, sondern um eine gewollte prozessuale Erklärung handelt.

Problem Telefax

Letzteres ist das Problem bei einer Einlegung per Telefax oder Telegramm, da diese nur die Kopie der Unterschrift tragen. Aus Gründen der Praktikabilität und um die prozessualen Vorschriften an den Fortschritt der Technik anzupassen, ist dies gem. § 173 VwGO, § 130 Nr. 6 ZPO ausreichend. 111

Ein Widerspruch muss nicht ausdrücklich eingelegt werden und als solcher bezeichnet sein. Ausreichend ist, dass zum Ausdruck gebracht wird, sich mit rechtlichen Mitteln gegen den Verwaltungsakt wehren zu wollen. Im Zweifel ist ein Schreiben laiengünstig auszulegen und anzunehmen, dass der Betroffene eines belastenden Verwaltungsakts sich effektiv verteidigen möchte.

hemmer-Methode: Vgl. Sie hierzu auch Fall 15, Hemmer/Wüst „Die 44 wichtigsten Fälle nicht nur für Anfangssemester" zum Widerspruch gegen eine Gaststättenerlaubnis.

b) Frist

Ein Monat ab Bekanntgabe

§ 70 I VwGO verlangt die Erhebung des Widerspruchs innerhalb eines Monats nach Bekanntgabe des VA. Diese liegt vor, wenn das Schriftstück mit Wissen und Wollen der Behörde in den Machtbereich des Empfängers gelangt und unter normalen Umständen mit der Kenntnisnahme durch den Empfänger zu rechnen ist.[50] 112

aa) Fristbeginn: Bekanntgabe an den Kläger

Bekanntgabe an den Kläger

Bereits für die Statthaftigkeit der Anfechtungsklage ist erforderlich, dass überhaupt eine Bekanntgabe an irgendeine Person erfolgt ist.[51] Die **Frist** des § 70 I VwGO beginnt allerdings nur zu laufen, wenn der Verwaltungsakt **an den Kläger bekannt gegeben** wurde. Dieser ist als „der Beschwerte" im Sinne des § 70 I VwGO zu verstehen. 113

---

[50] Siehe o. Rn. 61.
[51] Siehe o. Rn. 60 ff.

hemmer-Methode: Die Bekanntgabe ist Voraussetzung für die Wirksamkeit des VA, § 43 I VwVfG. Solange noch gar keine Bekanntgabe vorliegt, ist eine Anfechtungsklage mangels wirksamen Verwaltungsaktes unzulässig. Hiervon ist der in Baurechtsklausuren häufige Fall zu unterscheiden, dass die Genehmigung zwar gegenüber dem Bauwerber, nicht aber auch gegenüber dessen Nachbarn bekannt gemacht wurde (zur Verwirkung sogleich u. Rn. 115).

114 Liegt aber keine Bekanntgabe an den Kläger vor, so greift § 70 I VwGO nicht ein. Es lief dann keine Frist für den Widerspruch. Dies sollten Sie in diesem Fall in Ihrer Klausur auch ausdrücklich feststellen, und zum nächsten Zulässigkeitspunkt übergehen.

Bsp.: Dem Bauherrn B wird eine Baugenehmigung erteilt. Diese wird aber nur ihm, nicht auch Nachbarn N bekannt gegeben. Für N läuft dann nicht die Monatsfrist aus § 70 I VwGO.

hemmer-Methode: Auch die Jahresfrist des § 58 II S. 1 VwGO gilt in diesem Fall nicht. Denn diese erfordert ebenso wie die Monatsfrist des § 70 I VwGO die Bekanntgabe. Lediglich eine ordnungsgemäße Rechtsbehelfsbelehrung ist für die Frist des § 58 II S. 1 VwGO verzichtbar.

EXKURS

Verwirkung

115 Nächste Zulässigkeitsstation sollte dann die Frage sein, ob zu Lasten des Klägers eine **Verwirkung** von Rechtsbehelfen eingetreten ist.

Bei fehlender Bekanntgabe stellen die Grundsätze der Verwirkung die **einzige zeitliche Grenze** für die Einlegung von Rechtsbehelfen dar.

Eine Verwirkung liegt vor, wenn der Kläger trotz Kenntnis oder fahrlässiger Unkenntnis des Sachverhalts über längere Zeit sich so verhalten hat, dass ein anderer **nicht mehr mit der Einlegung eines Rechtsbehelfs rechnen musste.** Zudem muss er tatsächlich auf die Nichteinlegung von Rechtsbehelfen vertraut und entsprechende Dispositionen getroffen haben.[52]

---

[52] Kopp/Schenke, § 74 VwGO, Rn. 18.

Zu beachten ist jedoch, dass eine Verwirkung vor Ablauf eines Jahres grundsätzlich nicht anzunehmen ist. Dies ist dem Rechtsgedanken des § 58 II S. 1 VwGO zu entnehmen, der sogar bei Bekanntgabe des Verwaltungsakts eine Frist von einem Jahr vorsieht, wenn die Belehrung über den Rechtsbehelf fehlt. Dann kann der Zeitraum für eine Verwirkung aber nicht kürzer sein, wenn sogar nicht einmal eine Bekanntgabe erfolgt ist (und damit auch keine Rechtsbehelfsbelehrung erteilt wurde.

hemmer-Methode: Es handelt sich also um einen Erst-Recht-Schluss von § 58 II S. 1 VwGO auf die Verwirkung. Bearbeiten Sie hierzu Hemmer/Wüst „Die 44 wichtigsten Fälle nicht nur für Anfangssemester Verwaltungsrecht" Fall 15.

EXKURS ENDE

Drei-Tages-Fiktion bei Brief, § 41 III VwVfG

Im sehr häufigen Fall der Bekanntgabe durch einfachen Brief ist für den Zeitpunkt des Fristbeginns die **Drei-Tages-Fiktion** des § 41 II VwVfG zu beachten. Dann beginnt die Monatsfrist nicht mit dem Zugang des Schreibens, sondern mit dem dritten Tag nach der Aufgabe zur Post als bekannt gegeben. Gleiches gilt bei der elektronischen Übermittlung des Verwaltungsakts.

116

> **Bsp.:** *Die Behörde gibt das Schreiben am 14.02. zur Post, und es wird am 16.02. bei dem Adressaten A in den Briefkasten geworfen.*

Als Zeitpunkt der Bekanntgabe errechnet sich unter Anwendung der Drei-Tages-Fiktion des § 41 II S. 1 VwVfG der 17.02. Dass das Schreiben tatsächlich zu einem früheren Zeitpunkt A zugegangen ist, hat dann keine Bedeutung.

Die Widerspruchsfrist des § 70 I VwGO beginnt dann am Tag nach dem Zeitpunkt der Bekanntgabe (dazu näher u. Rn. 131 ff.).

§ 41 II S. 1 VwVfG findet allerdings keine Anwendung, wenn der wirkliche Zugang später erfolgte. Dann gilt gem. § 41 II S. 2 VwVfG dieser Zeitpunkt für die Bekanntgabe.

117

> Hat die Behörde wiederum das Schreiben am 14.02. zur Post gegeben, ist es aber erst am 19.02. bei dem Adressaten A in den Briefkasten geworfen worden, so ist nicht gem. § 41 II S. 1 VwVfG der 17.02. der Bekanntgabezeitpunkt, sondern der 19.02.

Im Klausursachverhalt genügt es daher, dass Ihnen angegeben wird, wann das Schreiben zur Post gegeben wurde. Sofern dann nicht noch angegeben ist, dass der wirkliche Zugang nach dem Ende der Drei-Tages-Fiktion vorlag, wenden Sie eben jene Fiktion an und errechnen daraus den Zeitpunkt der Bekanntgabe.

Zustellung

Statt mit einem einfachen Brief kann die Behörde, wenn sie einen sicheren Nachweis des Zugangs erhalten möchte, den Verwaltungsakt mittels eingeschriebenem Brief oder durch Postzustellungsurkunde übermitteln. Dann wird von förmlicher Bekanntgabe oder Zustellung gesprochen. Die Voraussetzungen der Zustellung und der Zeitpunkt der Bekanntgabe richten sich nach den Verwaltungsvollstreckungsgesetzen des Bundes und der Länder. Auf diese weist auch § 41 V VwVfG hin. **118**

hemmer-Methode: Die Zustellung ist entweder gesetzlich vorgeschrieben, oder aber die Behörde entscheidet sich freiwillig zur Zustellung. In beiden Fällen gilt das VwZG, vgl. § 1 II VwZG.[53]

bb) Fristberechnung

Fristberechnung str.

Wie die Fristberechnung im Widerspruchsverfahren zu erfolgen hat, ist strittig. **119**

§§ 79, 31 VwVfG, §§ 187 ff. BGB

Die wohl überwiegende Ansicht stellt den Charakter des Widerspruchsverfahrens als behördliches Verfahren in den Vordergrund, sodass die Vorschriften des VwVfG einschlägig sind. Die Berechnung erfolgt danach konsequent nach §§ 79, 31 I VwVfG i.V.m. §§ 187 ff. BGB. **120**

Die andere Auffassung stellt auf den Charakter des Vorverfahrens als verwaltungsgerichtlichen Vorschaltrechtsbehelf ab, der sich primär nach der VwGO richtet. **121**

§ 57 VwGO, § 222 ZPO, §§ 187 ff. BGB

Daher wird insoweit eine Berechnung über § 57 VwGO, § 222 ZPO, §§ 187 ff. BGB favorisiert. **122**

Entscheidend für die erste Auffassung spricht, dass in § 70 II VwGO gerade nicht auf § 57 VwGO verwiesen wird.

---

[53] Zum Begriff der Zustellung „Bekanntgabe, Zustellung, Fristen in der öffentlich-rechtlichen Klausur" **Life & Law 2007, 60, 208, 418.**

hemmer-Methode: Dieser Streit ist müßig, da die Auffassungen nahezu immer zum selben Ergebnis gelangen. In einer Klausur sollte der Streit daher allenfalls kurz erwähnt werden.

Bsp.: X geht am 10.01. ein Übergabeeinschreiben zu, in dem eine Gewerbeuntersagung (§ 35 GewO) ausgesprochen wird. Dieser Brief war am 08.01. von der Behörde zur Post gegeben worden. Bis wann muss X Widerspruch einlegen?

Der Widerspruch ist gem. § 70 VwGO binnen eines Monats nach Bekanntgabe des VA einzulegen.

Die Bekanntgabe des VA erfolgte hier mittels eingeschriebenen Briefs. Maßgeblich sind deshalb nach § 41 V VwVfG die Zustellungsvorschriften. Nach § 4 II VwZG gilt der Brief am dritten Tage nach der Aufgabe zur Post als zugestellt, es sei denn, dass er tatsächlich nicht oder erst zu einem späteren Zeitpunkt zugeht.

Zur Post gegeben wurde der Brief am 08.01. Demnach gilt er am 11.01. als zugestellt. Fristbeginn ist somit gemäß §§ 79, 31 VwVfG, § 187 I BGB (Ereignisfrist) der 12.01., Fristende nach § 188 II Alt. 1 BGB der 11.02. um 24.00 Uhr.

hemmer-Methode: Häufig fällt in Klausuren das Fristende auf das Wochenende oder einen Feiertag. Dann sind § 31 III VwVfG, § 193 BGB zu berücksichtigen. Etwas anderes gilt, wenn das Ende der Drei-Tages-Fiktion aus § 4 II VwZVG, § 41 II VwVfG auf das Wochenende oder einen Feiertag fällt. Hier wird die Bekanntgabefiktion nicht auf den nächsten Werktag verschoben. Zum einen geht es hier nicht um ein Fristende, sondern um einen Fristbeginn. Zum anderen ist der Bürger ausreichend dadurch geschützt, dass die Drei-Tages-Fiktion dann nicht gilt, wenn der Brief tatsächlich erst zu einem späteren Zeitpunkt zugeht, vgl. § 4 II S. 2 HS 2 VwZG, § 41 II VwVfG.[54]

cc) Rechtsbehelfsbelehrung

Jahresfrist, wenn fehlerhafte Rechtsbehelfsbelehrung

Die Monatsfrist des § 70 I VwGO wird gemäß §§ 70 II, 58 II, I VwGO durch eine Jahresfrist ersetzt, wenn der VA keine richtige und vollständige Rechtsbehelfsbelehrung enthält.

123

hemmer-Methode: Zur korrekten Rechtsbehelfsbelehrung vgl. Hemmer/Wüst „Die 44 wichtigsten Fälle nicht nur für Anfangssemester Verwaltungsrecht" Fall 13.

---

[54] Siehe o. Rn. 116.

dd) Wiedereinsetzung

Bei einer Fristversäumung ist auch hier an die Möglichkeit *124*
der Wiedereinsetzung in den vorigen Stand zu denken. Sie
richtet sich nicht nach § 32 VwVfG, sondern wegen der eindeutigen Verweisung in § 70 II VwGO nach § 60 I - IV
VwGO.

Die Wiedereinsetzung in den vorigen Stand hat zur Folge,
dass die versäumte Frist als nicht verstrichen gilt. Dem Insti-
tut der Wiedereinsetzung liegt die Vorstellung zugrunde,
dass „die Zeit zurückgedreht werden kann".

hemmer-Methode: Zur Wiedereinsetzung vgl. Hem-
mer/Wüst „Die 44 wichtigsten Fälle nicht nur für Anfangssemester Verwaltungsrecht" Fall 14.
Beachten Sie im Zusammenhang mit der Wiedereinsetzung
insbesondere § 85 II ZPO, der über § 173 VwGO auch im
Verwaltungsprozess anzuwenden ist. Danach ist auch das
Verschulden des mandatierten Anwalts dem Kläger zuzurechnen.

ee) Heilung der Fristversäumung durch Sachentschei-
dung der Widerspruchsbehörde

Heilung der Fristver-
säumung

Wurde die Widerspruchsfrist versäumt und wird der Kläger *125*
auch nicht in den vorigen Stand wiedereingesetzt, so ist die
Anfechtungsklage unzulässig.

(1) Eine **Ausnahme** hiervon begründet nach der h.M. eine *126*
Entscheidung der Widerspruchsbehörde, die den Widerspruch nicht wegen Fristversäumung, sondern wegen an-
geblicher Unbegründetheit zurückgewiesen und damit eine
Sachentscheidung getroffen hat.

Bei einer Fristversäumung habe die Behörde den Widerspruch als unzulässig zurückzuweisen. Trete sie stattdessen
in eine Sachprüfung ein, so sei dies so zu verstehen, dass
die Behörde den Widerspruch gerade nicht als verfristet an-
sieht. Die Fristversäumung sei dann **geheilt**.

Dann aber sei der Ablauf der Widerspruchsfrist für die Zulässigkeit der Anfechtungsklage unbeachtlich. Die h.M. geht
davon aus, dass die Widerspruchsbehörde über die Frist
„disponieren" kann. Denn der Frist komme vorrangig der
Zweck zu, nach Ablauf eines bestimmten Zeitraums Rechtssicherheit herzustellen.

Damit wird die Behörde davor geschützt, sich auch noch danach mit der Rechtmäßigkeit des Verwaltungsakts auseinander setzen zu müssen.

Als sog. **„Herrin des Vorverfahrens"** könne die Behörde aber auf eben diesen Schutz verzichten.

Kritik

(2) Die entgegengesetzte Auffassung, die von der Mehrheit der Literaturstimmen vertreten wird,[55] argumentiert, eine Behörde könne sich nicht über die gesetzlich angeordnete Frist hinwegsetzen. Dies sei ein schlichter Gesetzesverstoß.

127

Zudem diene die Frist nicht nur dem Schutz und der Entlastung der Behörden, sondern auch der Gerichte, indem diese bei Versäumung der Widerspruchsfrist Klagen als unzulässig abweisen dürfen, ohne sich mit der Rechtmäßigkeit des Verwaltungsakts zu befassen.

hemmer-Methode: Diese Streitfrage eingekleidet in den Fall einer Gewerbeuntersagung lesen Sie in Hemmer/Wüst „Die 44 wichtigsten Fälle nicht nur für Anfangssemester Verwaltungsrecht" Fall 17.

keine Heilung bei
Verwaltungsakten mit
Drittwirkung

(3) Bei **Verwaltungsakten mit Drittwirkung** besteht allerdings Einigkeit, dass eine Heilung der Verfristung durch Sachentscheidung nicht möglich ist. Vielmehr ist in diesem Fall auch die Anfechtungsklage unzulässig und abzuweisen.

128

Denn bei diesen hat die Widerspruchsfrist nicht nur den Zweck, die Behörde zu schützen. Vielmehr dient die Frist dann insbesondere den Interessen desjenigen, der durch den Verwaltungsakt begünstigt wird.

Mit dem Ablauf von Rechtsbehelfsfristen darf dieser sich darauf verlassen, dass der belastete Dritte nicht mehr die Aufhebung des Verwaltungsakts durch die Einlegung von Rechtsbehelfen erreichen kann. Darüber soll sich die Behörde nicht hinwegsetzen können.

3. Widerspruch erfolglos

Zurückweisung des
Widerspruchs durch
die Widerspruchsbe-
hörde

Damit die Anfechtungsklage zulässig ist, muss das Widerspruchsverfahren nicht nur ordnungsgemäß, sondern auch **erfolglos** durchgeführt worden sein.

129

---

[55] Ehlers, Jura 2004, S. 34.

Dazu muss die Widerspruchsbehörde grundsätzlich den Widerspruch zurückweisen.

hemmer-Methode: Würde dem Widerspruch stattgegeben werden, so würde der angegriffene Verwaltungsakt in dem Widerspruchsbescheid aufgehoben. Dann allerdings wäre die Anfechtungsklage bereits unstatthaft![56]

Untätigkeit der Behörde

Neben Zurückweisung oder Stattgabe des Widerspruchs ist noch die Möglichkeit denkbar, dass die **Behörde** gar nicht entscheidet, sondern **untätig** bleibt. Mit dem Gebot effektiven Rechtsschutzes aus Art. 19 IV GG wäre es allerdings nicht vereinbar, in diesem Fall den Betroffenen darauf zu verweisen abzuwarten, ob nicht doch noch irgendwann eine Entscheidung kommt.   **130**

Aus diesem Grund ist die **Klage ohne Abschluss des Vorverfahrens zulässig**, wenn ohne zureichenden Grund in angemessener Frist nicht über den Widerspruch entschieden wurde (§ 75 S. 1 Alt. 1 VwGO).[57]

hemmer-Methode: Bearbeiten Sie hierzu den Fall 16 aus Hemmer/Wüst „Die 44 wichtigsten Fälle nicht nur für Anfangssemester Verwaltungsrecht".

V. Klagefrist, § 74 I VwGO

Monatsfrist

Die Klage ist gem. § 74 I S. 1 VwGO innerhalb eines Monats nach Zustellung des Widerspruchsbescheids zu erheben.   **131**

Die Fristberechnung erfolgt nach § 57 II VwGO, § 222 I ZPO, §§ 187 ff. BGB. Es handelt sich wie bereits bei der Widerspruchsfrist um eine Ereignisfrist, d.h. der Tag der Zustellung zählt nicht mit, § 187 I BGB.   **132**

Bsp.: Zustellung am 31.01., Fristbeginn 01.02., Fristende 28.02., 24.00 Uhr. Wichtig ist hier, auf § 188 III BGB zu achten; da es den Tag des eigentlichen Fristendes hier nicht gibt („31.02."), ist das Monatsende entscheidend.

vollständiges Ausschöpfen der Frist grds. zulässig

Diese Frist kann bis zur letzten Minute ausgeschöpft werden. Es entstehen dann allerdings erhöhte Sorgfaltsanforderungen, die bei Versäumung der Frist i.R.e. Wiedereinsetzung von Bedeutung sein können.   **133**

---

[56] Siehe o. Rn. 67 ff.
[57] Zu den Anwendungsfällen des § 75 VwGO bei der Verpflichtungsklage vgl. u. Rn. 284.

Die Monatsfrist beginnt nur bei ordnungsgemäßer Zustellung   *134*
und richtiger Rechtsbehelfsbelehrung zu laufen.

1. Zustellung

Zustellung: Bundes-   Die Zustellung des Widerspruchsbescheides ist durch   *135*
VwZG   § 73 III S. 1 VwGO vorgeschrieben, sie richtet sich. nach
                           BundesVwZG, vgl. § 73 III S. 2 VwGO.[58]

2. Rechtsbehelfsbelehrung

Rechtsbehelfsbeleh-   Ist der Widerspruchsbescheid nicht mit einer ordnungsge-   *136*
rung   mäßen Rechtsbehelfsbelehrung versehen, verlängert sich
                           die Klagefrist nach § 58 II VwGO auf ein Jahr.

Unzutreffende oder irreführende Zusätze führen nur dann
zur Unrichtigkeit, wenn sie geeignet sind, die Rechts-
behelfseinlegung zu erschweren.

hemmer-Methode: Vorsicht ist immer dann geboten, wenn
im Sachverhalt eine Rechtsbehelfsbelehrung wörtlich abgedruckt ist. Hier wird vom Bearbeiter zumindest eine kritische
Auseinandersetzung mit der Formulierung erwartet.

3. Verwirkung

ohne Zustellung grds.   Fehlt es an einer wirksamen Zustellung des Widerspruchs-   *137*
kein Fristlauf   bescheides, läuft überhaupt keine Klagefrist.

Bsp.: Entgegen § 8 I S. 2 VwZG wird der Widerspruchsbescheid nicht an den bevollmächtigten RA, sondern an
den beteiligten Bürger selbst zugestellt.

Diese Zustellung ist unwirksam und wird nach § 9 VwZG
auch dann nicht geheilt, wenn der RA seinem Mandanten
Mitteilung macht.

aber u.U. Verwirkung   Eine zeitliche Grenze ist der Klageerhebung in einem sol-   *138*
                          chen Fall nur durch das Rechtsinstitut der Verwirkung des
                          Klagerechts gesetzt (dazu bereits oben Rn. 115 ff.).

Erforderlich ist, dass der Beeinträchtigte bis zur Klageerhebung einen nicht unerheblichen Zeitraum verstreichen lässt
und dabei zu erkennen gibt, dass eine Rechtsverfolgung
nicht mehr beabsichtigt ist. Nach dem Rechtsgedanken des
§ 58 II VwGO wird dies innerhalb einer Jahresfrist aber regelmäßig nicht der Fall sein.

---

[58] Sartorius 110.

VI. Beteiligten- und Prozessfähigkeit, §§ 61, 62 VwGO

Beteiligten- u. Pro-
zessfähigkeit

Die Beteiligten- und Prozessfähigkeit richtet sich nach §§ 61, 62 VwGO. Gerade beim Auftreten juristischer Personen – und damit v.a. auf Beklagtenseite - sollten Sie diese Vorschriften immer ansprechen.

139

> **Bsp.:** *Eine Gemeinde ist als Gebietskörperschaft (= juristische Person) des öffentlichen Rechts beteiligtenfähig nach § 61 Nr. 1 VwGO und prozessfähig nach § 62 III VwGO. Letzteres erfordert nach den entsprechenden Regelungen der jeweiligen Gemeindeordnung regelmäßig eine Vertretung durch den Ersten Bürgermeister.*

VII. Weitere Zulässigkeitsvoraussetzungen

weitere Zulässigkeits-
voraussetzungen

Die folgenden Zulässigkeitsvoraussetzungen sind nur anzusprechen, wenn sie im Sachverhalt problematisiert werden.

140

1. Ordnungsgemäße Klageerhebung, §§ 81, 82 VwGO

ordnungsgemäße
Klageerhebung

Eine verwaltungsgerichtliche Klage ist ordnungsgemäß erhoben, wenn die Klageschrift die unverzichtbaren Bestandteile des § 82 I VwGO aufweist und schriftlich oder zur Niederschrift bei Gericht eingereicht wird.

141

Zu beachten ist, dass es einen Anwaltszwang erst vor dem OVG/VGH gibt, § 67 IV VwGO, nicht aber vor dem VG.

Eigenhändige Unter-
schrift

Der Grundsatz der Schriftlichkeit verlangt auch die eigenhändige Unterschrift des Klägers bzw. seines Bevollmächtigten, § 126 BGB.

142

2. Richtiger Beklagter, § 78 VwGO

Rechtsträgerprinzip

Gem. § 78 I Nr. 1 VwGO ist die Klage gegen denjenigen Verwaltungsträger zu richten, dessen Behörde den Verwaltungsakt erlassen hat. Dies wird auch als sog. „**Rechtsträgerprinzip**" bezeichnet. Bei Verwaltungsakten einer Gemeinde ist dies die Gemeinde selbst, denn sie ist eine eigenständige juristische Person des Öffentlichen Rechts. Bei Landes- oder Bundesbehörden wie z.B. Ministerien ist gem. § 78 I Nr. 1 VwGO das Land bzw. der Bund richtiger Beklagter.

143

Einige Länder haben allerdings von der Möglichkeit des § 78 I Nr. 2 VwGO Gebrauch gemacht, sodass nicht der Rechtsträger, sondern die Behörde selbst zu verklagen ist.

Dies sind[59]: *144*

⇨ Brandenburg

⇨ Mecklenburg-Vorpommern

⇨ Nordrhein-Westfalen

⇨ Saarland

sowie eingeschränkt:

⇨ Niedersachsen

⇨ Sachsen-Anhalt

⇨ Schleswig-Holstein

⇨ Rheinland-Pfalz

> **hemmer-Methode:** Bisweilen wird § 78 VwGO nicht in der Zulässigkeit geprüft, sondern zu Anfang der Begründetheit unter dem Stichwort „Passivlegitimation". In **Bayern** bspw. ist dies üblich bzw. sogar zwingend.
> Das Verständnis des § 78 VwGO ist insoweit umstritten.[60] Wenn möglich sollten Sie sich erkundigen, welche Auffassung der Professor bevorzugt, der Ihnen im Studium gerade die Klausur oder Hausarbeit stellt. Die rechtliche Bedeutung des Meinungsstreits tendiert gegen Null, daher sollten Sie darauf keine weiteren Gedanken verwenden.

3. Sachliche und örtliche Zuständigkeit des VG bzw. des OVG/VGH, §§ 45 ff., 52 VwGO

Zuständigkeit des VG Zu beachten ist hier die Prüfungsreihenfolge bei § 52 VwGO, da sich die Gerichtsstände gegenseitig ausschließen: Nr. 1, Nr. 4, Nr. 2, Nr. 3 und Nr. 5. *145*

bei Unzuständigkeit Verweisung v.A.w. Sollte das angerufene Gericht sachlich oder örtlich unzuständig sein, so erfolgt eine Verweisung an das zuständige Gericht von Amts wegen, da § 83 VwGO auf die §§ 17 ff. GVG verweist. Darin liegt ein erheblicher Unterschied zur ZPO, dort ist gem. § 281 ZPO ein Antrag des Klägers erforderlich, um eine Abweisung als unzulässig zu verhindern. *146*

---

[59] Vgl. Kopp/Schenke, § 61 VwGO, Rn. 13.
[60] Dazu Kopp/Schenke, § 78 VwGO, Rn. 1 ff.

4. Keine anderweitige Rechtshängigkeit, keine entgegenstehende Rechtskraft

Rechtskrafts-/
Rechtshän-
gigkeitsprobleme

Wie in der ZPO darf auch hier der Streitgegenstand nicht bereits bei einem anderen Verwaltungsgericht anhängig oder von diesem bereits rechtskräftig entschieden worden sein (§ 173 VwGO, § 261 III ZPO).

147

5. Allgemeines Rechtsschutzbedürfnis

allgemeines Rechts-
schutzbedürfnis

Das allgemeine Rechtsschutzbedürfnis fehlt, wenn das Klageziel auf andere Art und Weise bei gleicher Effektivität schneller, besser oder billiger erreicht werden kann.

148

Da die Anfechtungsklage auf den Sondertatbestand der Aufhebung eines VAs gerichtet ist und dieses Ziel anders nicht erreicht werden kann, ist dieser Punkt grundsätzlich nicht zu prüfen.

B) Zwischen Sachurteilsvoraussetzungen und Begründetheit[61]

Einige prozessuale Fragen werden üblicherweise zwischen den Prüfungspunkten „Sachurteilsvoraussetzungen" und „Begründetheit" geprüft.

149

I. Klagehäufung

Die Klagehäufung gibt es als:

150

objektive Klagehäu-
fung

⇨ objektive, wenn mehrere sachliche Streitgegenstände in einer Klage anhängig gemacht werden, § 44 VwGO, und als

⇨ subjektive gem. § 64 VwGO i.V.m. §§ 59 ff. ZPO, wenn mehrere Personen klagen oder verklagt werden.

In öffentlich-rechtlichen Klausuren spielt regelmäßig nur der erste, in **§ 44 VwGO** geregelte Fall eine Rolle.

151

Bsp.: Wenn z.B. in einer Polizeirechtsklausur ein Polizist sich unter Androhung von Zwangsmitteln Zutritt zu einer Wohnung verschafft, diese durchsucht und einzelne Gegenstände sicherstellt, liegen darin mehrere Maßnahmen, die der betroffene Bürger allesamt einer gerichtlichen Überprüfung zuführen kann. Es liegt eine objektive Klagehäufung, § 44 VwGO, vor.

---

[61] Ausführlich Hemmer/Wüst, Verwaltungsrecht I, Rn. 248 ff.

hemmer-Methode: Zum Verhältnis der subjektiven zur objektiven Klagehäufung gilt: Bei subjektiver Klagehäufung liegt stets auch eine objektive vor, da es sich bei mehreren Klägern und damit bei mehreren Anträgen auch immer um mehrere Streitgegenstände handelt.

Grundsätzlich genügt es, auf die Tatbestandsmerkmale des § 44 VwGO hinzuweisen, eine genaue Prüfung ist in den wenigsten Fällen erforderlich.

II. Beiladung, § 65 VwGO

Zu unterscheiden ist zwischen der

Beiladung

⇨ einfachen Beiladung gem. § 65 I VwGO, die im Ermessen des Gerichts steht, und der   *152*

⇨ notwendigen Beiladung gem. § 65 II VwGO, die zwingend anzuordnen ist.   *153*

Letztere sollte bei Vorliegen der typischen Fallkonstellationen immer erwähnt werden. Ihr hauptsächlicher Anwendungsbereich findet sich im Baurecht, dort ist bei Nachbaranfechtungsklagen immer der Bauherr beizuladen, im Fall der Notwendigkeit des gemeindlichen Einvernehmens nach § 36 I S. 1 BauGB auch die Gemeinde.

hemmer-Methode: Sinn und Zweck der Beiladung ist es, die Rechtskraft des Urteils auf den Beigeladenen zu erstrecken, §§ 121, 63 VwGO.

C) Begründetheit der Anfechtungsklage[62]

Merke: Gem. § 113 I S. 1 VwGO ist die Anfechtungsklage begründet, soweit der Verwaltungsakt rechtswidrig und der Kläger dadurch in seinen Rechten verletzt ist.   *154*

In Bundesländern wie Bayern und Thüringen, in denen üblicherweise § 78 VwGO als Regelung der Passivlegitimation in der Begründetheit geprüft wird, ist der Obersatz entsprechend zu ergänzen:

---

[62] Ausführlich Hemmer/Wüst, Verwaltungsrecht I, Rn. 255 ff.

> **Merke:** Gem. §§ 78, 113 I S. 1 VwGO ist die Anfechtungs-klage begründet, wenn sie gegen den richtigen Beklagten gerichtet ist, der Verwaltungsakt rechtswidrig und der Kläger dadurch in seinen Rechten verletzt ist.

Besonders problematisch ist die Passivlegitimation in Bayern, wenn der Verwaltungsakt vom Landratsamt erlassen wurde, da dieses nach Art. 37 LKrO sowohl Behörde des jeweiligen Landkreises als auch des Freistaates sein kann. In den klausurrelevanten Fällen handelt es regelmäßig als Staatsbehörde.

> **hemmer-Methode:** Das Zulässigkeitsschema, in dem man relativ viel schematisch abhaken kann, bietet für die Klausur einen ersten Einstieg und damit die Möglichkeit, zum einen „warm zu werden", zum anderen einige wichtige Punkte „gegen das Durchfallen" zu sammeln. Der Schwerpunkt, an dem insbesondere auch über gute Bewertungen entschieden wird, wird aber in fast allen Fällen auf der Begründetheitsprüfung liegen. Hier muss der Bearbeiter „Farbe bekennen" und eine überzeugende Argumentation anhand des Gesetzes bieten.
> Ein wichtiger Punkt ist dabei die Subsumtionsarbeit, da auch eine öffentlich-rechtliche Klausur nicht allein durch Argumente aus der allgemeinen Lebenserfahrung geschrieben werden kann. Vielmehr wird sich die Lösung i.d.R. zum größten Teil aus dem Gesetz ergeben.
> Darüber hinaus wird aber gerade in öffentlich-rechtlichen Klausuren auch oft sehr viel „Textverarbeitung" aus dem Sachverhalt verlangt. Häufig wird eine Klagesituation geschildert, in der Kläger und der Beklagte ihre Ansichten austauschen und dabei bereits viele Argumente ansprechen, die in der Lösung wieder auftauchen sollen (allerdings dort nach ihrer Stichhaltigkeit bewertet werden müssen).

Obersatz s. Prüfungsschema

Aus den o.g. Punkten, die über die Begründetheit einer Anfechtungsklage entscheiden, ergibt sich das Prüfungsprogramm für die Klausur. Dies sollte man auch deutlich machen, indem man die Begründetheitsprüfung mit einem einleitenden Obersatz beginnt, der bei der Anfechtungsklage dem Wortlaut des § 113 I S. 1 VwGO folgt.

155

> **hemmer-Methode:** Unterschätzen Sie die Bedeutung des Obersatzes nicht! Dem Korrektor wird damit gezeigt, was als Nächstes folgt und wie die Prüfung verlaufen wird. Der Bearbeiter selbst gibt sich eine Richtschnur, die er während der weiteren Klausur nicht mehr aus dem Auge verlieren sollte.

Prüfungsschema für   Prüfungspunkte der Begründetheit der Anfechtungsklage sind: *156*
die Begründetheit

I.   Rechtmäßigkeit des Verwaltungsakts
     1. Ermächtigungsgrundlage
     2. Formelle Rechtmäßigkeit
        a) Zuständigkeit
        b) Verfahren
        c) Form
     3. Materielle Rechtmäßigkeit
II. Rechtsverletzung des Klägers

I. Rechtmäßigkeit des Verwaltungsakts[63]

1. Ermächtigungsgrundlage

Zitat d. Ermächti-   Bevor man die Rechtmäßigkeit des angegriffenen Verwal-   *157*
gungsgrundlage   tungsakts überprüft, sollte die in Betracht kommende Ermächtigungsgrundlage für den Verwaltungsakt bestimmt
werden. Häufig ergeben sich nämlich erst aus dieser Grundlage die zuständige Behörde sowie möglicherweise auch zusätzliche Verfahrensanforderungen.

> ***Bsp.:*** *Wird eine Gewerbeuntersagung wegen Unzuver-*
> *lässigkeit nach § 35 GewO ausgesprochen, ergibt sich*
> *erst aus diesem speziellen Gesetz, dass gem. § 35 IV*
> *GewO vor Erlass des Verwaltungsakts grds. die Auf-*
> *sichtsbehörde, die IHK und die Handelskammer gehört*
> *werden sollen. Diese Forderung ist dann als Frage des*
> *Verfahrens unter dem Prüfungspunkt der formellen*
> *Rechtmäßigkeit zu behandeln. Würde dagegen die mög-*
> *licherweise einschlägige Rechtsgrundlage erst i.R.d. ma-*
> *teriellen Rechtmäßigkeit gesucht, würden spezielle for-*
> *melle Anforderungen wie etwa die Regelung der örtlichen*
> *Zuständigkeit in § 35 VII GewO entweder „unter den*
> *Tisch fallen" oder – prüfungssystematisch eigentlich un-*
> *richtig – mit materiellen Fragen verquickt werden.*

Bei der Ermächtigungsgrundlage können Sie mit mehreren
Fragen konfrontiert werden: Erstens kann zweifelhaft sein,
ob der Verwaltungsakt überhaupt einer Ermächtigungsgrundlage bedarf. Zweitens können mehrere Ermächtigungsgrundlagen in Betracht kommen, und drittens muss die
einschlägige Rechtsgrundlage wirksam sein.

---

[63] Ausführlich Hemmer/Wüst, Verwaltungsrecht I, Rn. 263 ff.

a) Erforderlichkeit einer Ermächtigungsgrundlage

Vorbehalt des Geset-
zes

Einer Rechtsgrundlage bedarf jeder **belastende** Verwal- 158
tungsakt. Dies fordert der verfassungsrechtliche **Grundsatz
des Vorbehalts des Gesetzes**, der aus dem Rechtsstaatsprinzip (Art. 20 III GG) folgt.

EXKURS: Vorrang und Vorbehalt des Gesetzes

Grundsatz der Ge-
setzmäßigkeit der
Verwaltung

Das Rechtsstaatsprinzip beinhaltet u.a. die Grundsätze des 159
Vorrangs des Gesetzes und des **Vorbehalts des Gesetzes**. Diese beiden Grundsätze werden bisweilen unter dem
Begriff der „Gesetzmäßigkeit der Verwaltung" zusammengefasst.

Vorrang des Gesetzes bedeutet, dass die Verwaltung die 160
geltenden Gesetze beachten muss und nicht dagegen verstoßen darf. Es gilt die **Gesetzesbindung der Verwaltung**.

Werden die Gesetze nicht eingehalten, ist das Verwaltungshandeln rechtswidrig.

Das Prinzip vom **Vorbehalt** des Gesetzes geht darüber hin- 161
aus und besagt, dass die Verwaltung nur handeln darf, wenn
sie durch ein Gesetz hierzu ermächtigt ist. Das Verwaltungshandeln bedarf dann einer gesetzlichen **Ermächtigungsgrundlage**.

EXKURS ENDE

Anders als der Vorrang des Gesetzes, der für jegliche Ver- 162
waltungstätigkeit gilt, hat der Grundsatz des Vorbehalts des
Gesetzes nur für einen Teilbereich der Verwaltung Bedeutung. Dies ist die Frage nach der **Reichweite** des Vorbehalts
des Gesetzes.

Der Vorbehalt des Gesetzes aus Art. 20 III GG gilt nach allgemeiner Auffassung für alle belastenden Maßnahmen der
Verwaltung, und damit insbesondere für belastende Verwaltungsakte. I.R.d. Anfechtungsklage ist daher in aller Regel
eine gesetzliche Ermächtigung erforderlich.

hemmer-Methode: Schwierigkeiten ergeben sich hier bei
dem klassischen Problemkreis der Subventionen. Dieses
gehört jedoch zur Verpflichtungsklage![64]

---

[64] Siehe u. Rn. 261.

b) Auswahl unter mehreren Ermächtigungsgrundlagen

Mehrere Ermächtigungsgrundlagen

In manchen Fällen kommen mehrere Ermächtigungsgrundlagen für einen Verwaltungsakt in Betracht. Dann müssen Sie sich entscheiden, welche sie anwenden und im weiteren Verlauf der Klausur prüfen.

163

> *Bsp.: Die Polizei löst eine öffentliche Versammlung auf dem Marktplatz in der Stadt S auf. Was ist Ermächtigungsgrundlage für diesen Verwaltungsakt?*

aa) Spezielle und allgemeine Ermächtigungsgrundlagen

Spezialitätsgrundsatz

Es kommt einerseits die polizeiliche Generalklausel (z.B. § 8 I PolG NW, § 3 I SächsPolG, Art. 11 I, II BayPAG)[65] in Betracht, andererseits aber für die Auflösung der Versammlung § 15 III Versammlungsgesetz (VersG).[66] Im Verhältnis der Rechtsgrundlagen gilt die allgemeine Regel, dass das **speziellere Gesetz** dem allgemeineren vorgeht (**Spezialitätsgrundsatz**).

164

> *Bsp.: Die polizeiliche Generalklausel gilt grundsätzlich für alle Gefahren für die öffentliche Sicherheit oder Ordnung, während das VersG nur für die Gefahren anwendbar ist, die von Versammlungen ausgehen. Die Ermächtigung nach § 15 VersG gilt sogar nur für öffentliche Versammlungen, die unter freiem Himmel stattfinden. Aus diesem Grund ist das VersG spezieller und geht der polizeilichen Generalklausel vor. Nur § 15 III VersG ist daher anzuwenden und der weiteren Prüfung zugrunde zu legen.*

mehrere Ermächtigungsgrundlagen in einem Gesetz

Ein Verhältnis von spezieller und allgemeiner Norm kann nicht nur zwischen unterschiedlichen Gesetzen wie dem VersG und dem Polizeigesetz bestehen, sondern auch innerhalb eines Gesetzes zwischen verschiedenen Ermächtigungsgrundlagen.

165

> *Bsp.: Die zuständige Behörde ordnet den Abriss eines Gartenhäuschens an, weil dieses nicht mit dem Baurecht vereinbar sei. Was ist Ermächtigungsgrundlage für diesen Verwaltungsakt?*

In den Bauordnungen der Länder ist einerseits eine bauordnungsrechtliche Generalklausel enthalten (§ 61 I BauO NW; Art. 54 II BayBO; § 58 II SächsBO),[67] andererseits aber – außer in NRW – eine besondere Befugnis (u.a.) zur Beseitigungsanordnung (Art. 76 S. 1 BayBO; § 80 S. 1 SächsBO). Da letztere spezieller ist, gilt diese für die hier von der Behörde getroffene Anordnung.

---

[65] § 10 I BremPolG; § 3 i.V.m. § 1 BWPolG; § 11 NSOG; § 5 Thür OBG, § 12 Thür PAG.
[66] Sartorius Nr. 435.
[67] § 61 I BremLBO; § 47 LBOBW; § 65 NBauO; § 60 ThürBO.

bb) Arten von Rechtsvorschriften

Ermächtigungsgrund-
lagen in Parlaments-
gesetzen und in un-
tergesetzlichen
Rechtsvorschriften

Ermächtigungsgrundlagen können in unterschiedlichen **Arten von Rechtsvorschriften** enthalten sein. Dies sind einerseits die vom Bundestag oder vom Landtag beschlossenen Gesetze (**Parlamentsgesetze** oder auch **formelle Gesetze** genannt).

166

In begrenztem Umfang können auch Stellen der öffentlichen **Verwaltung** Rechtsvorschriften erlassen. Diese sind entweder Rechtsverordnungen oder Satzungen (**untergesetzliche Rechtsvorschriften** oder auch Gesetze im nur materiellen Sinn genannt).

Rechtsverordnungen

Rechtsverordnungen werden von der Regierung[68] oder nachgeordneten Verwaltungsbehörden erlassen. Für die Rechtsverordnungen der Bundesregierung gilt Art. 80 GG; die Verfassungen der Länder enthalten häufig entsprechende Vorschriften für die Rechtsverordnungen auf Länderebene.[69]

167

Satzungen

Satzungen sind Rechtsvorschriften, die von selbstständigen juristischen Personen des Öffentlichen Rechts erlassen werden.

168

Hauptbeispiel hierfür sind Gemeinden und Kreise, aber auch andere Körperschaften, Anstalten und Stiftungen wie Universitäten und Kammern. Zumeist regelt eine Satzung Fragen, die diesen Verwaltungsträgern zur selbstständigen Wahrnehmung übertragen wurden.

hemmer-Methode: Die Satzung als Ermächigungsgrundlage eines Verwaltungsakts ist Thema in Fall 18 der „44 wichtigsten Fälle nicht nur für Anfangssemester Verwaltungsrecht" von Hemmer/Wüst.

c) Wirksamkeit der Ermächtigungsgrundlage

wirksame Ermächti-
gungsgrundlage

Damit der Verwaltungsakt rechtmäßig ist, muss die Ermächtigungsgrundlage **wirksam** sein. Unwirksam ist eine Rechtsvorschrift, wenn sie gegen höherrangiges Recht verstößt.

169

---

[68]   Bundes- oder Landesregierung.
[69]   Art. 75 SächsVerf; Art. 70 Verf NW; Art. 61 BWVerf; Art. 43 Nds.; Art. 84 ThürVerf.

Ist die Ermächtigung in einem formellen Bundesgesetz enthalten, so muss sie mit dem Grundgesetz vereinbar sein. Ein verfassungswidriges Gesetz ist demgegenüber nichtig und unwirksam.

hemmer-Methode: In einer Klausur oder Hausarbeit dürfen Sie im Normalfall die Wirksamkeit bestehender formeller Gesetze nicht bezweifeln. Dies ist in aller Regel vom Ersteller des Falls nicht gewollt. Anders ist dies, wenn Ihnen ein fiktives Gesetz präsentiert wird, oder im Sachverhalt ausdrücklich die Verfassungsmäßigkeit der Ermächtigungsgrundlage bezweifelt wird. Dann müssen Sie zur Wirksamkeit der Ermächtigung Stellung nehmen! **hemmer-Methode** heißt Echo-Prinzip: Was ist im Sachverhalt angelegt, was will der Ersteller des Falls hören. Streben Sie bestmöglichen Konsens mit dem Klausurersteller an!

Überprüfung der Wirksamkeit einer RVO oder Satzung

Wenn die Ermächtigung für den zu prüfenden Verwaltungsakt nun nicht in einem Parlamentsgesetz, sondern in einer Rechtsverordnung oder Satzung enthalten ist, so müssen Sie diese auf ihre Wirksamkeit untersuchen.   170

Zu dem höherrangigen Recht, gegen das die Rechtsverordnung oder Satzung verstoßen kann, zählen dabei nicht nur das Verfassungsrecht, sondern insbesondere auch die formellen Gesetze.

Da das Prinzip vom Vorbehalt des Gesetzes[70] grundsätzlich ein formelles Gesetz erfordert, **bedarf die Rechtsverordnung oder Satzung wiederum selbst einer eigenen Ermächtigung**. Für Rechtsverordnungen ist dies ohnehin besonders in Art. 80 I S. 1 GG geregelt.

Sie müssen also an dieser Stelle wiederum die **Wirksamkeit der Rechtsverordnung oder Satzung** prüfen.   171

Es gilt das gleiche Prüfungsschema wie für den Verwaltungsakt: Ermächtigungsgrundlage – formelle Voraussetzungen – materielle Voraussetzungen.

---

[70]   Siehe o. Rn. 161.

Prüfungsschema:

I. Rechtmäßigkeit des Verwaltungsakts

  1. Ermächtigungsgrundlage: die RVO/Satzung

    Wirksamkeit der RVO/Satzung?

      a) Ermächtigungsgrundlage der RVO/Satzung: in einem formellen Gesetz

      b) Formelle Voraussetzungen für die RVO/Satzung

      c) Materielle Voraussetzungen für die RVO/Satzung

  2. Formelle RMK des Verwaltungsakts

  3. Materielle RMK des Verwaltungsakts

II. Rechtsverletzung

---

hemmer-Methode: Anders als bei Parlamentsgesetzen, deren Wirksamkeit Sie grundsätzlich nicht bezweifeln sollten (vgl. die vorige hemmer-Methode), ist dies in aller Regel bei einer Rechtsverordnung oder Satzung erforderlich. Daran müssen Sie in der Klausur oder Hausarbeit denken!!

> *Bsp.: Die Gemeinde ordnet gegenüber Landwirt L an, dass er künftig nur noch Wasser aus der gemeindlichen Wasserversorgungsanlage beziehen und keine anderen Bezugsquellen nutzen dürfe. Die Gemeinde hat eine Satzung über den Anschluss- und Benutzungszwang für die eigene Wasserversorgung erlassen. L erhebt Anfechtungsklage.*

Bei der Prüfung, ob der Verwaltungsakt rechtmäßig ist, ziehen Sie die Satzung der Gemeinde als Ermächtigung heran. Dabei müssen Sie inzident deren Wirksamkeit prüfen. Hierzu gehört wiederum, dass für die Satzung selbst eine Ermächtigungsgrundlage vorhanden ist. Diese ist in den Gemeindeordnungen der Länder zu finden (z.B. § 9 GO NW; Art. 24 I Nr. 2 BayGO; § 14 SächsGemO).[71]

hemmer-Methode: Die klausurmäßige Darstellung einer Satzung als Ermächtigungsgrundlage finden Sie in Fall 18 in „Die 44 wichtigsten Fälle nicht nur für Anfangssemester Verwaltungsrecht" von Hemmer/Wüst.

2. Formelle Rechtmäßigkeit des Verwaltungsakts[72]

formelle RMK

In der formellen Rechtmäßigkeit sind Zuständigkeit, Verfahren und Form zu prüfen.

172

---

[71] § 1 BremGesetz über die Rechtssetzungsbefugnisse der Gemeinden; § 11 BW GO; § 8 NGO; § 20 II ThürKO.
[72] Ausführlich Hemmer/Wüst, Verwaltungsrecht I, Rn. 293 ff.

a) Zuständigkeit

i.d.R. im Landesge-
setz geregelt

Die Zuständigkeit ist wegen der nach Art. 83 GG garantier-   173
ten Verwaltungshoheit der Länder zumeist in speziellen
Ländergesetzen geregelt.

Die örtliche Zuständigkeit, d.h. die Frage, welche der verschiedenen gleichgeordneten Behörden für den Verwaltungsakt zuständig ist, wird in der Klausur zumeist keine
Probleme aufwerfen und ergibt sich mehr oder weniger unmittelbar aus dem Sachverhalt.

Eine teilweise Regelung der örtlichen Zuständigkeit ist zudem in § 3 VwVfG zu finden.

hemmer-Methode: Das Fehlen der in § 3 VwVfG geregelten
örtlichen Zuständigkeit kann nach § 44 II S. 3 VwVfG zur
Nichtigkeit führen.

b) Verfahren

Begriff des Verwal-
tungsaktes

Nach § 9 VwVfG geht dem Erlass jedes Verwaltungsaktes   174
ein Verwaltungsverfahren voraus. Der Verwaltungsakt muss
also i.R. eines ordnungsgemäß durchgeführten behördlichen
Verfahrens erlassen worden sein. Für dieses Verfahren gibt
es – neben Vorschriften in Spezialgesetzen, wie z.B. § 35 IV
GewO – allgemein geltende Vorschriften im VwVfG. Die
wichtigsten und in der Klausur typischen Verfahrensproble-
me werden im Folgenden kurz dargestellt.

aa) Anhörung, § 28 VwVfG

belastender Verwal-
tungsakt

Vor dem Erlass von Verwaltungsakten, die einen Rechtsein-   175
griff darstellen, ist eine Anhörung vorgeschrieben. Ein solcher Eingriff liegt vor, wenn durch den beabsichtigten Verwaltungsakt dem Betroffenen eine von ihm bereits innege-
habte Rechtsposition entzogen, ihm also „etwas genommen"
werden soll.

Bsp.: Soll also einem Gewerbetreibenden ein (nach dem
Grundsatz der Gewerbefreiheit grds. erlaubnisfreies)
Gewerbe untersagt werden, so muss – neben den in
§ 35 IV GewO genannten Behörden – auch er selbst
nach § 28 I VwVfG angehört werden.

Beantragt er dagegen eine Erlaubnis für ein erlaubnis-pflichtiges Gewerbe (so z.B. den Betrieb einer Spielhalle nach § 33i GewO), so muss er vor der Versagung der beantragten Erlaubnis nicht notwendig noch einmal gehört werden:

Zum einen wird ihm nichts genommen, was er vorher schon hatte, sondern nur „nichts Neues dazu gewährt"; zum anderen hatte er bereits in der Antragsstellung ausreichend Gelegenheit, seinen Standpunkt zu begründen. Daraus ergibt sich also, dass vor der Ablehnung eines Antrags auf Erlass eines begünstigenden Verwaltungsaktes keine Anhörung erforderlich ist.

Gelegenheit zur Äußerung

Dem Anhörungsrecht wurde Genüge getan, wenn dem Betroffenen Gelegenheit zur Äußerung gegeben wurde. Ob er diese auch wahrnimmt, spielt dagegen keine Rolle. **176**

Heilung

Unterbleibt die Anhörung, so stellt dies grds. einen Verfahrensfehler dar, wenn nicht ein Grund für das ausnahmsweise Absehen von der Anhörung nach § 28 II VwVfG vorliegt. Der Fehler kann allerdings noch bis zum Abschluss des gerichtlichen Verfahrens geheilt werden, vgl. § 45 I Nr. 3, II VwVfG, wenn die Anhörung nachgeholt wird. **177**

Eine solche nachgeholte Anhörung und damit Heilung tritt nach h.M. bereits mit der Durchführung des Widerspruchs- bzw. Klageverfahrens ein, ohne dass es besonderer Maßnahmen von Ausgangs- oder Widerspruchsbehörde bedarf. Dies wird damit begründet, dass dem Widerspruchsführer durch die Begründung des ursprünglichen Verwaltungsakts die maßgeblichen Tatsachen bekannt sind. Durch die Rechtsbehelfsbelehrung wurde ihm auch eine Äußerungsmöglichkeit eingeräumt, die er beim Einlegen des Widerspruchs wahrnehmen kann.

hemmer-Methode: Machen Sie sich immer klar, dass die Rechtsfolgen von (formellen) Fehlern unterschiedlich sein können:
In den Fällen des § 44 VwVfG ist der VA nicht nur rechtswidrig, sondern sogar nichtig (eine Anfechtungsklage damit aber ebenfalls erfolgreich, wenn der Kläger dadurch in seinen Rechten verletzt ist).
§ 45 VwVfG enthält Heilungsvorschriften, die dazu führen, dass der VA nicht rechtswidrig ist.
§ 46 VwVfG führt zwar zu keiner Heilung, d.h. der VA bleibt rechtswidrig;[73] der Fehler ist aber unbeachtlich, sodass die Anfechtungsklage nicht begründet sein kann.

[73] Kopp/Ramsauer, § 46 VwVfG, Rn. 42.

bb) Verfahrensprobleme außerhalb des VwVfG

leges speciales

Die Verfahrensvoraussetzungen für jeden VA sind im VwVfG   *178*
geregelt. Daher kann dieses eigentlich in jeder verwaltungsrechtlichen Klausur eine Rolle spielen. Daneben können sich
aber auch in den speziellen Einzelgesetzen nicht nur materielle, sondern auch formelle Voraussetzungen für den Erlass
eines VA befinden.

> *Bsp.: Ein Beispiel hierfür ist die bereits o.g. Vorschrift des
> § 35 IV GewO, wonach bei der Untersagung eines Gewer-
> bes (nicht nur nach § 28 VwVfG der Gewerbetreibende,
> sondern auch) bestimmte Behörden gehört werden sollen.*

Verfahren im Ge-
meinderat

Weitere Probleme können sich v.a. dann stellen, wenn der   *179*
VA von einem Gemeinderat beschlossen wurde. Hier ist
dann nämlich bereits i.R.d. formellen Rechtmäßigkeit zu prüfen, ob der Beschluss des Gemeinderats, mit dem über die
Angelegenheit entschieden wurde, ordnungsgemäß zustande gekommen ist.

> **hemmer-Methode:** Achten Sie hier auf die richtige Termino-
> logie! Der Beschluss des Gemeinderats ist ein Verwaltungs-
> internum und bei Vorliegen eines Fehlers unwirksam. Der
> VA ist dagegen regelmäßig nicht nichtig gem. § 44 VwVfG,
> sondern nur rechtswidrig und anfechtbar.

In diesem Zusammenhang ist beispielsweise auf die – in den
Gemeindeordnungen der jeweiligen Bundesländer geregelten – Fragen der Beschlussfähigkeit des Gemeinderates und
der ordnungsgemäßen Beschlussfassung zu achten.

c) Form

aa) Formfreier Erlass des Verwaltungsakts

Formfreiheit

Nach § 37 II VwVfG kann ein VA „schriftlich, mündlich oder   *180*
in anderer Weise erlassen werden".

Grds. gilt also hier die Formfreiheit und selbst ein konkluden-
ter Erlass wäre möglich. Nur in wenigen Fällen schreiben
spezialgesetzliche Vorschriften bereits unmittelbar für den
Erlass des VA die Einhaltung einer Form vor, vgl. bspw.
§ 49a I S. 2 VwVfG.

mittelbarer Form-
zwang

Zumindest mittelbar ergibt sich gleichwohl häufig ein „Form-   *181*
zwang": So kann zwar auch ein mündlicher VA nach § 41 I
VwVfG „bekannt gegeben" werden; eine „Zustellung" (vgl.
§ 41 V VwVfG) erfolgt dagegen stets in irgendeiner Weise
schriftlich. Außerdem sind den VAen i.d.R. zum In-Gang-
Setzen von Widerspruchs- oder Anfechtungsfristen Rechts-
behelfsbelehrungen beigefügt (vgl. § 58 I, II VwGO sowie
dazu bereits oben i.R.d. Zulässigkeitsprüfung), welche nach
§ 58 I VwGO schriftlich zu erfolgen haben. Wird aber eine
solche schriftliche Rechtsbehelfsbelehrung erteilt, so wird
praktisch immer auch der dazu gehörige VA in Schriftform
vorliegen.

bb) Begründung des Verwaltungsaktes, § 39 VwVfG

inhaltliche Richtigkeit
unbeachtlich

§ 39 VwVfG verlangt als formelle Voraussetzung für einen   *182*
schriftlichen Verwaltungsakt grds. nur, dass die Behörde
überhaupt irgendwelche Tatsachen anführt, die aus ihrer
Sicht zum Zeitpunkt des Erlasses des Verwaltungsaktes erheblich waren. Auf die materielle Richtigkeit der Begründung
kommt es nicht an.

Da an das Vorliegen einer zumindest formell ausreichenden
Begründung nur geringe Anforderungen gestellt werden, hat
§ 39 VwVfG eigentlich nur in den Fällen vollständig fehlender Begründung Klausurrelevanz. Beachten Sie allerdings
für **Ermessensentscheidungen § 39 I S. 3 VwVfG**, der die
Behörde zur Mitteilung ihrer ermessensleitenden Gründe
verpflichtet.

Zudem kann ein Verstoß gegen § 39 VwVfG geheilt werden,   *183*
indem die Begründung nachträglich gegeben wird, § 45 I Nr. 2
VwVfG. Dies ist sogar bis zum Abschluss der letzten Tatsa-
cheninstanz des verwaltungsgerichtlichen Verfahrens möglich,
vgl. § 45 II VwVfG. Greift die Heilungsvorschrift des § 45
VwVfG ein, so ist der Verwaltungsakt nicht rechtswidrig.[74]

hemmer-Methode: Keine Frage der Form und der formellen
Rechtmäßigkeit ist die Frage nach der Rechtsbehelfsbelehrung. Zwar sind gem. § 59 VwGO die Bundesbehörden verpflichtet, eine Rechtsbehelfsbelehrung beizufügen. Eine entsprechende Verpflichtung normiert § 73 III S. 1 VwGO für
den Erlass eines Widerspruchsbescheides auch durch Landesbehörden. Fehlt die Rechtsbehelfsbelehrung oder ist sie
nicht korrekt, so führt dies aber lediglich dazu, dass anstelle
der Monatsfrist für Widerspruch (§ 70 I VwGO) und Klage
(§ 74 I VwGO) gem. § 58 II S. 1 VwGO die Jahresfrist gilt.

---

[74] Kopp/Ramsauer, § 45 VwVfG, Rn. 12.

Auf die Rechtmäßigkeit oder Rechtswidrigkeit des Verwaltungsakts hat die Rechtsbehelfsbelehrung dagegen nach allgemeiner Auffassung keinen Einfluss.[75] Dies bedeutet für Sie in der Klausur, dass die Erwähnung der Rechtsbehelfsbelehrung an dieser Stelle ein grober Fehler wäre! Richtiger Prüfungsstandort ist die Zulässigkeit, dort die Frist für Widerspruch und Klage!![76]

3. Materielle Rechtmäßigkeit des Verwaltungsakts[77]

hemmer-Methode: Ähnlich wie die Zulässigkeit ist auch die Prüfung der formellen Rechtmäßigkeit häufig knapp und standardisiert möglich, und nur einzelne (sich dabei regelmäßig auch wiederholende) Probleme sind vertieft anzusprechen.
Demgegenüber bildet die Prüfung der materiellen Rechtmäßigkeit zumeist einen Schwerpunkt der Klausur, da gerade an dieser Stelle auf die speziellen, im Sachverhalt mitgeteilten Umstände des Einzelfalls eingegangen werden kann.

Subsumtion

Wie oben gezeigt, wird man – wegen der Möglichkeit eventueller zusätzlicher formeller Voraussetzungen – zu Beginn der Begründetheitsprüfung bereits kurz die Rechtsgrundlage, auf die sich die Behörde gestützt hat oder die als einzige in Betracht kommt, nennen. Diese Norm steht nun im Mittelpunkt der Prüfung der materiellen Rechtmäßigkeit, da hier die Probleme i.d.R. weniger im VwVfG als in den spezifischen Einzelgesetzen (z.B. GewO, GaststättenG, etc.) liegen. Die Tatbestandsvoraussetzungen der Norm sind hier zu überprüfen, und es beginnt die eigentliche Subsumtionsarbeit.

184

hemmer-Methode: Obwohl also bei der materiellen Rechtmäßigkeit der Schwerpunkt der Prüfung eindeutig auf den Einzelgesetzen liegt, werden in diesem Skript im Folgenden v.a. „allgemeine", teilweise auch im VwVfG verankerte Probleme dargestellt. Dies liegt zum einen daran, dass die nähere Darstellung auch nur der wichtigsten Problemkonstellationen aus den einzelnen Spezialgesetzen des „Besonderen Verwaltungsrechts" (also z.B. Bau-, Polizei- und Sicherheits- oder Wirtschaftsverwaltungsrecht) den Rahmen dieses Skripts erheblich sprengen würde. Zum anderen sind aber auch diese allgemeinen Fragen deshalb besonders bedeutsam, weil sie sich im Prinzip mit jeder einzelnen Regelungsmaterie des Verwaltungsrechts kombinieren lassen.

---

[75] Kopp/Schenke, § 59 VwGO, Rn. 4.
[76] Gleiches gilt übrigens für die Bekanntgabe: Ist diese nicht ordnungsgemäß erfolgt, so liegt schon gar kein Verwaltungsakt vor! Dann ist aber die Anfechtungsklage gar nicht statthaft (vgl. Rn. 60 ff.). Zur Bekanntgabe an eine andere Person, aber nicht an den Kläger vgl. Rn. 131.
[77] Ausführlich Hemmer/Wüst, Verwaltungsrecht I, Rn. 353 ff.

a) Tatbestand - Unbestimmte Rechtsbegriffe (Beurteilungsspielraum)

unbestimmte Rechts-
begriffe

Nicht alle Rechtsnormen sind so gestaltet, dass ihre tatbestandlichen Voraussetzungen stets eindeutig und zweifelsfrei zu bestimmen sind, wie es beispielsweise bei quantifizierbaren Größen oder Begriffen wie „Mensch" der Fall ist.

185

Vielmehr enthalten zahlreiche Vorschriften unbestimmte Rechtsbegriffe, also generalklauselartige Formulierungen, die zu ihrer Anwendbarkeit einer wertenden Auslegung bedürfen.

> ***Bsp.:*** *Beispiele für unbestimmte Rechtsbegriffe wären die (z.B. im Gewerberecht bedeutsame) Voraussetzung der „Zuverlässigkeit" oder Formeln wie die „Beeinträchtigung des öffentlichen Wohls".*

Überprüfbarkeit

Dabei stellt sich die Frage, ob und wieweit das Verwaltungsgericht i.r.d. Prüfung der Anfechtungsklage die Entscheidungsfindung der Behörde überprüfen darf.

186

Hintergrund: Gewaltenteilung

Die Problematik von unbestimmten Rechtsbegriffen bzw. Ermessensausübung wurzelt letztlich im Postulat der Gewaltenteilung:

187

Aus diesem ergibt sich zwar zum einen, dass das Verwaltungshandeln durch die Gerichte überprüfbar sein muss; zum anderen darf die Verwaltung aber auch nicht zum „Spielball" der Gerichte werden, sondern muss eine eigenständige Bedeutung behalten.

Gewissermaßen als Kompromiss zwischen diesen beiden sich widerstreitenden Forderungen geht die h.M. – wie im Anschluss näher gezeigt werden wird – davon aus, dass die Rechtsanwendung auf der Tatbestandsseite gerichtlich grds. voll überprüfbar ist, während auf der Rechtsfolgenseite der Verwaltung bei der Ermessensausübung ein Freiraum bleibt.

unbestimmter
Rechtsbegriff voll
überprüfbar

Bei unbestimmten Rechtsbegriffen geht die h.M. davon aus, dass diese durch das Verwaltungsgericht voll überprüfbar sind. Grds. steht der Behörde also kein nicht nachprüfbarer Beurteilungsspielraum zu, sodass auf tatbestandlicher Ebene keine freie Entscheidungskompetenz verbleibt, da es sich um eine reine Rechtsentscheidung handelt und insoweit eine Bindung der Exekutive an die Legislative (also der Verwaltung an die Vorgaben der Gesetzgebung) besteht, Art. 20 III GG, welche durch die Judikative (Rechtsprechung) überprüft werden kann.

188

Im Übrigen würde aufgrund der zahlreichen unbestimmten Rechtsbegriffe anderenfalls auch die Rechtsschutzgarantie des Art. 19 IV GG stark entwertet.

Ausnahmen

Von diesem Grundsatz gibt es aber mehrere Ausnahmen. *189* Diese beruhen als gemeinsames Merkmal darauf, dass es sich jeweils auch um eine Wertungsentscheidung in einem besonderen Einzelfall handelt. Hier ist eine vollständige Überprüfung durch das Gericht in solchen Konstellationen nicht möglich, die vom Gericht nicht objektiv und in gleicher Weise wie von der Verwaltung nachvollzogen werden können.

> **Bsp.:** *So kann etwa die Frage, ob ein bestimmtes Bauvorhaben den Festsetzungen des Bebauungsplans entspricht und daher genehmigungsfähig ist, von einem Gericht, dem der Bebauungsplan und der Bauantrag zur Verfügung stehen (und das notfalls auch einen Augenscheinstermin wahrnehmen kann), letztlich genauso gut beurteilt werden wie von der Verwaltungsbehörde, sodass eine volle Überprüfbarkeit möglich ist.*
>
> *Demgegenüber kann etwa die Bewertung in einer mündlichen Prüfung, an der das Gericht nicht selbst teilgenommen hat und welche auch nie mehr in gleicher Weise nachholbar ist, vom Gericht nie mehr vollständig identisch so nachvollzogen werden, wie sie vor dem prüfenden Organ als Teil der Verwaltung stattgefunden hat.*

Wertungsent-
scheidungen

Unter diese Sonderfälle, in denen bei der Auslegung unbe- *190* stimmter Rechtsbegriffe ein (eingeschränkter) Beurteilungsspielraum besteht, fallen etwa Prüfungs- und prüfungsähnliche Entscheidungen, beamtenrechtliche Beurteilungen sowie Entscheidungen von Gremien, die mit nicht weisungsgebundenen Sachverständigen (z.B. Bundesprüfstelle für jugendgefährdende Schriften) besetzt sind.

Überprüfbar sind diese Ausnahmeentscheidungen nur daraufhin, ob die Behörde:

⇨ den **Sachverhalt** richtig und vollständig ermittelt hat,

⇨ das richtige **Verfahren** eingehalten hat,

⇨ sich nicht von **sachfremden Erwägungen** leiten ließ, oder

⇨ allgemein gültige **Bewertungsmaßstäbe** nicht außer Acht gelassen hat.

restriktive Rspr. des   Allerdings ist zu beachten, dass gerade in der jüngeren Zeit   *191*
BVerfG   das BVerfG in mehreren Entscheidungen zum Prüfungsrecht
                              und zu den Entscheidungen der Sachverständigengremien
                              im GjSM (Gesetze über die Verbreitung jugendgefährdender
                              Schriften und Medien) den Beurteilungsspielraum der Ver-
                              waltung stark eingeschränkt hat. Insbesondere bei Prü-
                              fungsentscheidungen ist eine Einschränkung des Beurtei-
                              lungsspielraums (und damit eine engere gerichtliche Über-
                              prüfung) wegen der damit möglicherweise verbundenen Ein-
                              griffswirkung in Art. 12 GG erforderlich: Danach darf eine in
                              der jeweiligen Wissenschaft als vertretbar angeführte und
                              mit gewichtigen Argumenten begründete Lösung nicht als
                              falsch gewertet werden.

                              Ferner müssen der Nachprüfungsmaßstab und das Nach-   *192*
                              prüfungsverfahren so ausgestaltet sein, dass Prüfungsent-
                              scheidungen einer gerichtlichen Kontrolle nicht nahezu voll-
                              ständig entzogen sind, da dies mit der Rechtsweggarantie
                              des Art. 19 IV GG nicht zu vereinbaren wäre.[78]

> **hemmer-Methode:** Gerade der drohende Grundrechtsein-
> griff sowie die Rechtsweggarantie des Art. 19 IV GG können
> häufig herangezogen werden, wenn es darum geht, einen
> Beurteilungsspielraum der Verwaltung einzuengen. So ist
> etwa auch die Tendenz des BVerfG, das Prüfungsrecht der
> Bundesprüfstelle nach dem GjSM enger zu fassen, mit der
> Betonung des Grundrechts aus Art. 5 III GG zu erklären.
> Für die Klausur empfiehlt sich folgendes Vorgehen: Bei der
> Subsumtion einer bestimmten Tatbestandsvoraussetzung ist
> zu erwähnen, dass es sich um einen unbestimmten Rechts-
> begriff handelt. Anschließend ist darzustellen, dass dieser
> Rechtsbegriff grds. voll überprüfbar ist, da es sich um eine
> Rechtsanwendung handelt. Im Weiteren ist dann zu diffe-
> renzieren:
> In den meisten Fällen kann nach dieser Feststellung dann die
> Subsumtion und Überprüfung „ganz normal" beginnen.
> In den o.g. anerkannten Fallgruppen eines Beurteilungs-
> spielraums ist darauf hinzuweisen, dass aufgrund der vor
> Gericht nicht vollständig nachvollziehbaren Sondersituation
> ein (eingeschränkter) Beurteilungsspielraum in Betracht
> kommt.
> Danach muss sich der Bearbeiter entscheiden, ob er diesen
> Beurteilungsspielraum - etwa auf der Grundlage der o.g.
> Rechtsprechung des BVerfG – seinerseits wieder einschrän-
> ken oder im wesentlichen anerkennen möchte, und muss
> dann, je nachdem, zu welchem Ergebnis er dabei kommt,
> die Entscheidung der Behörde entsprechend überprüfen.

---

[78]   Zusammenfassend **Life & Law 2006, 65**; vgl. hierzu auch m.w.N. BVerwG, **Life & Law 2007, 703**.

Abgrenzung zum	In diesem Zusammenhang besonders wichtig ist die genaue	*193*
Ermessen	Unterscheidung zwischen einem „unbestimmten Rechtsbe-	

Abgrenzung zum Ermessen

In diesem Zusammenhang besonders wichtig ist die genaue **193** Unterscheidung zwischen einem „unbestimmten Rechtsbegriff" und der Eröffnung von „Ermessen". Während unbestimmte Rechtsbegriffe sich auf der Tatbestandsseite einer Norm befinden, betrifft das Ermessen die Rechtsfolgenseite einer Vorschrift:

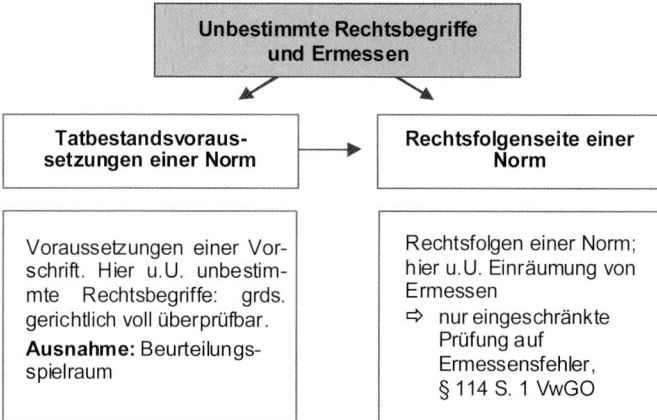

b) Ermessen

Tatbestand und Rechtsfolge

Jede vollständige Rechtsnorm besteht aus zwei Teilen: dem **194** Tatbestand (den Voraussetzungen) und der Rechtsfolge.

> **Bsp.: Ist der Antragsteller unzuverlässig gem. § 4 I Nr. 1 GastG[79] (Tatbestand), so ist die Gaststättenerlaubnis zu versagen (= Rechtsfolge).**

Ermessen = mehrere Alternativen für die behördliche Entscheidung

In der Rechtsfolge kann ein Ergebnis bestimmt sein, indem **195** die Verwaltung zu genau einer Entscheidung verpflichtet ist. Dann liegt ein Fall **gebundener Verwaltung** vor. In anderen Fällen ist jedoch der Rechtsfolgenseite zu entnehmen, dass **der Behörde mehrere Alternativen eröffnet** sind und damit ein Ermessensspielraum besteht.

aa) Vorliegen einer Ermessensvorschrift

Einräumung von Ermessen

Ob der Verwaltung Ermessen eingeräumt ist, ist dem Wort- **196** laut der Rechtsvorschrift zu entnehmen, oder aufgrund Auslegung zu ermitteln. Ermessen wird insbesondere durch die Formulierungen „kann", „darf" oder „ist befugt" eingeräumt.

---

[79] S. Sartorius Nr. 810.

Gebundene Verwaltung liegt demgegenüber bei Formulierungen wie „muss", „hat zu" oder „ist zu" vor. Darüber hinaus kennt das Gesetz auch „Soll"-Vorschriften. Diese beinhalten eine grundsätzliche Pflicht der Verwaltung wie bei einer gebundenen Entscheidung. Allerdings ist in Ausnahmefällen ein Abweichen zulässig.

> **Bspe.** *für Soll- Vorschriften finden Sie etwa in § 24 S. 2 und § 25 II BlmSchG.*

hemmer-Methode: Die materielle Rechtmäßigkeit prüfen Sie gedanklich immer in zwei Schritten: erstens Tatbestand, zweitens Rechtsfolge. Besteht kein Ermessen, sondern liegt gebundene Verwaltung vor, so ist es nicht notwendig, dass Sie die Rechtsfolgenseite ausdrücklich erörtern. Dies sollten Sie in Ihrer Bearbeitung nur dann machen, wenn ein Ermessen besteht.

Im einfachsten Fall des Ermessens sind der Behörde genau **zwei** Alternativen überlassen: Die Vornahme einer bestimmten Handlung oder ihr Unterlassen.   197

> **Bsp.:** *So bestimmt § 15 III Versammlungsgesetz (VersG)[80], dass die Behörde unter bestimmten Voraussetzungen eine Versammlung auflösen kann.*

Die Entscheidungsalternativen bestehen darin, die Versammlung aufzulösen oder nicht.

In anderen Fällen ist der Behörde eine **Mehrzahl** von Maßnahmen eröffnet.   198

> **Bsp.:** *§ 15 I VersG gibt der Behörde die Möglichkeit, unter bestimmten Voraussetzungen eine Versammlung komplett zu verbieten, von bestimmten Auflagen abhängig zu machen, oder auch von jeglichen Maßnahmen abzusehen.*

Eine Vielzahl von Handlungsmöglichkeiten besteht auch, wenn die Behörde eine **„quantitative" Entscheidung** treffen darf, was insbesondere bei der Auferlegung von Geldleistungspflichten vorkommen kann.   199

> **Bsp.:** *In der Verwaltungsvollstreckung kann das Zwangsgeld gem. § 11 III VwVG[81] zwischen 1,53 € und 1533,88 € festgesetzt werden.*

---

[80] Sartorius Nr. 435.
[81] Sartorius Nr. 112. Entsprechende Vorschriften finden Sie in den Verwaltungsvollstreckungsgesetzen der Länder, vgl. z.B. § 60 VwVG NW; Art. 31 BayVwZVG; § 22 SächsVwVG.

Entschließungs- und *Auswahlermessen*	Ist der Behörde die Entscheidung darüber eingeräumt, überhaupt zu handeln oder aber untätig zu bleiben, beinhaltet die Vorschrift ein **Entschließungsermessen**. Die Entscheidung unter mehreren in Betracht kommenden Handlungen wird als **Auswahlermessen** bezeichnet.	*200*

bb) Überprüfung der Ermessensentscheidung

§ 40 VwVfG, *§ 114 S. 1 VwGO*	Enthält eine Ermächtigungsgrundlage ein Ermessen zugunsten der Behörde, so findet **§ 40 VwVfG** Anwendung. Danach hat die Behörde das Ermessen entsprechend dem Zweck der Ermächtigung auszuüben und die gesetzlichen Grenzen des Ermessens einzuhalten.	*201*

In der Begründetheit einer Anfechtungsklage ist für die gerichtliche Überprüfung **§ 114 S. 1 VwGO** anzuwenden, der eben die Grenzen des Ermessens und die zweckentsprechende Ausübung der gerichtlichen Kontrolle unterstellt.

> **hemmer-Methode:** Prägen Sie sich diese beiden Vorschriften unbedingt ein, Sie werden sie noch häufig brauchen: jede Ermessensprüfung beginnt mit dem Zitat von § 40 VwVfG bzw. § 114 S. 1 VwGO.

	Danach darf das **Gericht die Ermessensentscheidung einer Behörde nur eingeschränkt überprüfen**. Insbesondere gilt der Grundsatz, dass das Verwaltungsgericht nicht sein Ermessen an die Stelle des Behördenermessens stellen darf.	*202*
Ermessensüber- *schreitung*	Aus der Ermessensvorschrift kann nach dem soeben Gesagten ohne weiteres der gesetzliche Rahmen entnommen werden, innerhalb dessen sich die Entscheidung der Verwaltung bewegen muss. Überschreitet die Behörde diesen Rahmen und liegt die Entscheidung außerhalb, ist die behördliche Maßnahme rechtswidrig. Es liegt eine **Ermessensüberschreitung** vor, § 114 S. 1 Alt. 1 VwGO.	*203*

> *Bsp.: Die Behörde verbietet nicht nur die nächste angemeldete Versammlung des Peter, sondern auch alle weiteren Versammlungen im Stadtbezirk in den nächsten drei Jahren, ohne dass Peter noch weitere Versammlungen angemeldet hätte.*
>
> Das Verbot weiterer, noch gar nicht angemeldeter Versammlungen ist rechtswidrig, weil eine solche Entscheidung überhaupt nicht von § 15 I VersG vorgesehen ist. § 15 I VersG gilt immer nur für eine konkrete, bereits angemeldete Versammlung.[82]

---

[82]   Vgl. Wortlaut des § 15 I VersG, „die Versammlung", sowie der Bezug zu § 14 VersG (Anmeldepflicht).

unterscheiden:
Ergebnis - Entschei-
dungsvorgang

> Die Überprüfung einer behördlichen Ermessensentschei-   **204**
> dung ist gedanklich in zwei Teile zu unterscheiden:
>
> ⇨ Ergebnis
>
> ⇨ Entscheidungsvorgang

hemmer-Methode: Die Reihenfolge der Prüfung ist nicht zwingend. Sie können den Entscheidungsvorgang und damit die ordnungsgemäßen Ermessenserwägungen auch vor dem Ergebnis prüfen. Gedanklich würde man wohl naheliegenderweise erst den Entscheidungsvorgang und dann das Ergebnis prüfen.
Aus didaktischen Gründen soll hier in umgekehrter Reihenfolge vorgegangen werden. Der Aufbau ist insoweit Geschmacksfrage, aber denken Sie vor allem klausurtaktisch: Prüfen Sie diejenige Frage zuletzt, an der die Rechtmäßigkeit des Verwaltungsakts scheitert! Dann können Sie möglichst viel in Ihre Bearbeitung mit einbauen!

(1) Ergebnis – Ermessensüberschreitung

Ermessensrahmen im
konkreten Fall

Das Ergebnis der Ermessensentscheidung ist nicht nur dann   **205**
fehlerhaft, wenn der gesetzlich vorgegebene Rahmen überschritten wird, § 114 S. 1 Alt. 1 VwGO.

Vielmehr kann die behördliche Maßnahme auch deshalb ermessensfehlerhaft sein, weil das Ergebnis im konkreten Fall unzulässig ist. So können aufgrund der Umstände des Einzelfalls, die bei jeder Ermessensentscheidung zu beachten sind, Maßnahmen ermessensfehlerhaft sein, obwohl sie innerhalb des gesetzlichen Rahmens liegen.[83]

Bsp.: Es steht beispielsweise gem. § 60 VwVG NW (Art. 31 BayVwZVG, § 22 SächsVwVG) im Ermessen der Behörde, ein Zwangsgeld in Höhe von 10,- bis 50.000,- € zu verhängen, weil der arme Bernd sein kleines Gartenhäuschen in Wanne-Eickel nicht beseitigt hat, obwohl die Behörde dies angeordnet hatte. Die Behörde verhängt ein Zwangsgeld von 20.000,- €.

Bei der Ermessensentscheidung muss die Behörde alle Umstände des konkreten Falls berücksichtigen. Da das Häuschen klein ist und Bernd arm, ist es im konkreten Einzelfall ermessensfehlerhaft, einen Betrag in dieser Höhe als Zwangsgeld zu bestimmen.

---

[83] Kopp/Schenke, § 114 VwGO, Rn. 39 ff.

hemmer-Methode: Es erscheint allerdings ebenso gut vertretbar, diese Fälle unter den Begriff der Ermessensdisproportionalität zu subsumieren, vgl. unten.

Weiteres Bsp.: Franz meldet eine Versammlung an (vgl. § 14 I VersG), benennt aber keinen Leiter, obwohl er hierzu bei der Anmeldung verpflichtet ist (§ 14 II VersG).

Da jede öffentliche Versammlung einen Leiter haben muss (§ 7 I VersG) und dies auch für öffentliche Versammlungen unter freiem Himmel gilt, § 18 I VersG,[84] verbietet die Behörde die Versammlung (§ 15 I VersG).

Da gegen §§ 18 I, 7 I VersG verstoßen wird, wenn die Versammlung ohne Leiter durchgeführt wird, besteht eine unmittelbare Gefährdung der öffentlichen Sicherheit.

Der Tatbestand des § 15 I VersG ist erfüllt. Als Rechtsfolge ist in § 15 I VersG vorgesehen, dass die Behörde die Versammlung verbieten, von Auflagen abhängig machen oder auch ganz von Maßnahmen absehen kann.

Die Pflicht zur Bestellung eines Leiters gem. §§ 18 I, 7 I VersG ist allerdings nicht von einem solchen Gewicht, als dass aus diesem Grund die gesamte Versammlung verboten werden dürfte. Von den im Gesetz vorgesehenen, möglichen Maßnahmen scheidet in diesen Fällen ein „Verbot der Versammlung" aus. Es verbleiben nur Auflagen, insbesondere die Anordnung, nunmehr noch einen Leiter zu bestellen, oder aber das Absehen von jeglichen Maßnahmen. § 7 I VersG wird daher auch als bloße „Ordnungsvorschrift" bezeichnet.

Auch dieser Fall kann als Ermessensüberschreitung bezeichnet werden, da die Behörde den im konkreten Fall gegebenen Rahmen verlassen hat.

hemmer-Methode: Die Frage nach einer Ermessensreduktion auf Null spielt bei der Anfechtungsklage keine Rolle, denn hierbei kommt es auf die Überprüfung einer bereits getroffenen Entscheidung der Behörde an. Diese ist ermessensfehlerfrei oder ermessensfehlerhaft. Die Ermessensreduktion auf Null hat Bedeutung für die Verpflichtungsklage, für die „Spruchreife" i.S.v. § 113 V VwGO.[85]

---

[84]		§ 7 VersG gilt wie §§ 5 - 13 VersG insgesamt unmittelbar nur für öffentliche Versammlungen in geschlossenen Räumen, vgl. Überschrift vor § 5 VersG.

[85]		Dazu u. Rn. 297 ff.; vgl. hierzu auch BVerwG, NVwZ 2008, 1024 = **Life & Law 2008, 753.**

(2) Entscheidungsvorgang

ordnungsgemäßer Entscheidungsvorgang

Der Verwaltungsakt kann aber auch rechtswidrig sein, obwohl das Ergebnis an sich nach dem bisher Gesagten nicht zu beanstanden ist. Das Besondere am Ermessen ist, dass nicht nur das Ergebnis, sondern auch der Entscheidungsvorgang fehlerfrei sein muss. Die Behörde ist unabhängig vom Ergebnis **zu einem ordnungsgemäßen Entscheidungsvorgang verpflichtet.**

206

Ermessensnichtgebrauch

Dies bedeutet zunächst, dass die Behörde sich überhaupt darüber bewusst sein muss, dass das Gesetz ihr eine Ermessensentscheidung einräumt.

207

Trifft die Behörde eine Maßnahme, weil sie sich dazu verpflichtet fühlt, ohne sich über Alternativen im Klaren zu sein, so fehlt es völlig an der erforderlichen Ermessensausübung. **Beinhaltet das Gesetz Ermessen, so muss die Behörde dieses ausüben,** wenn nicht ausnahmsweise eine Ermessensreduktion auf Null vorliegt. Andernfalls liegt ein **Ermessensnichtgebrauch** vor (auch Ermessensausfall genannt), und der Verwaltungsakt ist rechtswidrig.

keine sachfremden Erwägungen

Zudem muss die Behörde ihr Ermessen dem Zweck der gesetzlichen Vorschrift entsprechend ausüben (vgl. § 40 VwVfG, § 114 S. 1 Alt. 2 VwGO). Hierzu darf sie bei ihrer Entscheidung nur solche **Erwägungen** berücksichtigen, die dem gesetzlichen Zweck entsprechen, und muss alle anderen außer Acht lassen.

208

Lässt sie sich von anderen, insbesondere sachfremden Aspekten leiten, so liegt ein **Ermessensfehlgebrauch** vor und der Verwaltungsakt ist rechtswidrig. Hier kann weiter unterschieden werden zwischen einem Ermessensdefizit, wenn die Behörde sachgerechte Kriterien nicht herangezogen hat, und der Ermessensdisproportionalität, bei der die Behörde die maßgeblichen Kriterien unvertretbar gewichtet hat.

hemmer-Methode: Die klausurmäßige Darstellung dieses Problems finden Sie bei Fall 19 in Hemmer/Wüst „Die 44 wichtigsten Fälle nicht nur für Anfangssemester VerwaltungsR".

Bedeutung der Begründung des Verwaltungsakts

Welche Erwägungen die Behörde angestellt hat, ist insbesondere der **Begründung** des Verwaltungsakts zu entnehmen.[86]

209

---

[86] Kopp/Schenke, § 114 VwGO, Rn. 11.

Zumeist werden Ermessensverwaltungsakte eingehender begründet sein, denn die Behörde ist gem. § 39 I S. 3 VwVfG verpflichtet, insbesondere die Gründe für die Ermessensausübung anzugeben.

Für diese Frage können ferner in den Behördenakten vorhandene Aufzeichnungen wie z.B. Aktenvermerke herangezogen werden.[87] Die von der Behörde herangezogenen Gründe müssen allerdings objektiv nachprüfbar und dokumentiert sein. Keinesfalls kann es ausreichen, dass der zuständige Sachbearbeiter später mündlich schildert, was er sich „eigentlich" bei Erlass des Verwaltungsakts gedacht hat.

Da die Begründung des Verwaltungsakts aber in jedem Fall vorrangig ist, hat das Fehlen einer substantiellen Begründung bei Ermessensverwaltungsakten nicht nur einen **formellen** Verstoß gegen § 39 VwVfG zur Folge, sondern auch die **materielle** Rechtswidrigkeit wegen Ermessensfehlern.[88]

Gem. § 114 S. 2 VwGO hat die Behörde zudem die Möglichkeit, noch im verwaltungsgerichtlichen Verfahren ihre Ermessenserwägungen zu **ergänzen**.

Dies bedeutet nicht, dass die Behörde jede, bisher ermessensfehlerhafte Entscheidung noch rechtmäßig machen könnte, indem sie nur den richtigen Vortrag bringt.	*210*

Vielmehr müssen für eine Anwendung des § 114 S. 2 VwGO bereits Ermessenserwägungen **vorhanden** sein, die **lediglich unvollständig** sind, sodass sie noch ergänzt werden können.	*211*

§ 114 S. 2 VwGO ist nicht anwendbar, wenn[89]

⇨	bisher überhaupt **keine Ermessenserwägungen** vorhanden sind,

⇨	das Ermessen überhaupt nicht ausgeübt wurde (**Ermessensausfall**), oder

⇨	**wesentliche** Teile der Ermessenserwägungen ausgetauscht oder erst nachträglich gebracht werden

hemmer-Methode: Dies ist das vielzitierte, aber selten zutreffend dargestellte Problemfeld „Nachschieben von Gründen". Bei Ermessensentscheidungen ist dies in den Grenzen des § 114 S. 2 VwGO beachtlich. Vgl. Sie dazu den folgenden Exkurs.

87	Kopp/Schenke, § 113 VwGO, Rn. 11.
88	Kopp/Schenke, § 114 VwGO, Rn. 48.
89	Kopp/Schenke, § 114 VwGO, Rn. 50.

EXKURS

behördlicherseits an-
geführte Gründe

Welche Gründe die Behörde bei Erlass des Verwaltungsakts oder zu einem späteren Zeitpunkt anführt, spielt für die materielle Rechtmäßigkeit grundsätzlich keine Rolle.

212

hemmer-Methode: Für das formelle Erfordernis „Begründung" gem. § 39 I VwVfG ist nur erforderlich, dass die Behörde irgendwelche Gründe angibt.

allein maßgeblich: ob-
jektive Sach- und
Rechtslage

Die Behörde kann sowohl die tatsächliche als auch die rechtliche Lage unrichtig einschätzen. Beides ist für die Frage, ob der Verwaltungsakt rechtmäßig oder rechtswidrig ist, grundsätzlich ohne Belang.[90] Denn die Rechtmäßigkeit oder Rechtswidrigkeit ist aufgrund der **objektiven Sach- und Rechtslage** zu beurteilen.

213

Hierfür allerdings sind die Vorstellungen der Behörde grundsätzlich unbeachtlich.

Dann kann auch ein „Nachschieben von Gründen" durch die Behörde keine Rolle spielen. Insbesondere ist ohne Bedeutung, ob die von der Behörde angeführte Ermächtigungsgrundlage wirklich eingreift.[91]

anders bei Ermessens-
entscheidungen, da
Entscheidungsvorgang!

Anders ist dies ausschließlich bei **Ermessensentscheidungen**, da sich diese mit dem Entscheidungsvorgang auf die Vorstellungen der Behörde beziehen.

214

Die Ermessenserwägungen, die fehlerfrei sein müssen, sind rein subjektiv.

hemmer-Methode: Das Problemfeld „Nachschieben von Gründen" ist bei gebundener Verwaltung im wesentlichen nur beachtlich, wenn die von der Behörde getroffene Regelung auf einen anderen Sachverhalt gestützt wird als zunächst angegeben.[92] Beispiel: Die Gemeinde fordert eine Geldleistung für die Müllabfuhr, später stützt sie dann diesen Leistungsbescheid auf die Wasserversorgung.

EXKURS ENDE

---

[90] Hinsichtlich der tatsächlichen Lage ist allerdings § 24 VwVfG zu beachten: Betreibt die Behörde keine ausreichende Sachverhaltsaufklärung, so verstößt dies gegen § 24 VwVfG, sodass der Verwaltungsakt verfahrensfehlerhaft ist. Allerdings kann die Behörde trotz ausreichender Amtsermittlung über Tatsachen irren.
[91] Kopp/Schenke, § 113 VwGO, Rn. 67.
[92] Kopp/Schenke, § 113 VwGO, Rn. 65.

Ermessensfehler

Zusammenfassend sind als **Ermessensfehler** zu unterscheiden: 215

⇨   Ermessensüberschreitung, § 114 S. 1 Alt. 1 VwGO

⇨   Ermessensausfall

⇨   Ermessensfehlgebrauch, § 114 S. 1 Alt. 2 VwGO.

c) Ermächtigung zur Aufhebung eines VA gem. §§ 48, 49 VwVfG

Aufhebung von VA

Nach §§ 48, 49 VwVfG hat die Behörde die Möglichkeit, unter den dort genannten Voraussetzungen einen VA unabhängig von einem dagegen gerichteten Rechtsbehelf „wieder aus der Welt zu schaffen".   216

Dabei sieht das Gesetz zwei Differenzierungen vor, die aufgrund der unterschiedlichen Schutzwürdigkeit des Bürgers und des öffentlichen Interesses erforderlich sind:

⇨   Handelt es sich um die Rücknahme eines rechtswidrigen (§ 48 VwVfG) oder um den Widerruf eines rechtmäßigen (§ 49 VwVfG) Verwaltungsakts?

⇨   Handelt es sich um einen begünstigenden oder einen belastenden VA?

nicht problematisch: belastende VAe

Wie sich aus §§ 48 I, 49 I VwVfG (zumindest mittelbar) ergibt, können belastende VAe regelmäßig unproblematisch zurückgenommen bzw. widerrufen werden. Schwierigkeiten ergeben sich dagegen bei begünstigenden VAen.   217

hemmer-Methode: In einer Klausur i.R.d. Studiums werden Sie nur in den seltensten Fällen einmal aus Sicht einer Behörde darüber zu entscheiden haben, ob Sie möglicherweise einen (nicht angegriffenen) VA nach §§ 48, 49 VwVfG zurücknehmen bzw. widerrufen.
Regelmäßig werden Ihnen auch diese Vorschriften gewissermaßen als Einstieg in die Anfechtungsklage begegnen. Getreu dem bei Aufgabenerstellern beliebten Motto: „Ein Problem mehr." kann so die typische Anfechtungskonstellation um ein zusätzliches Problem (und damit die weitere Möglichkeit zur Notendifferenzierung) „verlängert" werden, indem nicht die Anfechtung oder Verpflichtung hinsichtlich des ursprünglich ergangenen VAs, sondern die Aufhebung seines Widerrufs Klausurgegenstand ist. So können die mit dem Ausgangs-VA verbundenen Probleme mit denen der §§ 48, 49 VwVfG verbunden werden.

Begünstigung ⇔ Be-
lastung

Dabei wird die Frage, ob es sich bei dem ursprünglichen VA   **218**
um einen begünstigenden oder einen belastenden VA handelt, selten ein Problem darstellen. Ein belastender VA kann
jederzeit und ohne Einschränkungen zurückgenommen werden, bietet also keine klausurrelevanten Probleme. Daher
wird es sich im Ergebnis nahezu immer um einen begünstigenden VA handeln.

Begünstigung oder Belastung sind im Zweifel aus den sub-   **219**
jektiven Vorstellungen des Betroffenen abzuleiten, wenn sie
der Behörde bekannt oder zumindest erkennbar sind.

> **Bsp.:** *So kann z.B. die – für viele sicher begrüßenswert*
> *erscheinende – Ausmusterung einen belastenden VA*
> *darstellen, wenn der Bewerber den Berufswunsch „Be-*
> *rufssoldat" angegeben hat.*

Problem: Abschlie-
ßende Belastung als
Begünstigung

Abgrenzungsprobleme sind ferner vorstellbar, wenn ein VA   **220**
zwar eine Belastung enthält, eine gleichartige, aber weniger
weitgehende Belastung aber bereits in einem vorherigen VA
gelegen hat.

> **Bsp.:** *Erlass eines Gebührenbescheides und späterer Er-*
> *lass durch einen korrigierten, nunmehr höher festgesetz-*
> *ten Gebührenbescheid.*

Hier lässt sich zum einen argumentieren, dass der ursprüngliche Gebührenbescheid als belastender VA unproblematisch zurückgenommen (und daher dann auch
ein neuer Bescheid erlassen) werden kann. Andererseits
ließe sich aber auch argumentieren, dass der erste Bescheid zumindest im Verhältnis zum zweiten als Begünstigung wirkt bzw. dass eine Begünstigung in einem Gebührenbescheid zumindest darin zu sehen ist, dass er
auch gleichzeitig die Höchstgrenze der festgesetzten Ge-
bühr zum Ausdruck bringt.

Mit diesem Argument müsste man die Aufhebung des
ersten, niedriger gefassten Bescheides den strengeren
Anforderungen für die Aufhebung von begünstigenden VAen unterstellen.

aa) Prüfungsreihenfolge

Klausuraufbau

Aus den §§ 48, 49 VwVfG ergibt sich für die Klausur regel-   **221**
mäßig folgendes Schema für ein sinnvolles Vorgehen:

(1) Zunächst ist festzustellen, dass ein VA von der Behörde   **222**
aufgehoben wurde und dass es sich dabei um einen begünstigenden VA handelte.

leges speciales

(2) Sodann ist die Frage zu klären, welchem Gesetz die 223
Rechtsgrundlage für die Aufhebung zu entnehmen ist. Im
VwVfG sind dies die §§ 48 und 49 VwVfG; allerdings ist wegen der aus § 1 I VwVfG folgenden grundsätzlichen Subsidiarität des VwVfG zunächst nach Spezialregelungen in anderen Gesetzen zu suchen.

> *Bsp.: Relevant ist hier z.B. § 15 I GaststättenG. Dieser*
> *ist eine Spezialregelung zu § 48 VwVfG, allerdings ohne*
> *eine gänzliche Verdrängungswirkung, da nur der Sonder-*
> *fall des von Anfang an unzuverlässigen Gastwirts gere-*
> *gelt wird. Die §§ 15, 3 GaststättenG sowie § 21 BImSchG*
> *verdrängen dagegen § 49 VwVfG vollständig.*

Besteht eine solche spezialgesetzliche Regelung nicht, können die §§ 48, 49 VwVfG weiter geprüft werden.

hemmer-Methode: Zumindest in Klausuren vor dem Ersten
Staatsexamen dürfte auf solche Sonderregelungen in irgendeiner Art und Weise im Sachverhalt hingewiesen werden, da regelmäßig nicht verlangt werden kann, dass Sie
ohne einen Hinweis all diese Sondervorschriften in den zahlreichen Gesetzen kennen oder auch nur finden können. Eine
Ausnahme könnte dabei freilich insbesondere der o.g. und in
diesem Zusammenhang oft zitierte § 15 GaststättenG sein.
Auch ohne einen entsprechenden Hinweis sollten Sie aber –
wenn Sie dazu irgendwie in der Klausur Zeit finden – das
jeweils einschlägige Gesetz zumindest im Inhaltsverzeichnis
kurz daraufhin überfliegen, ob Sondervorschriften für Rücknahme und Widerruf bestehen.

(3) Anschließend erfolgt die „vor die Klammer gezogene" 224
Feststellung, ob der ursprüngliche VA rechtmäßig – dann
§ 49 VwVfG - oder rechtswidrig – dann § 48 VwVfG - war.
Darin kann bereits ein Hauptproblem der Klausur liegen.

hemmer-Methode: Auf diese Art und Weise lässt sich die
klassische Prüfung der Rechtmäßigkeit von VAen (wie sie
auch hier i.R.d. Anfechtungsklage erfolgt) in ein etwas un-
gewohnteres „Gewand" kleiden, nämlich inzident i.R.d. Prüfung der richtigen Rechtsgrundlage für die Aufhebung.

Maßgeblicher Zeit-
punkt

Für die Beurteilung der Rechtmäßigkeit kommt es grds. nur 225
auf den Zeitpunkt des Erlasses des VAs an. Später eintretende Rechtsänderungen sind insoweit unbeachtlich, was
sich aus einem Umkehrschluss aus § 49 II Nr. 3 u. 4 VwVfG
ergibt.[93]

---

[93]　Vertiefend hierzu BVerwG, NVwZ 2008, 437 = **Life & Law 2008, 553.**

hemmer-Methode: Die Aufhebung eines Verwaltungsakts in der Klausur ist dargestellt bei Fall 20 in „Die 44 wichtigsten Fälle nicht nur für Anfangssemester Verwaltungsrecht" von Hemmer/Wüst.

bb) Rechtsgrundlage zur Aufhebung rechtswidriger Verwaltungsakte, § 48 VwVfG

VA i.S.d.
§ 48 II VwVfG

War der ursprüngliche VA rechtswidrig, ist die Vorschrift des § 48 VwVfG zu prüfen. Dabei ist zunächst zu unterscheiden, ob es sich bei dem zurückzunehmenden VA um einen Leistungsbescheid i.S.d. § 48 II VwVfG oder um einen sonstigen VA, der eine unteilbare Sachleistung gem. § 48 III VwVfG gewährt, handelt.

226

§ 48 II VwVfG ⇨ keine Rücknahme bei schutzwürdigem Vertrauen

(1) Bei Bescheiden nach § 48 II VwVfG, die eine „einmalige oder laufende oder eine teilbare Sachleistung" gewähren, gilt der Grundsatz, dass die Leistung zu belassen ist, wenn subjektives und objektives Vertrauen vorliegen. Hier gibt das Gesetz für einige typische Fälle vor, unter welchen Voraussetzungen ein solches Vertrauen zu bejahen ist:

227

⇨   So spricht für ein schutzwürdiges Vertrauen, wenn der Begünstigte die „gewährte Leistung verbraucht oder eine Vermögensdisposition getroffen hat, die er nicht mehr oder nur unter unzumutbaren Nachteilen rückgängig machen kann", vgl. § 48 II S. 2 VwVfG.

228

⇨   Dagegen regelt § 48 II S. 3 VwVfG Fälle, in denen sich der Betroffene auf ein schutzwürdiges Vertrauen nicht berufen kann; dies ist der Fall, wenn er

229

●   den VA durch arglistige Täuschung, Drohung oder Bestechung erwirkt hat, Nr. 1,

●   den VA durch Angaben erwirkt hat, die in wesentlicher Beziehung unrichtig oder unvollständig waren (wobei darauf zu achten ist, dass in diesen Fällen nach h.M. ein Verschulden der Unrichtigkeit grds. nicht erforderlich ist und es nur auf die objektive Sachlage ankommt), Nr. 2,

●   die Rechtswidrigkeit des VA kannte oder infolge grober Fahrlässigkeit nicht kannte, Nr. 3.

hemmer-Methode: Ohne das Problem in diesem Skript für Einsteiger bereits zu vertiefen, soll dennoch auf eine Konstellation hingewiesen werden, die sich als Einfallstor für das Europarecht in eine normale verwaltungsrechtliche Klausur anbietet (und mittlerweile auch zu einem Klassiker in diesem Bereich geworden ist). Es handelt sich hier um die Rücknahme von Subventionsbescheiden, die gegen europäisches Gemeinschaftsrecht verstoßen. In solchen Fällen soll nach mittlerweile h.M. (und insbesondere der Rspr. des EuGH) auch über die Voraussetzungen des § 48 II S. 3 VwVfG hinaus grds. von einem gesteigerten öffentlichen Rücknahmeinteresse auszugehen sein.

Dies ergibt sich daraus, dass bei Verstößen gegen nationales Recht nur fiskalische Interessen berührt sind, während bei Verstößen gegen EG-Recht auch das Interesse an der Durchsetzung der gemeinschaftsrechtlichen Wettbewerbsordnung gefährdet ist. Auch i.R.d. Ermessensausübung bei § 48 VwVfG (vgl. dazu nachfolgend) ist der Vorrang des Europarechts dahingehend zu beachten, dass sogar eine Ermessensreduzierung auf Null der Normalfall ist.

---

§ 48 III VwVfG
⇨ Rücknahme grds. möglich

(2) Liegt dagegen kein VA i.S.d. § 48 II VwVfG vor, so gilt nach § 48 III VwVfG, dass der VA grds. ohne Einschränkung zurückgenommen werden darf. Hierbei ist jedoch immer noch ein Ermessen auszuüben und das enttäuschte Vertrauen des Betroffenen zu entschädigen.   230

Aber: Vertrauensschutz über Vermögensschutz durch Bestandsschutz

Nur dann, wenn über diese Entschädigung kein ausreichender Ausgleich des enttäuschten Vertrauens erreicht werden kann, muss der VA notfalls über die Ermessensentscheidung des § 48 I S. 1 VwVfG belassen werden.

Rücknahmefrist

(3) Als weitere Voraussetzung muss die Ausschlussfrist des § 48 IV VwVfG von der Behörde gewahrt worden sein: 231

Nach § 48 IV VwVfG ist die Rücknahme „nur innerhalb eines Jahres seit dem Zeitpunkt" zulässig, seit dem „die Behörde von Tatsachen (...), welche die Rücknahme eines rechtswidrigen VA rechtfertigen", Kenntnis erhalten hat. Der Rücknahmebescheid muss dem Bürger vor Fristablauf zugehen bzw. nach anderer Ansicht zumindest innerhalb dieser Zeit den Herrschaftsbereich der Behörde verlassen haben.

Begriff der Kenntnis

Fraglich und umstritten ist, was unter „Kenntnisnahme" i.S.d. § 48 IV VwVfG zu verstehen ist. Die wohl überwiegende Ansicht geht davon aus, dass der Lauf der Frist bei positiver Kenntnis der Behörde von allen für die Rücknahme maßgeblichen Tatsachen und auch von der Rechtswidrigkeit des VA beginnt; fahrlässige Unkenntnis genügt also nicht.   232

hemmer-Methode: Der Kenntnis von Tatsachen wird allerdings die Erkenntnis gleichgestellt, dass für den VA maßgebliche Tatsachen unzulänglich berücksichtigt oder rechtlich falsch gewürdigt wurden.

Dass dabei auch die Rechtswidrigkeit des VA eine Tatsache i.S.d. § 48 IV VwVfG ist, ergibt sich aus folgender Überlegung: In § 48 IV S. 2 VwVfG ist ausdrücklich eine Ausnahme vom Erfordernis der fristgerechten Rücknahme für die Fälle des § 48 II S. 3 Nr. 1 VwVfG vorgesehen, also für die Erwirkung durch unlautere Mittel. Dabei ist zumindest bei der Drohung und Bestechung davon auszugehen, dass von der Behörde (bzw. dem jeweiligen Sachbearbeiter) bewusst und gewollt ein rechtswidriger VA erlassen wurde, ohne dass Fehler auf der Tatsachenbasis vorliegen. Vielmehr handelt es sich um einen reinen Rechtsanwendungsfehler.

233

Wären diese Fehler aber keine Tatsachen i.S.d. § 48 IV S.1 VwVfG, so hätte es einer speziellen Regelung in Satz 2 der Vorschrift gar nicht bedurft, da dann von vornherein gar keine Frist laufen würde.

Kenntnis aller die Rücknahme rechtfertigenden Tatsachen

Allerdings ergibt sich der Fristbeginn noch nicht zwangsläufig allein aus der Kenntnis der Rechtswidrigkeit und erst Recht nicht der Kenntnis der die Rechtswidrigkeit begründenden Tatsachen. Vielmehr muss die Behörde alle, die Rücknahme rechtfertigenden Tatsachen kennen, also insbesondere auch die Tatsachen, die einen Ausschluss des Vertrauensschutzes bewirken können sowie alle Kriterien, die für eine fehlerfreie Ausübung des Rücknahmeermessens (vgl. dazu unten) erforderlich sind. Gegebenenfalls muss die Behörde dazu weitere Ermittlungen anstellen.

234

Entscheidungsfrist

Daher beginnt die Frist erst, wenn diese Tatsachenbasis vollständig ermittelt wurde, oder aber von dem Zeitpunkt an, ab dem nach objektiver Betrachtung keine Notwendigkeit für weitere Aufklärung mehr besteht. Es handelt sich also bei der Jahresfrist um eine reine Entscheidungs-, nicht um eine Bearbeitungs- und/oder Ermittlungsfrist.

235

zuständiger Beamter maßgeblich

Abzustellen ist nicht auf die Kenntnis „der Behörde" als solcher, sondern auf die Kenntnis des Amtsträgers, der für die Entscheidung oder ihre rechtliche Überprüfung zuständig ist.

236

Die Frist des § 48 IV VwVfG kann weder verlängert werden noch gibt es eine Wiedereinsetzung in den vorigen Stand.

Rücknahmeermessen

(4) Schließlich ist zu fragen, ob die Behörde ihr Rücknahme- 237
ermessen (... kann zurücknehmen ...) ordnungsgemäß aus-
geübt hat (Zur Überprüfung von Ermessensentscheidungen
vgl. auch Rn. 201 ff.). Aus der festgestellten Rechtswidrigkeit
folgt also nicht zwingend auch eine Rücknahmeverpflich-
tung.

Interessenabwägung

Bei dieser Prüfung ist zwischen den Folgen der Rücknahme 238
für den Betroffenen und dem öffentlichen Interesse am
rechtmäßigen Verwaltungshandeln abzuwägen.

Diese Abwägung greift nach h.M. auch im Fall des § 48 III
VwVfG ein, der zwar von einer grundsätzlichen Rücknehm-
barkeit bei gleichzeitiger Entschädigungspflicht ausgeht.
Dennoch darf hier ermessensfehlerfrei dann keine Rücknahme erfolgen, wenn entweder das schützenswerte Vertrauen durch die Entschädigung nicht ausreichend ausgegli-
chen werden kann (vgl. dazu auch schon oben) oder sonstige Gründe gegen eine Rücknahme sprechen. Hierbei kann
durchaus auch in das Ermessen eingestellt werden, dass die
Entschädigung auch die öffentlichen Finanzen belastet. Dies
gilt umso mehr, wenn die nachteiligen Auswirkungen des
rechtswidrigen VA nur ganz geringfügig sind.

hemmer-Methode: Die Anwendung des § 48 VwVfG für die
Rücknahme rechtswidriger Verwaltungsakte finden Sie bei
Fall 21 in „Die 44 wichtigsten Fälle nicht nur für Anfangsse-
mester Verwaltungsrecht" von Hemmer/Wüst.

cc) Rechtsgrundlage zur Aufhebung rechtmäßiger Ver-
waltungsakte, § 49 VwVfG

rechtmäßiger VA ⇨
§ 49 VwVfG

(1) Liegt dagegen ein rechtmäßiger VA vor, so kann er nur 239
nach § 49 VwVfG widerrufen werden. Dabei ist wiederum
der Widerruf eines belastenden VA ohne weitere Voraussetzung möglich. Bei einem begünstigenden rechtmäßigen VA
sind die Voraussetzungen des § 49 II VwVfG zu prüfen. Diese sind im Vergleich zu § 48 VwVfG noch einmal enger ge-
fasst, da sowohl der Vertrauensschutz des Bürgers als auch
das Interesse an der Aufrechterhaltung eigentlich rechtmäßiger Verwaltungsentscheidungen gegen eine Aufhebung
des VA streiten.

Widerruf für Vergan-
genheit

(2) Nach § 49 III VwVfG ist der Widerruf eines VA auch mit 240
Wirkung für die Vergangenheit möglich. Dabei tritt § 49 III
VwVfG neben § 49 II VwVfG und schließt dessen Anwen-
dung nicht aus.

Das bedeutet, dass bei einem VA, der eine verwendungsgebundene Leistung gewährt und damit grds. von § 49 III VwVfG erfasst wird, auch geprüft werden kann, ob eine der Widerrufsmöglichkeiten des § 49 II VwVfG gegeben ist. Da dieser Widerruf allerdings nur für die Zukunft wirkt und damit weniger weit geht, erscheint dies nur sinnvoll, wenn vorher § 49 III VwVfG geprüft und tatbestandlich verneint wurde.

§ 49 III VwVfG erfasst alle VAe, die eine einmalige oder laufende Geldleistung oder eine teilbare Sachleistung zur Erfüllung eines bestimmten Zwecks gewähren oder hierfür Voraussetzung sind.   *241*

Maßgeblich ist somit die aus dem VA zu entnehmende Zweckbindung der staatlichen Leistung.

hemmer-Methode: Ein Beispielsfall zum Widerruf nach § 49 VwVfG ist Fall 22 in „Die 44 wichtigsten Fälle nicht nur für Anfangssemester Verwaltungsrecht" von Hemmer/Wüst.

dd) Rechtsfolge der Aufhebung, § 49a VwVfG

Rücknahme, Widerruf ⇨ *Erstattung nach § 49a VwVfG*

§ 49a VwVfG regelt die Erstattung von Geldleistungen, die auf einem zurückgenommenen oder widerrufenen VA beruhen sowie die Frage der Verzinsung. Der vom Bürger zu erstattende Betrag ist nach § 49a I S. 2 VwVfG durch schriftlichen Verwaltungsakt festzusetzen.   *242*

hemmer-Methode: Klagt der Betroffene gegen die Rücknahme des Verwaltungsakts und die Rückforderung des Geldbetrages, liegen damit zwei Verwaltungsakte und somit auch zwei Anfechtungsklagen vor!

ee) Erleichterte Aufhebung, § 50 VwVfG

§ 50 VwVfG ⇨ *erleichterte Aufhebung*

Im Zusammenhang mit §§ 48, 49 VwVfG ist außerdem die Vorschrift des § 50 VwVfG zu beachten. Danach sind Rücknahme und Widerruf eines VA unter erleichterten Bedingungen möglich, wenn dieser von einem Dritten angefochten wurde und während des Widerspruchs- oder des gerichtlichen Verfahrens aufgehoben wird.   *243*

Führt diese Aufhebung dazu, dass dem Widerspruch oder der Klage abgeholfen wird, so sind insbesondere die Einschränkungen der §§ 48 II - IV, 49 II -IV VwVfG nicht anwendbar.

Dies rechtfertigt sich daraus, dass es kein Vertrauen in den Bestand eines VA geben kann, wenn bzw. solange der Empfänger damit rechnen muss, dass dieser in einem Rechtsbehelfsverfahren aufgehoben werden kann.

Umgekehrt sollen die erleichterten Aufhebungsvoraussetzungen der Behörde dann nicht zugutekommen, wenn ein Erfolg im Widerspruchs- bzw. Klageverfahren von vornherein völlig ausgeschlossen erscheint. Daher soll nach überwiegender Ansicht § 50 VwVfG nur dann Anwendung finden, wenn das Rechtsmittel des Dritten zumindest zulässig ist.   *244*

hemmer-Methode: Hieraus ergibt sich dann wieder die Möglichkeit einer Inzidentprüfung und damit einer weiteren, eine Notendifferenzierung ermöglichenden Verschachtelung.

ff) Zusammenfassung

Zusammenfassung   Der Prüfungsablauf für die materielle Rechtmäßigkeit einer Aufhebung eines VA nach §§ 48, 49 VwVfG lässt sich wie folgt darstellen: *245*

```
┌─────────────────────────────────────────┐
│   Begünstigender oder belastender VA     │
└─────────────────────────────────────────┘
      │
  ┌───────────────────┐   ┌──────────────────────┐
  │     belastend:    │   │  begünstigender VA   │
  │ grds. Rücknahme   │   └──────────────────────┘
  │ oder Widerruf     │        │
  │ möglich           │   ┌──────────────┐  ┌──────────────┐
  └───────────────────┘   │  rechtmäßig: │  │ rechtswidrig:│
       │                  │ in Fallgrup- │  └──────────────┘
       │                  │ pen des      │
       │                  │ § 49 II, III │
       │                  │ VwVfG        │
       │                  │ Widerruf     │
       │                  │ möglich      │
       │                  └──────────────┘
```

Geld- o. Sachleistungen: § 48 II VwVfG = Rücknahme nur, wenn kein Vertrauen (vgl. § 48 II S. 2 u. 3 VwVfG)	sonstige begünstigende VAe: Rücknahme nach § 48 III VwVfG grds. (+), aber Entschädigung bei schutzwürdigem Vertrauen

```
┌─────────────────────────────────┐
│       Frist: § 48 IV VwVfG       │
└─────────────────────────────────┘
┌─────────────────────────────────┐
│       Ermessensausübung?         │
└─────────────────────────────────┘
┌─────────────────────────────────┐
│ erleichterte Voraussetzungen     │
│ nach § 50 VwVfG                  │
└─────────────────────────────────┘
```

d) Zeitpunkt der Beurteilung der Rechtmäßigkeit

Wenn sich zwischen Erlass des VA und der Entscheidung   *246*
des Gerichts die Sach- oder Rechtslage ändert, so kann es
für die Begründetheit der Anfechtungsklage von Bedeutung
sein, ob die Verhältnisse zum Zeitpunkt des Behördenhan-
delns oder aber der Gerichtsentscheidung für die rechtliche
Beurteilung ausschlaggebend sind.

maßgeblich Zeitpunkt Da der Bürger mit der Anfechtungsklage nicht erreichen   *247*
der letzten Behör- möchte, dass er in Zukunft eine Begünstigung in Form eines
denentscheidung bestimmten VA erhält (dies ist die Situation der Verpflichtungsklage, vgl. dazu Rn. 266 ff.), sondern die Rechtswidrigkeit eines bereits erlassenen VA behauptet, kommt es für die
Beurteilung i.R.d. Anfechtungsklage grds. auf den Zeitpunkt
der letzten Behördenentscheidung, also den Erlass des VA
bzw. – da regelmäßig ein Widerspruchsverfahren stattfinden
muss, vgl. § 68 ff. VwGO – auf den Erlass des Widerspruchsbescheides an, vgl. auch § 79 I Nr. 1 VwGO.

spätere Änderungen **Danach** eingetretene tatsächliche oder rechtliche Änderun-   *248*
unbeachtlich gen sind i.R.d. Begründetheit **grds. nicht mehr zu berück-**
sichtigen. Allerdings gilt dies nicht als feststehender pro-
zessrechtlicher Grundsatz.

materielles Recht Vielmehr legt die h.M. Wert auf die Feststellung, dass sich   *249*
maßgeblich der maßgebliche Zeitpunkt immer nur aus dem materiellen
Recht ergibt. Mit anderen Worten: Ob eine Änderung der
Rechtslage im konkreten Einzelfall zu berücksichtigen ist,
hängt vom Regelungsbereich des angefochtenen VA ab.
Freilich ergibt sich aus der oben genannten Konstellation bei
der Anfechtungsklage, dass auch das materielle Recht meis-
tens zur Maßgeblichkeit des Zeitpunktes der letzten Behördenentscheidung führt.

Dauerverwal- Davon gibt es aber Ausnahmen, unter denen insbesondere   *250*
tungsakte die Figur der sog. „**Dauerverwaltungsakte**" von Bedeutung
ist: Dauer-VA sind solche, die sich nicht in einem einmaligen
Gebot oder Verbot erschöpfen, sondern einen bestimmten
Sachverhalt auf Dauer in die Zukunft reichend regeln.

Hier erschiene es unbillig und sogar widersinnig, diese Regelung durch Abweisung der Anfechtungsklage gerade zu
einem Zeitpunkt beginnen zu lassen, an dem sich die
Rechtslage dahingehend geändert hat, dass die Regelung
mit ihr nicht mehr vereinbar ist.

hemmer-Methode: Allerdings ist auch hier immer auf die Umstände des Einzelfalls zu achten! So wäre es z.B. denkbar, dass ein Nachbar eine Baugenehmigung anficht, welche zum Zeitpunkt ihres Erlasses rechtmäßig, durch eine Änderung des Bebauungsplanes zum Zeitpunkt der letzten mündlichen Verhandlung aber tatsächlich rechtswidrig ist. Hier ergibt sich aus Art. 14 GG, dass das zu irgendeinem Zeitpunkt rechtmäßige Vorhaben „Bestandsschutz" genießt, auch wenn es nach einer Änderung der Rechtslage nicht erneut genehmigt werden dürfte. Die Anfechtungsklage wäre in einem solchen Fall unbegründet. Ein anderes Beispiel trifft die schon mehrfach erwähnte Vorschrift des § 35 GewO: Auch die Untersagung eines Gewerbes ist ein Dauer-VA, sodass die Anfechtungsklage eines Gewerbetreibenden, der zum Erlasszeitpunkt zu Recht als „unzuverlässig" betrachtet wurde, mittlerweile aber zuverlässig geworden ist, begründet sein müsste. Allerdings bestimmt § 35 VI GewO, dass die Wiedergestattung des Gewerbes in einem solchen Fall von einem Antrag an die zuständige Behörde abhängig ist. Damit wird eine besondere Verfahrenskonstellation spezieller geregelt, als durch die allgemein geltenden Grundsätze über Dauer-VAe. Daher hat das Gericht die Gewerbeuntersagung nur auf ihre Rechtmäßigkeit im Zeitpunkt der letzten Behördenentscheidung hin zu überprüfen.

II. Rechtsverletzung des Klägers

Individual-rechtsschutz

Die Anfechtungsklage ist – wie auch das Erfordernis der Klagebefugnis nach § 42 II VwGO zeigt – keine rein objektive Rechtmäßigkeitskontrolle, sondern ein Fall des Individualrechtsschutzes. Demgemäß bestimmt – wie man bereits im Obersatz zum Ausdruck bringen sollte – § 113 I S. 1 VwGO, dass das Verwaltungsgericht den VA nur aufhebt, wenn „der Kläger dadurch in seinen Rechten verletzt ist". Wurde bislang also i.R.d. Begründetheit nur die objektive Rechtmäßigkeit oder Rechtswidrigkeit des VA geprüft, so muss abschließend noch festgestellt werden, ob im Falle einer Rechtswidrigkeit diese gerade auch den Kläger in eigenen Rechten verletzt.

251

Adressat eines belastenden VA

Bei einer Klage des Adressaten ist der Prüfungspunkt der „Rechtsverletzung des Klägers" grds. unproblematisch. Es genügt hier die Feststellung, dass der Kläger durch den rechtswidrigen VA in seinen spezialgesetzlichen Rechten, zumindest aber in seinem Grundrecht auf allgemeine Handlungsfreiheit aus Art. 2 I GG verletzt ist.

252

hemmer-Methode: Damit handelt es sich letztlich um die Wiederholung der Ausführungen in der Klagebefugnis. Wenn irgendwie möglich, sollten Sie aber auch bei der Rechtsverletzung des Klägers nicht auf den subsidiären Auffangtatbestand des Art. 2 I GG, sondern auf spezialgesetzliche Rechte bzw. auf spezielle Grundrechte (z.B. Art. 5 I, 8 I, 12 I GG) zurückgreifen.

Problem bei nur formell rechtswidrigem VA

Ist der VA allerdings „nur" formell rechtswidrig, so muss man in der Klausur an eine mögliche Unbeachtlichkeit des Fehlers nach § 46 VwVfG oder auch die Möglichkeit der Umdeutung des VA gem. § 47 VwVfG denken. **253**

hemmer-Methode: Unterscheiden Sie davon die Heilungsmöglichkeit des § 45 VwVfG! Wie oben bereits näher dargestellt, ist diese nicht erst bei der Rechtsverletzung des Klägers, sondern bereits bei der Frage der (formellen) Rechtmäßigkeit zu behandeln, da durch die Heilung der VA rechtmäßig wird. In den Fällen der §§ 46, 47 VwVfG dagegen bleibt der VA rechtswidrig; jedoch führt diese Rechtswidrigkeit hier ausnahmsweise nicht zur Rechtsverletzung.

1. Unbeachtlichkeit nach § 46 VwVfG

Aufhebungsanspruch entfällt

Nach § 46 VwVfG kann die Aufhebung eines VA (wenn er nicht nach § 44 VwVfG nichtig ist) nicht allein deshalb beansprucht werden, „weil er unter Verletzung von Vorschriften über das Verfahren, die Form oder die örtliche Zuständigkeit zustande gekommen ist, wenn offensichtlich ist, dass die Verletzung die Entscheidung in der Sache nicht beeinflusst hat". **254**

§ 46 VwVfG hat demnach zwei kumulative (d.h. gemeinsam erforderliche) Voraussetzungen:

abschließende Aufzählung möglicher Fehler

⇨ Es muss sich um eine Verletzung von Vorschriften über das Verfahren, die Form oder die örtliche Zuständigkeit handeln. Verfahrensfehler in diesem Sinne sind relativ selten, insbesondere da hier teilweise auch eine Heilung nach § 45 VwVfG in Betracht kommt. Denkbare Fälle sind etwa die unterbliebene Mitwirkung Dritter, die Beteiligung befangener Amtsträger oder eben die im Gesetz ausdrücklich genannte fehlende örtliche Zuständigkeit (wobei allgemein anerkannt ist, dass § 46 VwVfG für die fehlende sachliche Zuständigkeit nicht analog anzuwenden ist). **255**

kein Einfluss auf Sachentscheidung

⇨ Des Weiteren muss offensichtlich sein, dass die Verletzung der Formvorschriften die Entscheidung in der Sache nicht beeinflusst hat. Dies ist zum einen regelmäßig dann der Fall, wenn es sich um einen „gebundenen" VA handelt, d.h. also einen VA, dessen Erlass nicht im Ermessen der Behörde stand. In diesen Fällen hat die Verletzung formeller Vorschriften die Entscheidung in der Sache nämlich mit Sicherheit nicht beeinflusst, solange die Tatbestandsvoraussetzungen des VA-Erlasses gegeben sind. Daneben kann nach § 46 VwVfG aber auch ein Formverstoß bei Ermessens-VA unbeachtlich sein, wenn sich dieser in der Sache offensichtlich nicht ausgewirkt hat, d.h. also unabhängig von dem formellen Fehler die zutreffende Ermessensentscheidung getroffen worden ist.

256

⇨ In beiden Fällen (d.h. also sowohl bei gebundenen als auch bei Ermessens-VA) muss nach § 46 VwVfG also geprüft werden, wie die Entscheidung in der Sache zutreffend ergehen musste. Sind die materiellen Voraussetzungen des VA-Erlasses gegeben, so wirkt sich ein bloßer Verfahrensfehler mithin nicht aus.

257

2. Umdeutung nach § 47 VwVfG

Voraussetzungen

Nach § 47 I VwVfG kann ein fehlerhafter VA „in einen anderen VA umgedeutet werden, wenn er auf das gleiche Ziel gerichtet ist, von der erlassenden Behörde in der geschehenen Verfahrensweise und Form rechtmäßig hätte erlassen werden können und wenn die Voraussetzungen für dessen Erlass erfüllt sind". Die Möglichkeit der Umdeutung enthält aufgrund ihrer zahlreichen Tatbestandsvoraussetzungen zwar verschiedene dogmatische Probleme, ist aber von geringer praktischer Relevanz und dürfte auch in der Klausur nur selten eine Rolle spielen.

258

Sie kann nach h.M. auch vom Gericht durchgeführt werden, da es sich bei der Umdeutung nicht um einen behördlichen Gestaltungsakt handelt, sondern lediglich um die „Erkenntnis des richtigen Regelungsgehaltes".

gleiche Zielsetzung

Der neue VA muss zwar nicht inhaltlich mit dem alten VA identisch sein, aber dieselben Ziele und Interessen verfolgen wie dieser. Außerdem ist in § 47 I VwVfG klargestellt, dass auch die formalen Voraussetzungen erfüllt sein müssen.

259

Bsp.: Somit wäre beispielsweise die Umdeutung eines VAs, den die Behörde ganz allein erlassen konnte, in einen anderen VA, bei dessen Erlass eine andere Behörde mitwirken müsste, nicht möglich.

hemmer-Methode: Beachten Sie auch § 47 III VwVfG: Danach kann ein gebundener VA nicht in einen Ermessens-VA umgedeutet werden.

Im Übrigen ist § 47 VwVfG ähnlich zu behandeln wie § 140 BGB. Z.B. darf der VA, in den umgedeutet werden soll, nicht weitergehen als der ursprünglich fehlerhafte VA. Während dies im Zivilrecht aus der Maßgeblichkeit des Parteiwillens für das Rechtsgeschäft abgeleitet werden muss, findet sich in § 47 II VwVfG ein Anhaltspunkt für diese Beschränkung, da eine Umdeutung nicht möglich sein soll, „wenn der VA, in den der fehlerhafte VA umzudeuten wäre, der erkennbaren Absicht der erlassenden Behörde widerspräche oder seine Rechtsfolgen für den Betroffenen ungünstiger wären" als die des fehlerhaften VA.

III. Drittanfechtungsklage

Erfordernis einer drittschützenden Norm

Hat nicht der Adressat eines belastenden VA, sondern ein Dritter Anfechtungsklage (etwa gegen einen den anderen begünstigenden VA) erhoben, so sind für die Frage der Rechtsverletzung die Argumente wieder aufzugreifen, die i.R.d. Zulässigkeit bei der Klagebefugnis diskutiert wurden.[94] Die Klage des Dritten kann daher nur begründet sein, wenn die festgestellte Rechtswidrigkeit gerade eine **drittschützende Norm** betrifft. Eine ausführliche Auseinandersetzung mit dem Drittschutzcharakter einer Norm ist hier freilich nur noch dann erforderlich, wenn dieser i.R.d. Zulässigkeit noch nicht abschließend festgestellt wurde.

260

hemmer-Methode: Dies kann bereits i.R.d. Klagebefugnis geprüft werden. Hat man dies bejaht und kommt in der Begründetheit zu dem Ergebnis, dass der VA rechtswidrig ist und gegen eben diese drittschützende Norm verstoßen wurde, so kann man relativ unproblematisch und kurz die Rechtsverletzung bejahen.

Etwas anderes gilt jedoch, wenn die Frage des Drittschutzes ein wirkliches Problem darstellt, zu dem man viel schreiben muss. Hier hilft es, einen „Wasserkopf" zu vermeiden, wenn man die Diskussionen dann i.R.d. Begründetheit führt.

---

[94] S. oben Rn. 84 ff.

§ 4 VERPFLICHTUNGSKLAGE[95]

A) Zulässigkeit

I. Eröffnung des Verwaltungsrechtswegs

Prüfungsreihenfolge wie bei Anfechtungsklage

Auch für die Verpflichtungsklage ist zunächst nach der Eröffnung des Verwaltungsrechtswegs zu fragen. Hierfür sollten Sie die bereits beschriebene Reihenfolge der Prüfung einhalten:

1. Aufdrängende Spezialzuweisung

2. Öffentlich-rechtliche Streitigkeit gem. § 40 I S. 1 VwGO

3. nichtverfassungsrechtlicher Art

4. keine abdrängende Sonderzuweisung

Sämtliche Prüfungspunkte sind in der gleichen Weise zu bearbeiten, wie dies für die Anfechtungsklage dargestellt wurde.[96] Besonders dargestellt werden sollen hier noch zwei Problemkreise, die sich regelmäßig gerade im Rahmen einer Verpflichtungsklage stellen Der Streit um die Benutzung **öffentlicher Einrichtungen** der Gemeinden und um **Subventionen**.

1. Öffentliche Einrichtung

öffentliche Einrichtung: vier Voraussetzungen

Eine öffentliche Einrichtung liegt vor, wenn

a) die Verfügungsgewalt der Gemeinde besteht,

b) diese von der Gemeinde im öffentlichen Interesse unterhalten wird und

c) sie durch Widmungsakt

d) der allgemeinen Benutzung durch Gemeindeangehörige zugänglich gemacht wird.

> **Bsp.:** *Stadthalle, städtisches Schwimmbad, städtische Museen, Kinderspielplätze, Volksfest*

261

262

---

[95] Vgl. ausführlich Hemmer/Wüst, Verwaltungsrecht II, Rn. 1 ff.
[96] S. oben Rn. 23 ff.

Geht es um die Zulassung zu einer öffentlichen Einrichtung, so ist fraglich, ob eine **öffentlich-rechtliche Streitigkeit** im Sinne von § 40 I S. 1 VwGO vorliegt.

Wahlrecht der Ge-
meinde

Nach h.M. hat die Gemeinde ein Wahlrecht, ob sie das 263 Rechtsverhältnis zu den Benutzern der Einrichtung öffentlich-rechtlich oder privatrechtlich ausgestaltet. Dies ist anhand des Vorgehens der Gemeinde zu entscheiden.

> **Bsp.**: *Die Benutzung der Stadthalle wird in Mietverträgen mit den einzelnen Benutzern geregelt. Streitentscheidende Norm kann nun sowohl die entsprechende Vorschrift in der Gemeindeordnung (z.B. § 8 II GO NW, Art. 21 BayGO, § 10 II SächsGO), oder auch §§ 535 ff. BGB sein.*

Dieses Wahlrecht wird allerdings wiederum eingeschränkt, 264 indem das Rechtsverhältnis zwischen der Gemeinde und dem Einzelnen in zwei Stufen unterschieden wird. Diese **Zwei-Stufen-Theorie** trennt die Entscheidung über das „**Ob**" der Zulassung von der nachfolgenden Regelung des „**Wie**".

Entscheidende Aussage der Zwei-Stufen-Theorie ist nun, dass Streitigkeiten auf der **ersten Stufe immer öffentlich-rechtliche** sind, sodass der Verwaltungsrechtsweg eröffnet ist. Auf der Ebene der Entscheidung über das „Ob" der Zulassung wird damit die befürchtete „Flucht ins Privatrecht" verhindert.

Zwei-Stufen-Theorie

Fragen des „Wie" der Zulassung (zweite Stufe) hingegen 265 können, wenn die Gemeinde eine zivilrechtliche Ausgestaltung der Benutzungsverhältnisse gewählt hat, zivilrechtliche Streitigkeiten darstellen.

> Verweigert die Gemeinde dem Bürger in obigem Beispiel den Abschluss eines Mietvertrages, liegt eine Streitigkeit über das „Ob" der Zulassung und damit eine öffentlich-rechtliche Streitigkeit vor.

2. Subventionen

In ähnlicher Weise wird im Bereich der Subventionsvergabe differenziert zwischen der Entscheidung der Behörde, einen Bewilligungsbescheid zu erlassen (erste Stufe) und der weiteren Entscheidung, wie die Subventionierung dann im Einzelnen erfolgt (zweite Stufe). Subventionen sind geldwerte Leistungen des Staates zur Förderung eines im öffentlichen Interesse liegenden Zwecks, die zumindest teilweise ohne marktmäßige Gegenleistung erfolgen.

II. Statthaftigkeit der Verpflichtungsklage

Verpflichtungskl. auf Erlass eines VA gerichtet

Die Verpflichtungsklage ist gem. § 42 I Alt. 2 VwGO statthaft, wenn der Kläger den Erlass eines Verwaltungsakts begehrt.

266

> **Bsp.:** *Klage auf Erteilung einer Bau-, Gaststätten- oder immissionsschutzrechtlichen Genehmigung, Klage auf Zulassung zu einer öffentlichen Einrichtung, Klage auf behördliches Tätigwerden gegen den Schwarzbau des Nachbarn*

Abgrenzungsprobleme können sich einerseits zur Anfechtungsklage, andererseits zur allgemeinen Leistungsklage ergeben:

1. Abgrenzung zur Anfechtungsklage

Abgrenzung erforderlich bei Klage gegen Aufhebung eines Verwaltungsakts

Die Abgrenzung zur Anfechtungsklage ist insbesondere erforderlich, wenn es um die Aufhebung eines Verwaltungsakts geht. Hier könnte der Kläger sein Begehren auch dadurch erreichen, dass er auf erneuten Erlass des ursprünglich erteilten, später aufgehobenen Verwaltungsakts klagt. Eine solche Verpflichtungsklage ist jedoch unzulässig, da die Anfechtungsklage gegen die Aufhebung den einfacheren Weg darstellt.[97] Daher ist die Verpflichtungsklage in diesem Fall nicht zulässig, sie scheitert am Rechtsschutzbedürfnis.

267

Von der Anfechtungsklage abzugrenzen ist auch bei einem Angriff gegen eine Nebenbestimmung.[98]

2. Abgrenzung zur allgemeinen Leistungsklage[99]

sonst: allg. Leitungsklage

Ist die Klage auf eine andere Handlung als den Erlass eines Verwaltungsakts gerichtet, ist die **allgemeine Leistungsklage** statthaft.

268

---

[97] S.o. Rn. 76.
[98] S.o. Rn. 77.
[99] Zur allg. Leistungsklage und insbesondere auch ihrer Herleitung u. Rn. 343.

Es ist daher zu prüfen, ob der Kläger eine Verwaltungsmaßnahme begehrt, welche die Voraussetzungen des § 35 VwVfG erfüllt oder nicht. Hier können sämtliche Tatbestandsmerkmale des Verwaltungsakts ebenso wie bei der Anfechtungsklage problematisch werden.

hemmer-Methode: Vgl. Sie hierzu auch Fall 25 aus „Die 44 wichtigsten Fälle nicht nur für Anfangssemester Verwaltungsrecht" von Hemmer/Wüst.

Problematisch bei der Abgrenzung von Verpflichtungs- und allgemeiner Leistungsklage ist insbesondere die **„Regelung" i.S.v. § 35 VwVfG.**

269

a) Behördliche Auskünfte

keine Verwaltungsakte (str.)

Behördliche **Auskünfte** stellen richtigerweise keine Verwaltungsakte dar, denn sie sind nicht auf die Setzung einer Rechtsfolge gerichtet. Sie informieren lediglich den Bürger, der um die Auskunft nachgefragt hat (h.M.).[100]

270

Die frühere Rechtsprechung hat bisweilen einen Verwaltungsakt und eine Verpflichtungsklage mit der Begründung angenommen, dass die Behörde vor Erteilung der Auskunft eine Entscheidung über deren Erteilung treffe und in dieser **vorgeschalteten Entscheidung** eine Regelung zu sehen sei.

271

Dem ist allerdings zu entgegnen, dass vor jedem behördlichen Handeln eine bewusste Entscheidung der Verwaltung erfolgt, sodass dieses Argument dazu führen müsste, einen Verwaltungsakt bei jeglichem Verwaltungshandeln zu bejahen. Eine solche konturenlose Ausweitung des Verwaltungsaktbegriffs ist aber abzulehnen.[101]

272

hemmer-Methode: Zudem fehlt es an der Bekanntgabe (§§ 41, 43 I VwVfG) Denn dem Betroffenen wird dann die Auskunft mitgeteilt, nicht aber die dieser Auskunft zugrunde liegende Entscheidung!

b) Begehren einer (Geld-)Leistung

Festsetzung der Leistung durch die Behörde?

Begehrt der Kläger eine Geld- oder sonstige Leistung der Behörde, so ist ebenfalls regelmäßig die Verpflichtungsklage von der allgemeinen Leistungsklage abzugrenzen.

273

---

[100] Vgl. Kopp/Schenke, Anh § 42 VwGO, Rn. 37, m.w.N.
[101] Kopp/Schenke, Anh § 42 VwGO, Rn. 37.

Denn hierbei kann das Begehren entweder auf die Leistung an sich gerichtet sein, die eine tatsächliche Handlung darstellt, sodass die allgemeine Leistungsklage statthaft wäre.

Bsp.: Die Zahlung eines Geldbetrags (bar oder durch Überweisung) ist eine tatsächliche Handlung (Realakt). Die Zurverfügungstellung der Stadthalle für die Veranstaltung des Klägers.

Alternativ könnte aber auch der Erlass einer ausdrücklichen Regelung der Behörde (= Verwaltungsakt) begehrt werden, welche die Leistung festsetzt. **274**

Bsp.: Die Regelung, dass Meier eine Subvention in Höhe von 30.000,- € erhält. Die Entscheidung, dass er zur Benutzung der Stadthalle zugelassen wird.

Festzuhalten ist hierbei zunächst, dass das eigentliche Ziel des Klägers in diesen Fällen natürlich immer darauf gerichtet ist, die Leistung tatsächlich zu erhalten. Es geht ihm selbstverständlich nicht nur darum, dass die Behörde einen Verwaltungsakt erlässt.

Will Meier 30.000,- € Subventionen, so ist ihm letztlich nicht allein damit gedient, ein Stück Papier zu erhalten, indem die Behörde ihm diesen Betrag zuerkennt. Davon kann er sich (noch) nichts kaufen. Er will das Geld.

gesetzliche Regelung Häufig ist die Behörde allerdings verpflichtet, vor der Gewährung der Leistung eine Regelung genau darüber zu treffen. Dies ist an manchen Stellen **ausdrücklich gesetzlich geregelt**. So bestimmt § 48 III S. 4 VwVfG, das die Ausgleichsleistung an den Betroffenen wegen Aufhebung eines Verwaltungsakts „festzusetzen" ist. Dies erfordert den Erlass eines Verwaltungsakts.[102] **275**

hemmer-Methode: Vgl. Sie hierzu Fall 26 aus „Die 44 wichtigsten Fälle nicht nur für Anfangssemester Verwaltungsrecht" von Hemmer/Wüst.

sonstige Anerkennung einer behördlichen Festsetzung In anderen Fällen ist dies nicht ausdrücklich gesetzlich geregelt, wird aber so praktiziert und letztlich als ungeschriebener Rechtsgrundsatz anerkannt. **276**

---

[102] Kopp/Ramsauer, § 48 VwVfG, Rn. 129.

So wird über die **Zulassung zu einer öffentlichen Einrichtung** der Gemeinde zuvor durch Verwaltungsakt entschieden, sodass der entsprechende Anspruch aus der Gemeindeordnung (aufgrund z.b. § 8 II GO NW, Art. 21 BayGO, § 10 II SächsGemO) mit der Verpflichtungsklage durchzusetzen ist. Gleiches gilt bei dem Begehren einer **Subvention**.

III. Klagebefugnis, § 42 II VwGO

Klagebefugnis: keine Adressatentheorie

Die Klagebefugnis ist anders zu formulieren als bei der Anfechtungsklage, auch wenn der Inhalt ähnlich bleibt. Insbesondere darf nicht auf die Adressatentheorie abgestellt werden, da es gerade nicht primär um die Beseitigung des Ablehnungsbescheides, sondern um die Vornahme einer behördlichen Handlung geht. 277

Anspruch auf VA?

Es muss deshalb möglich sein, dass der Kläger einen **Anspruch auf den begehrten VA** hat (er wird dann – wie es die Formulierung in § 42 II VwGO verlangt – durch die Ablehnung seines Antrags in diesem Recht möglicherweise verletzt). 278

Maßgeblich ist hierbei die Rechtsgrundlage des begehrten VA. Diese muss dem Bürger bei Vorliegen ihrer Tatbestandsvoraussetzungen einen Anspruch auf Erteilung des VA geben (**Anspruchsgrundlage**).

unmittelbar begünstigender VA

Dies ist unproblematisch der Fall, soweit es um die Erteilung einer Genehmigung oder eines ähnlichen, den Antragsteller unmittelbar begünstigenden VA geht. 279

Bsp.: Wenn die Voraussetzungen des § 6 BImSchG erfüllt sind, ist die Genehmigung zu erteilen, der Anspruchsteller hat dann m.a.W. einen Anspruch auf die Genehmigung.

Drittschutz

Ein möglicher Anspruch auf Erlass des begehrten VA ist schwieriger zu bejahen, wenn der Bürger einen sonstigen, regelmäßig **drittbelastenden VA** begehrt. 280

Bsp.: N begehrt von der Immissionsschutzbehörde eine nachträgliche Anordnung gemäß § 17 BImSchG gegen die benachbarte Anlage.

Schutznormtheorie

In einem solchen Fall ist nach den Grundsätzen der Schutznormtheorie (s. oben Rn. 93) danach zu fragen, ob der Behörde die Befugnis zum Erlass des begehrten VA gerade auch im Interesse des Antragstellers oder nur im Interesse der Allgemeinheit zusteht. 281

Eine nachträgliche Anordnung ggü. N nach § 17 BImSchG ist möglich „zur Erfüllung der sich aus diesem Gesetz ... ergebenden Pflichten". Eine dieser Pflichten ist nach § 5 I Nr. 1 BImSchG auch, die Nachbarschaft vor schädlichen Umwelteinwirkungen zu schützen. Behauptet N, von der Anlage gingen solche Einwirkungen aus, steht ihm aus § 17 BImSchG ein möglicher Anspruch auf Erlass einer nachträglichen Anordnung zu.

hemmer-Methode: Sie sind dann in der Konstellation der Drittverpflichtungsklage. Vgl. Sie hierzu u. Rn. 300 sowie Fall 30 aus „Die 44 wichtigsten Fälle nicht nur für Anfangssemester Verwaltungsrecht" von Hemmer/Wüst.

Anspruch auf ermessensfehlerfreie Entscheidung bei drittschützenden Ermessensvorschriften

Wird der Erlass einer Ermessensentscheidung begehrt, ist auf den Anspruch auf **ermessensfehlerfreie Entscheidung** abzustellen. Es ist deshalb zu begründen, dass die Ermessensnorm, auf die sich der Kläger stützt, nicht nur dem öffentlichen, sondern auch seinem Individualinteresse dient. Ein Anspruch auf eine bestimmte Sachentscheidung besteht nur im Fall der **Ermessensreduzierung** auf Null (dazu unten Rn. 302).

282

IV. Vorverfahren, § 68 I, II VwGO

Vorverfahren

Gemäß § 68 II VwGO muss auch vor Erhebung der Verpflichtungsklage ein Vorverfahren durchgeführt werden. Insoweit gilt das zur Anfechtungsklage Ausgeführte Dies gilt auch für die Frage der Entbehrlichkeit des Vorverfahrens nach § 68 II, I S. 2 VwGO.

283

1. Entbehrlichkeit des Vorverfahrens bei reiner Untätigkeit der Behörde

§ 68 II, § 75 S. 1 Alt. 2 VwGO

Das Vorverfahren ist nicht notwendig, wenn der Kläger den begehrten Verwaltungsakt bei der Behörde beantragt hat, die **Behörde** aber **vollständig untätig** geblieben ist und nicht einmal den Erlass des Verwaltungsakts abgelehnt hat.

284

Dass in diesem Fall kein Vorverfahren durchzuführen ist, ergibt sich bereits aus § 68 II VwGO. Denn dieser schreibt für die Verpflichtungsklage ein Vorverfahren nur dann vor, wenn der Antrag auf Erlass eines Verwaltungsakts **abgelehnt** worden ist. Die reine Untätigkeit ist aber keine Ablehnung!

Zudem bestimmt § 75 S. 1 Alt. 2 VwGO, dass bei Nichtentscheidung über den Antrag die Klage ohne Vorverfahren zulässig ist. Die „**Untätigkeitsklage**" erfordert also kein Vorverfahren.

hemmer-Methode: Vorsicht mit dem Begriff „Untätigkeits-klage"! Diese ist kein eigener Klagetyp, sondern eine Verpflichtungsklage, allerdings in dem besonderen Fall, dass die Behörde überhaupt nicht reagiert hat, sondern untätig geblieben ist. Demgegenüber wird der Normalfall, dass die Behörde den Erlass des begehrten Verwaltungsakts ausdrücklich ablehnt, „Versagungsgegenklage" genannt. Auch dies ist kein eigener Klagetyp. Beide Besonderheiten sind bereits in § 42 I VwGO selbst berücksichtigt, in der Formulierung „abgelehnten oder unterlassenen Verwaltungsakts". Die Unterscheidung wirkt sich nur an wenigen Stellen aus: die wichtigste ist das Vorverfahren und § 75 VwGO!

2. Entbehrlichkeit des Widerspruchsbescheids, § 75 S. 1 Alt. 1 VwGO

Abschluss des Vorverfahrens durch den Widerspruchsbescheid

Das Vorverfahren ist nicht nur ordnungsgemäß, sondern auch erfolglos durchzuführen. Hierzu gehört grundsätzlich der **Abschluss** des Widerspruchsverfahrens durch Erlass eines **Widerspruchsbescheids**, wie § 73 I S. 1 VwGO zu entnehmen ist.

285

Unterlässt die Behörde diesen, so darf der Widerspruchsführer aber nicht dauerhaft daran gehindert sein, mit der Verpflichtungsklage seinen Anspruch auf einen Verwaltungsakt durchzusetzen. Daher bestimmt § 75 S. 1 Alt. 1 VwGO, dass bei Nichtentscheidung der Behörde ohne zureichenden Grund in angemessener Frist die Klage ohne Abschluss durch Widerspruchsbescheid zulässig ist. Die Frist hierfür beträgt regelmäßig drei Monate, vgl. § 75 S. 2 VwGO.

hemmer-Methode: § 75 S. 1 Alt. 1 VwGO wirkt sich bei der Verpflichtungsklage nicht anders aus als bei der Anfechtungsklage.[103] Anders § 75 S. 1 Alt. 2 VwGO, der wie gezeigt überhaupt nur bei der Verpflichtungsklage anwendbar ist (und sich auch anders auswirkt, indem nicht nur der Abschluss, sondern das gesamte Widerspruchsverfahren entbehrlich ist!). Vgl. hierzu auch Fall 27 in „Die 44 wichtigsten Fälle nicht nur für Anfangssemester Verwaltungsrecht" von Hemmer/Wüst.

V. Klagefrist, § 74 VwGO und übrige Zulässigkeitsvoraussetzungen

wie Anfechtungsklage

In diesen Punkten ergibt sich kein relevanter Unterschied zur Anfechtungsklage.

286

---

[103] Dazu o. Rn. 130.

B) Begründetheit[104]

Begründetheit: Obersatz

Auch diese Prüfung ist mit einem einleitenden Obersatz zu beginnen, der sich grundsätzlich nach § 113 V S. 1 VwGO richtet.

287

hemmer-Methode: Machen Sie sich die Arbeit so leicht wie möglich: Schreiben Sie in der Klausur § 113 V S. 1 VwGO soweit wie möglich ab! Damit entlasten Sie Ihr Gedächtnis – die Verpflichtungsklage ist schon schwer genug!

Normalfall: Versagungsgegenklage

„Die Klage ist begründet, wenn die Ablehnung des Verwaltungsakts rechtswidrig, der Kläger dadurch in seinen Rechten verletzt ist und die Sache spruchreif ist."

288

Beachten Sie: Je nach Bundesland, z.B. Bayern, müssen Sie in der Begründetheit auch nach dem richtigen Beklagten fragen, § 78 VwGO. Bei der Verpflichtungsklage ist dabei der Rechtsträger der für den begehrten Verwaltungsakt zuständigen Behörde passivlegitimiert.

Untätigkeitsklage

Bei der „**Untätigkeitsklage**", wenn die Behörde nicht einmal den Verwaltungsakt abgelehnt hat, ersetzen Sie „Ablehnung" durch „Unterlassung".[105]

289

Merke: Bestimmung der Rechtsgrundlage = Anspruchsgrundlage

Ermächtigungsgrundlage mit oder ohne Ermessen?

Im Hinblick auf den weiteren Aufbau der Begründetheit ist zwischen zwei verschiedenen Klausurvarianten, den gebundenen und den ermessensabhängigen VA, zu unterscheiden.

290

I. Rechtsgrundlage ohne Ermessen (gebundene Verwaltung)

gebundene Ansprüche ⇨ Vor. prüfen

Hat der Bürger bei Vorliegen der Tatbestandsvoraussetzungen einen ermessensunabhängigen Anspruch auf die Erteilung des VA, erfolgt nun die Subsumtion unter diese Tatbestandsvoraussetzungen.

291

hemmer-Methode: Dies sollten Sie bereits im Obersatz dadurch klarstellen, indem Sie folgenden Zusatz anfügen: „Dies ist jedenfalls dann der Fall, wenn dem Kläger ein Anspruch auf den Erlass des VA zusteht."

---

[104] Vgl. ausführlich Hemmer/Wüst, Verwaltungsrecht II, Rn. 55 ff.
[105] Zur „Untätigkeitsklage" bereits o. Rn. 284.

z.B. Genehmigungs-
fälle

Besonders klausurrelevant sind hier Fälle, in denen der Er-   **292**
lass einer **Genehmigung** begehrt wird.

Dabei ist nach dem Schema Genehmigungspflichtigkeit –
Genehmigungsfähigkeit des Vorhabens vorzugehen.

1. Genehmigungspflichtigkeit

Genehmigungs-
pflichtigkeit

Voranzustellen ist die Norm, aus der sich das Genehmi-   **293**
gungserfordernis ergibt, die enthaltenen Definitionen sind zu
erläutern, das im Sachverhalt geschilderte Vorhaben ist unter die Begriffe zu subsumieren.

Außerdem ist darauf zu achten, ob es Ausnahmetatbestände
gibt, die eine Genehmigungspflichtigkeit wieder ausschließen.

> **Bsp.:** *So ist in einem gaststättenrechtlichen Fall darauf*
> *einzugehen, ob es sich bei dem geplanten Vorhaben um*
> *ein Gaststättengewerbe gem. § 1 GastG handelt, das*
> *grundsätzlich gem. § 2 I S. 1 GastG genehmigungspflich-*
> *tig ist. Problematisch könnte dann sein, ob eine Ausnah-*
> *me gem. § 2 II GastG vorliegt.*

hemmer-Methode: Gerade bei den Genehmigungsfällen ist
auf das Regel-Ausnahme-Prinzip zu achten! Fallen Sie nicht
gleich „mit der Tür ins Haus", sondern verzögern Sie Ihren
Gedankenablauf durch kritische Prüfung aller im Sachverhalt
angesprochenen Fragen. Deshalb müssen Sie vorab stets
die generelle Genehmigungspflichtigkeit bestimmter Vorhaben feststellen, um dann eine möglicherweise bestehende
Ausnahme von der Genehmigungspflichtigkeit zu prüfen.
Dies gilt selbst dann, wenn keine der gesetzlichen Ausnahmen vorliegt. Zeigen Sie so, dass Sie die Systematik des
Gesetzgebers verstanden haben. Lassen Sie sich nicht
wertvolle Punkte entgehen, indem Sie die Genehmigungspflichtigkeit bejahen, ohne wenigstens die Möglichkeit einer
Ausnahme angesprochen zu haben.

Ist ein Vorhaben nicht genehmigungspflichtig, kann eine be-   **294**
gehrte Genehmigung nicht erteilt werden. Eine entsprechen-
de Verpflichtungsklage ist unbegründet, wenn nicht sogar
mangels Klagebefugnis schon unzulässig.

2. Genehmigungsfähigkeit

Genehmigungs-
fähigkeit

Dem Kläger steht ein Anspruch auf die begehrte Genehmi-   **295**
gung zu, wenn das geplante Vorhaben oder die beabsichtig-
te Tätigkeit genehmigungsfähig sind. Häufig findet sich auch
– z.B. in § 4 I GastG – eine negative Formulierung.

Danach besteht der Anspruch dann, wenn keine öffentlich-rechtlichen Normen im Widerspruch zu dem Vorhaben stehen.

II. Rechtsgrundlage mit Ermessen

Ermessens- VA ⇨ Vorgehen nach Reihenfolge des § 113 V S. 1 VwGO

Begehrt der Kläger den Erlass eines Verwaltungsakts, der im Ermessen der Behörde steht, so sollten Sie die weitere Prüfung nach den Voraussetzungen des § 113 V S. 1 VwGO aufbauen:

296

---

1. Ablehnung rechtswidrig

2. Rechtsverletzung des Klägers

3. Spruchreife

---

hemmer-Methode: Beachten Sie nochmals, dass auch bei einem Vornahmeurteil das Gericht den begehrten VA nicht selbst erteilt, sondern „lediglich" die Behörde dazu verpflichtet. Diese Beschränkung der gerichtlichen Tätigkeit kann als Ausdruck des Gewaltenteilungsprinzips (Art. 20 II S. 2 GG) betrachtet werden.

1. Ablehnung rechtswidrig

Tatbestand der Ermächtigungsgrundlage + Ermessensentscheidung

Die Prüfung der ersten Voraussetzung des § 113 V S. 1 VwGO, der Rechtswidrigkeit der Ablehnung, erfolgt wiederum in zwei Schritten:

297

(1) Tatbestand der Rechtsgrundlage des Verwaltungsakts

(2) Fehlerfreie Ermessensentscheidung

Den **Tatbestand** der Rechtsgrundlage zu prüfen wird bedauerlicherweise allzu häufig vergessen. Wenn allerdings nicht einmal diese erfüllt sind, so kann die Ablehnung des Verwaltungsakts durch die Behörde aber niemals rechtswidrig sein! Vielmehr hat dann die Behörde vollständig zu Recht den Erlass des Verwaltungsakts abgelehnt – eben weil ja nicht einmal der Tatbestand der Rechtsgrundlage erfüllt war!

298

Bsp.: Die Sondernutzungserlaubnis im Straßenrecht steht im Ermessen der Behörde (vgl. § 18 StrWG NW, Art. 18 BayStrG, § 18 SächsStrG). Martin begehrt eine solche Erlaubnis, um Flugblätter in der Fußgängerzone zu verteilen, welche die Behörde allerdings ablehnt.

Die Ablehnung der Behörde ist in jedem Fall rechtmäßig: Denn das Verteilen von Flugblättern ist gar nicht erlaubnispflichtig, sondern als Gemeingebrauch erlaubnisfrei! Es kommt dann tatsächlich überhaupt nicht mehr darauf an, ob die Behörde auch eine ordnungsgemäße Ermessensentscheidung getroffen hat. Denn dass Martin keinen Anspruch auf die Sondernutzungserlaubnis hat, steht fest. Es ist dann völlig egal, aus welchen Gründen die Behörde die Erlaubnis abgelehnt hat!

2. Rechtsverletzung

subjektiv-öffentliches Recht

Die Ablehnung oder Unterlassung des Verwaltungsakts muss den Kläger in seinen Rechten verletzen. Begehrt der Kläger einen an ihn selbst gerichteten, begünstigenden Verwaltungsakt, so ist die Rechtsverletzung unproblematisch.   **299**

Denn in diesem Fall hat der Kläger ein Recht aus eben dieser Anspruchsgrundlage.

> **Bsp.:** *Wird die Erteilung der straßenrechtlichen Sondernutzungserlaubnis abgelehnt, so ist der Kläger in seinem Recht aus dem jeweiligen Straßengesetz des Landes (z.B. § 18 StrWG NW, Art. 18 BayStrG, § 18 SächsStrG) verletzt.*

hemmer-Methode: Beachten Sie, dass es keinen allgemeinen Anspruch auf ermessensfehlerfreie Entscheidung gibt; vielmehr muss ein subjektiv-öffentliches Recht aus einer möglichen Verletzung einer drittschützenden Norm ermittelt werden.

Drittverpflichtungs-klage

Schwieriger ist die Begründung, wenn es um die Situation der **Drittverpflichtungsklage** geht, bei der der Kläger den Erlass eines Verwaltungsakts begehrt, der an einen anderen gerichtet ist und diesen belastet. Dann muss ein subjektiv-öffentliches Recht des Klägers aus eben dieser Vorschrift nach den Grundsätzen der Schutznormtheorie begründet werden.   **300**

3. Spruchreife

Spruchreife: kein Ermessensspielraum

Spruchreife mit der Folge eines Vornahmeurteils liegt nur dann vor, wenn der begehrte VA zwingend erteilt werden muss. Vielmehr kann eine Ablehnung, auf andere Ermessenserwägungen gestützt, durchaus rechtmäßig sein.   **301**

> **hemmer-Methode:** Ein „Vornahmeurteil" ist das Urteil, in dem das Gericht die Behörde zum Erlass des von dem Kläger begehrten Verwaltungsakts verurteilt (§ 113 V S. 1 VwGO). Fehlt die Spruchreife, so erlässt das Gericht ein sog. Verbescheidungsurteil (auch Bescheidungsurteil genannt), § 113 V S. 2 VwGO.

Ermessens-
reduzierung auf Null

Ein Anspruch auf Erlass des Verwaltungsakts besteht nur, wenn jede andere Entscheidung als die Erteilung des begehrten Verwaltungsakts rechtswidrig ist, wenn also das Ermessen der Behörde auf **Null reduziert** ist.[106]

302

Zusicherung

Eine solche Ermessensreduzierung kann auch dadurch bedingt sein, dass die Behörde den Erlass des VA vorher i.S.d. § 38 VwVfG (Schriftform!) zugesichert hatte.

303

> **hemmer-Methode:** Durch die richtige Einordnung von Problemen fördern Sie Verständnis und sparen so viel Zeit. Wie wichtig aber Zeit sein kann, werden Sie spätestens in der Vorbereitung auf Ihr Staatsexamen merken.
> Ihnen die richtige Einordnung zu vermitteln, ist der wesentliche Inhalt der „hemmer-methode".Zur Einordnung des § 38 VwVfG: Die Zusicherung und damit zusammenhängende Probleme wie die der Wirkung nach § 38 III VwVfG tauchen in einer Klausur regelmäßig nicht isoliert, sondern i.R. einer möglichen Ermessensreduzierung auf.

Selbstbindung

Eine weitere klausurtypische Konstellation der Ermessensreduzierung ist die sog. **Selbstbindung** der Verwaltung. Hat die Behörde bisher in allen gleichgelagerten Fällen den begehrten VA erteilt, so gebietet Art. 3 I GG die Gleichbehandlung des klagenden Bürgers und gibt diesem damit einen Anspruch.

304

Liegt keine Ermessensreduzierung vor, erlässt das Gericht ein **Verbescheidungsurteil**, § 113 V S. 2 VwGO: Ausgesprochen wird dann nicht die Verpflichtung der Behörde zum Erlass des begehrten Verwaltungsakts, sondern lediglich die Verpflichtung, den Kläger unter Beachtung der Rechtsauffassung des Gerichts zu bescheiden.

> **hemmer-Methode:** Im Gegensatz zu diesem sog. Verbescheidungsurteil wird der Normalfall, dass das Gericht zum Erlass des begehrten Verwaltungsakts verpflichtet, als Vornahmeurteil bezeichnet.

---

[106] Dazu Kopp/Schenke, § 114 VwGO, Rn. 6; BVerwG, NVwZ 2008, 1024 ff.; **Life & Law 2008, Heft 11**.

§ 5 Fortsetzungsfeststellungsklage[107]

hemmer-Methode: Zum Einstieg in die FFK arbeiten Sie Fall 33 in „Die 44 wichtigsten Fälle nicht nur für Anfangssemester" von Hemmer/Wüst durch!

A) Zulässigkeit der Fortsetzungsfeststellungsklage

I. Eröffnung des Verwaltungsrechtswegs

§ 23 EGGVG

Vorweg ist darauf hinzuweisen, dass es sich bei der Fortsetzungsfeststellungsklage um eine Klageart handelt, die besonders häufig in Polizeirechtsfällen zu prüfen ist. Deshalb ist in diesem Zusammenhang zu beachten, dass sich gerade bei der Fortsetzungsfeststellungsklage bereits bei der Eröffnung des Verwaltungsrechtsweges regelmäßig die Frage nach der Abgrenzung von § 40 I VwGO zu §§ 23 ff. EGGVG stellt (dazu oben Rn. 31 ff.).

305

II. Klageart

1. Direkte Anwendung des § 113 I S. 4 VwGO

Grundfall des § 113 I S 4 VwGO: Erledigung eines VA

Die Fortsetzungsfeststellungsklage dient in ihrer ursprünglichen, in § 113 I S. 4 VwGO geregelten Form der Feststellung der Rechtswidrigkeit eines VA, der sich im laufenden Klageverfahren erledigt hat.

306

> *Bsp.: B erhält eine Abrissverfügung für ein Wochenendhaus, gegen die er Widerspruch und später auch Anfechtungsklage erhebt. Während des Gerichtsverfahrens wird das Häuschen durch ein Feuer vollends zerstört.*

Da sich der angegriffene VA erledigt hat (er kann nicht mehr vollstreckt werden), fehlt für das weitere Betreiben der Anfechtungsklage das Rechtsschutzbedürfnis. B kann aber auf eine Fortsetzungsfeststellungsklage i.S.d. § 113 I S. 4 VwGO umstellen, wenn die weiteren Voraussetzungen der Fortsetzungsfeststellungsklage vorliegen.

Der Kläger hat im Fall der Erledigung die Reaktionsmöglichkeit, dass die Klage dahingehend umgestellt wird, dass die Rechtswidrigkeit des angefochtenen VA festzustellen ist.

307

---

[107] Umfassend hierzu Hemmer/Wüst, Verwaltungsrecht II, Rn. 99.

hemmer-Methode: Die Einordnung der FFK ist umstritten. Die noch h.M. ist der Auffassung, dass es sich hierbei um einen Unterfall bzw. eine Fortsetzung der Anfechtungsklage handelt. Nach anderer Ansicht handelt es sich allerdings um eine besondere Feststellungsklage.

Hierbei handelt es sich nicht um einen reinen Theorienstreit, den man als überflüssigen Ballast außer Acht lassen könnte. Vielmehr wirken sich die unterschiedlichen Ansichten insbesondere dann aus, wenn es um die Frage der Fristgebundenheit der FFK geht (dazu unten Rn. 332 ff.).

2. Analoge Anwendung des § 113 I S. 4 VwGO

analoge Anwendungsfälle

a) § 113 I S. 4 VwGO betrifft unmittelbar nur den Fall, dass sich ein VA nach Klageerhebung erledigt. Die Regelung ist analog jedoch auch auf diejenigen Fälle anwendbar, in denen sich die Hauptsache schon vor Erhebung einer Anfechtungsklage erledigt hat.

308

hemmer-Methode: Zwar klingt in einer Entscheidung des BVerwG[108] die Absicht an, diese analoge Anwendung des § 113 I S. 4 VwGO zu Gunsten einer direkten Anwendung des § 43 VwGO aufzugeben. Bis sich diese Absicht aber auch tatsächlich durchgesetzt hat, sollten Sie weiterhin auf § 113 I S. 4 VwGO analog zurückgreifen, da Sie sich nur auf diese Vorgehensweise den Zugang zu einer Vielzahl zusätzlicher Probleme eröffnen. Als Argument hierfür spricht, dass es keinen Unterschied machen kann, ob die Erledigung kurz vor oder kurz nach Klageerhebung eintritt. In beiden Fällen muss ein Gleichlauf der Zulässigkeitsvoraussetzungen gelten. Mit bspw. diesem Argument sollten Sie sich in der Klausur für die analoge Anwendung des § 113 I S. 4 VwGO entscheiden.

Daneben wird § 113 I S. 4 VwGO auch auf die Situation der Verpflichtungsklage analog angewandt.

309

hemmer-Methode: Vergleichen Sie hierzu Fall 38 in „Die 44 wichtigsten Fälle nicht nur für Anfangssemester" von Hemmer/Wüst.

Bsp.: Der begehrte VA, Zuteilung der Stadthalle für eine Wahlveranstaltung, hat sich mit Ablauf der Wahl erledigt.

allg. bei Leistungsklage § 113 I S. 4 nicht analog (str.)

b) I.R.d. allgemeinen Leistungsklage wird eine analoge Anwendung des § 113 I S. 4 VwGO bei Erledigung des Klagebegehrens von der h.M. abgelehnt.

310

311

---

[108] BVerwG, NVwZ 2000, 63 = BayVBl. 2000, 439.

Der Kläger hat vielmehr die Möglichkeit einer allgemeinen Feststellungsklage nach § 43 VwGO.

3. Erledigung des Verwaltungsakts

Erledigung = Wegfall der Beschwer

Eine Erledigung liegt im Rahmen einer Anfechtungssituation vor, wenn die mit dem VA verbundene rechtliche oder sachliche Beschwer nachträglich weggefallen ist oder wenn aus anderen Gründen dem Kläger mit der Aufhebung nicht mehr gedient ist.   312

Die Erledigung muss dabei objektiv feststehen, eine bloße Erledigungserklärung genügt nicht.

Innerhalb der Situation der Verpflichtungsklage liegt eine Erledigung vor, wenn das gewünschte Klagebegehren nicht mehr erreicht werden kann, weil etwa der gewünschte Termin, zu dem eine Stadthalle gemietet werden sollte, vor oder während des Prozesses verstreicht oder weil die letzte zu vergebende Konzession ausgehändigt wurde.   313

hemmer-Methode: Vergleichen Sie hierzu die Fälle 34 und 35 in „Die 44 wichtigsten Fälle nicht nur für Anfangssemester" von Hemmer/Wüst.

III. Klagebefugnis

§ 42 II VwGO

Die Fortsetzungsfeststellungsklage ist nur zulässig, wenn eine Klagebefugnis nach § 42 II VwGO vorliegt.   314

bei direkter

In der direkten Anwendung des § 113 I S. 4 VwGO ergibt sich dies bereits daraus, dass hier ursprünglich eine Anfechtungsklage erhoben wurde. War diese mangels Klagebefugnis unzulässig, muss dies auch für ihre Fortsetzung über die Fortsetzungsfeststellungsklage gelten.   315

und analoger Anwendung des § 113 I S. 4 VwGO

Im Fall der analogen Anwendung des § 113 I S. 4 VwGO rechtfertigt sich die analoge Anwendung des § 42 II VwGO entweder aus dem allgemeinen Rechtsgedanken, eine Popularklage zu vermeiden, oder aus dem Charakter der Fortsetzungsfeststellungsklage als fortgesetzte Anfechtungs- oder Verpflichtungsklage.   316

IV. Fortsetzungsfeststellungsinteresse

Fortsetzungs-
feststellungsinteresse

§ 113 I S. 4 VwGO fordert ein berechtigtes Interesse des
Klägers an der Feststellung der Rechtswidrigkeit des erledigten VA. Ein solches berechtigtes Interesse wird grundsätzlich in vier Fallgruppen anerkannt.

317

1. Wiederholungsgefahr

Wiederholungsgefahr

Ausreichend ist zum einen eine hinreichend konkrete Wiederholungsgefahr.

318

> **Bsp.:** *Der bei einer Demonstration von der Polizei ge-*
> *schlagene Kläger macht geltend, in Kürze wieder an ei-*
> *ner vergleichbaren Demonstration teilnehmen zu wollen.*

2. Rehabilitationsinteresse

Rehabilita-
tionsinteresse

Dieses „Wiedergutmachungsinteresse" liegt vor, wenn der
VA diskriminierende Wirkung hatte, diese Wirkung noch an-
dauert und der Kläger objektiv noch in seinen Persönlich-
keitsrechten durch eine Herabwürdigung seines sozialen
Geltungsanspruchs beeinträchtigt ist.

319

Diese Wirkung kann sich aus dem VA selbst, seiner Begründung oder auch aus den Umständen bei seinem Erlass ergeben. Als Hinweis im Sachverhalt findet sich insoweit häufig, dass der Einsatz von mehreren unbeteiligten Personen
beobachtet wurde.

3. Schwerwiegender Grundrechtseingriff

Grundrechtseingriff

Im Fall eines schwerwiegenden Grundrechtseingriffs ist wegen Art. 19 IV GG ein Feststellungsinteresse auch dann zu
bejahen, wenn mangels Öffentlichkeitsbezug keine diskriminierende Wirkung im engeren Sinn vorlag.

320

> **Bsp.:** *Eingriffe in Art. 2 II, 10, 11, 13, GG*

4. Vorbereitung eines Amtshaftungsprozesses

Vorbereitung eines
Amtshaftungs-
prozesses

In dieser Fallgruppe erstrebt der Kläger die Feststellung der
Rechtswidrigkeit, um damit einen Amtshaftungsprozess vor-
zubereiten. Hier sind nach heute h.M. zwei Konstellationen
zu unterscheiden:

321

a) Erledigung des VA oder des Klagebegehrens nach Klageerhebung

bei Erledigung nach Klageerhebung u.U. (+)

Bei dieser Fallvariante ergibt sich aus dem Wunsch, später einen Amtshaftungsprozess führen zu wollen, ein Feststellungsinteresse, wenn dieser Prozess mit hinreichender Sicherheit zu erwarten ist und nicht offensichtlich aussichtslos erscheint.   *322*

> **hemmer-Methode:** Hintergrund dieses Feststellungsinteresses ist die Prozessökonomie und der Gedanke des Fruchterhaltes.
> Erledigt sich der VA bspw. erst nach einer umfassenden Beweisaufnahme, würden deren Ergebnisse vollkommen verloren gehen, wenn das VG kein Sachurteil erlassen dürfte, sondern das Verfahren wegen Erledigung einstellen müsste. Das für den Amtshaftungsanspruch nach Art. 34 S. 3 GG, § 40 II VwGO zuständige Zivilgericht müsste die gleiche Beweisaufnahme dann nochmals durchführen. Dies ist nicht nur dem Bürger unzumutbar, sondern widerspricht auch dem Grundsatz der Prozessökonomie.
> Vergleichbar der Vorbereitung des Amtshaftungsprozesses ist der Fall, in dem der Kläger durch seine FFK künftige Kostenerstattungsansprüche des Staates mit dem Argument abwehren will, dass die staatliche Maßnahme rechtswidrig war. In diesem Fall spricht man allgemein von Präjudiziabilität.

b) Erledigung des VA oder des Klagebegehrens vor Klageerhebung

anfängliche Erledigung: str.

In diesem Fall ist strittig, ob die Vorbereitung eines Amtshaftungsprozesses als taugliches Feststellungsinteresse anzusehen ist.   *323*

aber nach h.M. (-)

Die überwiegende Auffassung verneint dies aus Gründen der Prozessökonomie.   *324*

Das Zivilgericht kann die Rechtswidrigkeit des erledigten VA im Rahmen seiner Vorfragenkompetenz nach § 17 II GVG selbst klären. Der Bürger hat auch keinen Anspruch auf den sachnäheren Richter.

V. Erforderlichkeit eines Vorverfahrens

Erforderlichkeit eines Vorverfahrens

Insoweit ist zwischen der direkten und der analogen Anwendung des § 113 I S. 4 VwGO zu unterscheiden.   *325*

1. Direkte Anwendung des § 113 I S. 4 VwGO

bei Erledigung nach Klageerhebung (+)

Im Fall der direkten Anwendung des § 113 I S. 4 VwGO herrscht Einigkeit, dass die Erhebung eines Widerspruchs zwingend erforderlich war. Ist dies nicht ordnungsgemäß und fristgerecht erfolgt, war der VA im Zeitpunkt seiner Erledigung bereits bestandskräftig, eine Aufhebung käme nicht mehr in Frage.

326

Die ursprüngliche Klage war bereits unzulässig, sodass sie auch nicht mehr „fortgesetzt" werden kann.

2. Analoge Anwendung des § 113 I S. 4 VwGO

Erledigung vor oder nach Ablauf der Widerspruchsfrist

Hier ist weiter zu unterscheiden, ob die Erledigung vor oder nach Ablauf der Widerspruchsfrist eintritt.

327

a) Erledigung nach Ablauf der Widerspruchsfrist

Widerspruch darf nicht verfristet sein

In diesem Fall muss unstreitig fristgerecht Widerspruch eingelegt worden sein. Andernfalls war bereits Bestandskraft eingetreten und die (potenzielle) Anfechtungsklage im Zeitpunkt der Erledigung bereits unzulässig. Durch die Erledigung wird hieraus keine zulässige Fortsetzungsfeststellungsklage.

328

> **hemmer-Methode:** Merken Sie sich die Grundregel: War zum Zeitpunkt der Erledigung eine Anfechtungsklage bereits unzulässig, ist nach Erledigung auch keine FFK möglich. Die Erledigung führt niemals zu einer Erweiterung des Rechtsschutzes. Sollten Sie sich in einer Klausur in Fragen des Vorverfahrens oder der Klagefrist einmal nicht sicher sein, werden Sie mit dieser Grundregel immer zu vertretbaren Ergebnissen gelangen.

b) Erledigung vor Ablauf der Widerspruchsfrist

Erledigung vor Ablauf der Widerspruchsfrist str.

In dieser Konstellation der analogen Anwendung des § 113 I S. 4 VwGO herrscht Streit, ob noch ein Widerspruchsverfahren durchgeführt werden muss.

329

> **hemmer-Methode:** Halten Sie die beiden Sachverhaltsvarianten streng auseinander. Den jetzt folgenden Streit bei der oben genannten Alternative auszubreiten, wäre grob verfehlt, Sie würden den Korrektor mit solchen Ausführungen allenfalls ermüden.

Soweit in Ihrem Bundesland nach § 68 I S. 2 HS 1 VwGO das Vorverfahren ohnehin aufgrund spezialgesetzlicher Bestimmung entfällt, ist der Meinungsstreit selbstverständlich überflüssig. Wenn schon bei der Anfechtungsklage kein Vorverfahren stattfindet, gilt dies natürlich erst recht für die FFK.

h.M. (-), da keine Aufhebung mehr möglich

a) Nach wohl überwiegender Ansicht (insbesondere des BVerwG in st. Rspr.) ist ein Vorverfahren nicht durchzuführen, wenn die Erledigung vor Ablauf der Widerspruchsfrist eingetreten ist. Dies ergibt sich aus dem Zweck des Vorverfahrens, das auf die Aufhebung oder Änderung eines VA gerichtet ist.

330

Dieser Aufhebungszweck kann nicht mehr erreicht werden. Eine Feststellungsentscheidung ist innerhalb des Widerspruchsverfahrens gesetzlich nicht vorgesehen.

a.A. (+)

b) Nach anderer Ansicht ist auch hier das Widerspruchsverfahren durchzuführen, da der Zweck dieses Verfahrens in der Selbstkontrolle der Verwaltung liegt und auch ein feststellender Widerspruchsbescheid ergehen könne.

331

Dafür wird insbesondere § 44 V VwVfG herangezogen, der eine Feststellungsentscheidung der Verwaltung normiert.

hemmer-Methode: In einer Klausur sollte der h.M. gefolgt werden. Schlagendes Argument ist letztlich auch die Tatsache, dass ein Feststellungsurteil eines Gerichts eine weiter reichende Wirkung entfaltet als eine entsprechende Behördenentscheidung. Ein besonderes Ausbreiten dieses Streits in einer Klausur ist nur dann angebracht, wenn im Sachverhalt darauf hingewiesen wird, etwa bei einer Rüge der Unzulässigkeit der Klage durch den Beklagten.

VI. Klagefrist

Klagefrist: bei Erledigung nach Klageerhebung erforderlich

Bei der Frage nach der Frist für die Fortsetzungsfeststellungsklage ist zu differenzieren: I.R.d. direkten Anwendung des § 113 I S. 4 VwGO – Erledigung erst nach Klageerhebung – muss die Frist zur Erhebung dieser Klage zweifelsohne eingehalten werden. Ein bestandskräftiger VA kann nicht deshalb erfolgreich angegriffen werden, weil er sich irgendwann erledigt hat.

332

hemmer-Methode: Wieder kommen Sie mit der Anwendung des Grundsatzes „Eine unzulässige Anfechtungsklage wird mit Erledigung nicht zu einer zulässigen FFK" zum richtigen Ergebnis!

bei anfänglicher Erledigung str.

Ob auch bei der analogen Anwendung des § 113 I S. 4 VwGO – Erledigung vor Ablauf der Klagefrist – eine Klagefrist eingehalten werden muss, ist hingegen strittig. *333*

Eine Ansicht wendet § 74 I S. 2[109] VwGO analog an. Begründet wird dies hauptsächlich mit dem Charakter der Fortsetzungsfeststellungsklage als fortgesetzter Anfechtungs- oder Verpflichtungsklage, für die gerade § 74 VwGO gilt. *334*

Nach anderer Ansicht (h.M.) ist in den Vordergrund zu stellen, dass es sich bei der Fortsetzungsfeststellungsklage von ihrem Charakter und ihrem Urteilstenor her um eine Feststellungsklage handelt, für die es keine Fristbindung gibt. *335*

Hauptbegründung ist Sinn und Zweck der Fristvorschriften bei Anfechtungs- und Verpflichtungsklagen. Diese sollen zur Bestandskraft des VA und damit zu Rechtssicherheit führen.

Da aber ein erledigter VA nicht mehr in Rechtskraft erwachsen kann, bedarf es auch keiner Rechtssicherheit mehr, die durch einen Fristablauf hergestellt werden müsste. Deswegen könne der Gesichtspunkt der materiellen Gerechtigkeit, die sonst zugunsten der Rechtssicherheit eingeschränkt werden kann, voll zur Geltung kommen. Eine zu lange Zeitspanne zwischen Erledigung des VA und Klageerhebung kann sich wegen der möglichen Verwirkung nicht ergeben. *336*

hemmer-Methode: Der Meinungsstreit wird in einer Klausur nur selten eine Rolle spielen. In den meisten Fällen wird man schon wegen § 58 II VwGO eine Entscheidung des Streits vermeiden können. Daher sollte lediglich formuliert werden, dass es „zwar strittig ist, ob bei der FFK eine Klagefrist analog § 74 I VwGO einzuhalten ist, was von einer Ansicht mit den Argumenten verneint wird, dass ... . Dieser Streit kann hier jedoch offen bleiben, da dann zumindest die Jahresfrist des § 58 II VwGO einschlägig wäre. Diese ist hier offensichtlich noch nicht abgelaufen."

B) Begründetheit der Fortsetzungsfeststellungsklage

Obersatz (abhängig von ursprünglicher Klagesituation)

Der einleitende Obersatz richtet sich nach der ursprünglich erhobenen Klage. Handelte es sich um eine Anfechtungsklage, so ist auf § 113 I S.1 VwGO abzustellen. Die Klage ist begründet, wenn der VA rechtswidrig war und den Kläger in seinen Rechten verletzt hat. *337*

---

[109] Besteht man auf der Durchführung eines Widerspruchsverfahrens ist § 74 I S. 1 VwGO analog zu zitieren.

Handelt es sich ursprünglich um eine Verpflichtungsklage, ist die Fortsetzungsfeststellungsklage entsprechend § 113 V VwGO begründet, wenn die Ablehnung des VA rechtswidrig war und den Kläger in seinen Rechten verletzt hat.

I. Lag ursprünglich die Situation der Anfechtungsklage vor, so ist die Fortsetzungsfeststellungsklage begründet, wenn der VA rechtswidrig war und den Kläger in seinen Rechten verletzte, § 113 I S. 1 u. S. 4 VwGO. Die weitere Begründetheitsprüfung erfolgt dann wie unter Rn. 154 ff. *338*

II. Für die Situation der Verpflichtungsklage orientiert sich der Prüfungsaufbau an Rn. 287 ff. *339*

§ 6 ALLGEMEINE LEISTUNGSKLAGE[110]

A) Zulässigkeit der Klage

I. Eröffnung des Verwaltungsrechtswegs

oft Probleme i.R.d.
§ 40 VwGO

Innerhalb dieser Klage kommt es häufig bereits zu Proble-   340
men innerhalb des Prüfungspunktes „Eröffnung des Verwaltungsrechtsweges". Dies ergibt sich daraus, dass mit ihrer
Hilfe anderes Verwaltungshandeln als ein Verwaltungsakt
begehrt wird, dessen Rechtscharakter oft nicht so leicht fest-
stellbar ist.

Wird eine vertragliche Leistung begehrt, muss zwischen einem zivilrechtlichen und einem öffentlich-rechtlichen **Vertrag**
abgegrenzt werden. Maßgeblich dafür ist der Vertragsinhalt.
Gehört dieser zu einer Materie, die gesetzlich im öffentlichen
Recht geregelt ist, liegt ein öffentlich-rechtlicher Vertrag vor.

hemmer-Methode: Beachten Sie, dass allein aus der Mitwirkung einer Behörde noch nicht auf den öffentlich-
rechtlichen Charakter geschlossen werden kann. Vielmehr
kann auch eine Behörde rein privatrechtlich tätig werden, so
etwa im Bereich der fiskalischen Hilfsgeschäfte (Kauf von
Bleistiften für die Stadtverwaltung) sowie i.R.d. Erwerbswirt-
schaft (bspw. dem Betrieb einer gemeindeeigenen Brauerei).

Wider-
ruf/Unterlassung

Wird der Widerruf einer Äußerung oder das Unterlassen ei-   341
ner Handlung begehrt, so kommen als Anspruchsgrundlage
zwei Rechtssätze in Betracht:

⇨   der zivilrechtliche Widerrufs- und Unterlassungsan-
     spruch analog §§ 1004, 823 I BGB, oder

⇨   der ungeschriebene öffentlich-rechtliche Widerrufs- und
     Unterlassungsanspruch.

Kehrseitentheorie

Nach der „Kehrseitentheorie" des BVerwG entspricht der   342
Charakter des Widerrufsanspruchs dem Charakter des zu
widerrufenden Verhaltens.

Eine öffentlich-rechtliche Äußerung kann nur öffentlich-
rechtlich widerrufen werden. In diesen Fällen muss daher innerhalb des § 40 I VwGO darauf abgestellt werden, in welchem Zusammenhang eine Äußerung gefallen ist.

---

[110] Ausführlich Hemmer/Wüst, Verwaltungsrecht II, Rn. 163 ff.

hemmer-Methode: Das Problem liegt hier darin, dass es sich bei den Äußerungen um Realakte handelt. Es kann daher bei der Zuordnung nicht wie üblich auf die Rechtsgrundlage abgestellt werden. Stattdessen muss nach dem Sachzusammenhang gefragt werden.

Bsp. 1: Der Bundesgesundheitsminister warnt in öffentlichen Auftritten beständig vor den Gefahren des Rauchens.

Bsp. 2: Der städtische Beamte B erzählt abends in der Kneipe seinen Stammtischbrüdern, der Unternehmer X habe die Gemeinde „über den Tisch ziehen wollen".

Im ersten Beispiel liegt klar ein öffentlich-rechtlicher Zusammenhang vor. Die Wirkung einer solchen Warnung stützt sich bspw. zu einem großen Teil auf die Amtsautorität des Ministers. Die Äußerung im zweiten Beispiel hingegen hätte jeder andere der Stammtischbrüder auch tätigen können. Hier fehlt es an einem Zusammenhang mit öffentlicher Tätigkeit, sodass eine Zivilrechtsstreitigkeit vorliegt.

hemmer-Methode: Vergleichen Sie hierzu Fall 39 in „Die 44 wichtigsten Fälle nicht nur für Anfangssemester" von Hemmer/Wüst.

II. Klageart

Ziel: anderes Verwaltungshandeln als ein Verwaltungsakt

Begehrt wird ein Verwaltungshandeln, das kein Verwaltungsakt ist (Leistungs-Vornahme-Klage) oder eine Abwehr eines staatlichen Zugriffs durch die Geltendmachung eines Unterlassungsanspruchs (Leistungs-Unterlassungs-Klage). Die Leistung der Behörde darf in Abgrenzung zur Verpflichtungsklage gerade nicht im Erlass eines VA liegen (dazu oben Rn. 266 ff.).

343

hemmer-Methode: Erwänt werden sollte in einer Klausur auch, dass die Leistungsklage im Gesetz nicht ausdrücklich geregelt wurde. Die Formulierung in der Klausur nach der Feststellung des Klagebegehrens könnte etwa lauten: „In Betracht kommt dafür die Erhebung einer allgemeinen Leistungsklage. Diese ist in der VwGO nicht besonders geregelt, wird aber in zahlreichen Vorschriften, etwa in §§ 43 II, 111, 113 IV VwGO, als selbstverständlich bestehend vorausgesetzt."

Bsp.: Auskunftserteilung, Folgenbeseitigung, Unterlassung bestimmten Verwaltungshandelns, Leistungs- und Ersatzansprüche aus Verwaltungsverträgen, insbesondere Klagen auf Erfüllung oder auf Schadensersatz bei Scheitern eines Vertrages.

hemmer-Methode: Bei allen auf eine Geldzahlung gerichteten Klagen ist aber darauf zu achten, ob es sich um einen unmittelbaren Zahlungsanspruch handelt. Sieht das Gesetz vor der Zahlung eine Festsetzung der Leistung durch die Behörde vor, muss Verpflichtungsklage auf Erlass dieses VA erhoben werden (dazu oben Rn. 273).

III.   Klagebefugnis, § 42 II VwGO analog

§ 42 II VwGO analog

Nach ganz überwiegender Ansicht, die Popularklagen verhindern möchte, ist eine analoge Anwendung des § 42 II VwGO erforderlich.

344

Zu formulieren ist dieser Punkt wie bei der Verpflichtungsklage, d.h. es ist auf einen möglichen **Anspruch** abzustellen.

IV.   Vorverfahren, §§ 68 ff. VwGO

grds. kein Vorverfahren

Ein solches ist bei der Leistungsklage nicht durchzuführen. Eine Ausnahme gilt gem. § 126 III BRRG in beamtenrechtlichen Streitigkeiten.

345

V. Klagefrist

keine Frist

Auch die Einhaltung einer Klagefrist ist bei der allgemeinen Leistungsklage nicht vorgesehen. Zu achten ist lediglich auf die Grenze der Verwirkung (dazu oben Rn. 137 ff.).

346

VI.   Rechtsschutzbedürfnis

allgemeines Rechtsschutzbedürfnis

Das Rechtsschutzbedürfnis fehlt regelmäßig dann, wenn der Kläger sein Ziel auf einem anderen, außergerichtlichen Weg leichter und schneller erreichen kann.

347

Innerhalb der allgemeinen Leistungsklage ist das Rechtsschutzbedürfnis vor allem in zwei typischen Fällen zu problematisieren:

1. Klage der Behörde gegen den Bürger

Bürgerverurteilungs-
klage

Dieser Fall tritt auf, wenn eine Behörde mit einem Bürger ei- *348*
nen öffentlich-rechtlichen Vertrag geschlossen hat, in dem
sich der Bürger zur Erbringung einer bestimmten Geldleistung verpflichtet hat. Nachdem der Bürger die Zahlung ver-
weigert, erhebt die Behörde gegen ihn Klage.

Ziel einer solchen Klage ist letztlich, sich einen gerichtlichen *349*
Titel zu verschaffen und seinen Anspruch im Wege der
Zwangsvollstreckung zu realisieren, §§ 167 ff. VwGO.

Einen solchen Titel stellt aber auch ein VA dar. Diesem
kommt, soweit er eine Leistungspflicht des Bürgers enthält,
Titelfunktion zu. Dies bedeutet, dass die Behörde aus ihren
VAen ohne die Zuhilfenahme eines Gerichts nach den Gesetzen über die Verwaltungsvollstreckung[111] eigenständig
vollstrecken kann.

einfacherer Weg
durch Leistungs-
bescheid

Dementsprechend ließe sich argumentieren, dass der Be- *350*
hörde für eine Klage gegen den Bürger das Rechtsschutzbedürfnis fehlt, weil sie auf einem einfacheren und schnelleren Weg – nämlich über den Erlass eines VA – ebenfalls an
einen Titel kommt.

(-), soweit sich Be-
hörde durch öff.-r.
Vertrag auf eine Stufe
mit Bürger gestellt hat

Gegen diese Argumentation ist aber einzuwenden, dass ei- *351*
ne Behörde, die einen öffentlich-rechtlichen **Vertrag** mit dem
Bürger geschlossen hat, sich in diesem Regelungskomplex
auf die Ebene der Gleichordnung begeben und damit keinen
Verwaltungsakt mehr erlassen darf. Die Behörde muss sich
an die vertraglichen „Spielregeln" halten und deshalb für die
Durchsetzung den Weg über die Gerichte wählen. Das
Rechtsschutzbedürfnis ist in diesen Fällen also zu bejahen.

2. Vorbeugende Unterlassungsklage

vorbeugende Unter-
lassungsklage

Bei der vorbeugenden Unterlassungsklage wehrt sich der
Bürger gegen Verwaltungshandeln, das noch nicht stattgefunden hat, sondern erst in der Zukunft (möglicherweise)
stattfinden wird.

Hier ist zunächst klarzustellen, dass es sich beim vorbeu- *352*
genden (präventiven) Rechtsschutz um eine Ausnahme vom
Rechtsschutzsystem der VwGO handelt, da dieses vom Regelfall des repressiven Rechtsschutzes ausgeht.

---

[111] Des Bundes und der Länder.

Zunächst muss der Bürger einen Eingriff über sich ergehen lassen, dann kann er sich gegen ihn zur Wehr setzen. Hintergrund ist auch hier wieder die Gewaltenteilung (dazu oben Rn. 187). Die Gerichte dürfen grundsätzlich nur abgeschlossenes Verwaltungshandeln überprüfen, nicht aber in laufendes Verwaltungshandeln eingreifen.

nur in Ausnahmefällen zulässig

Daher müssen besondere Gründe vorliegen, die es rechtfertigen, den VA oder die behördliche Handlung nicht abzuwarten, bevor der Rechtsschutz eingreift. Dies liegt insbesondere in den Fällen der Gefahr faktischen Vollzugs, fehlender Angemessenheit oder Effektivität repressiven Rechtsschutzes vor, oder wenn der Rechtsschutz nur über eine Anfechtung einer Vielzahl von VAen erreicht werden könnte. Dabei ist vor allem bei Klagen, die auf die Unterlassung eines bestimmten VA gerichtet sind, Vorsicht geboten, da hier die VwGO über die aufschiebende Wirkung von Widerspruch und Anfechtungsklage, § 80 I VwGO, einen sehr wirkungsvollen repressiven Rechtsschutz zur Verfügung stellt.

353

hemmer-Methode: Der vorbeugende Rechtsschutz ist nicht zu verwechseln mit dem vorläufigen (= einstweiligen) Rechtsschutz. Zwar handelt es sich jeweils regelmäßig um eine Eilentscheidung, allerdings trifft der vorbeugende Rechtsschutz eine endgültige Regelung, der einstweilige Rechtsschutz nur eine Übergangslösung bis zum Ausgang der Hauptsache.

VII. Sonstige Zulässigkeitsvoraussetzungen

wie bei Anfechtungsklage

Es sind dieselben weiteren Prozessvoraussetzungen anzusprechen wie bei Anfechtungs- und Verpflichtungsklage, also etwa die Beteiligten- und Prozessfähigkeit oder die Frage der ordnungsgemäßen Klageerhebung.

354

B) Begründetheit der allgemeinen Leistungsklage

Obersatz

Der Obersatz wird grundsätzlich wie bei der Verpflichtungsklage formuliert, wobei auf den geltend gemachten Anspruch abzustellen ist. Dieser sollte wie folgend lauten:

355

„Die Klage ist begründet, wenn dem Kläger der behauptete Anspruch zusteht."

besteht Anspruch?

Im Folgenden ist zu entscheiden, ob der geltend gemachte Anspruch besteht. Insbesondere sind hier also die Voraussetzungen von Vertragsansprüchen oder Folgenbeseitigungs- bzw. Erstattungsansprüchen zu prüfen.

356

I. Folgenbeseitigungsanspruch

Beseitigung eines rechtswidrigen Zustands

Der Folgenbeseitigungsanspruch (FBA) richtet sich auf die Beseitigung eines rechtswidrigen Zustands, der auf eine hoheitliche Handlung zurückzuführen ist. *357*

> **Bsp.:** *Bei Straßenbauarbeiten wird das Haus eines Anwohners beschädigt.*

Gesetzlich ist dieser Anspruch nicht geregelt, er wird allerdings in § 113 I S. 2 VwGO als bestehend vorausgesetzt. Ist ein rechtswidriger VA vollzogen, kann die Rückgängigmachung des Vollzugs i.R.e. Annexantrags zur Anfechtungsklage verlangt werden.

Herleitung des FBA

Die **Herleitung des FBA** ist umstritten. Vertreten wird hier u.a. eine Analogie zu § 1004 BGB, ein Anspruch aus den einschlägigen Grundrechten als Abwehrrechten, eine Ableitung aus dem Rechtsstaatsprinzip sowie ein Rückgriff auf Gewohnheitsrecht. Im Ergebnis kann die genaue Anspruchsgrundlage offengelassen werden, da Einigkeit über die Existenz und die folgenden Anspruchsvoraussetzungen besteht. *358*

⇨ hoheitlicher Eingriff in subjektives Recht

⇨ dadurch geschaffener, andauernder Zustand

⇨ Rechtswidrigkeit des Zustandes (entfällt bei Duldungspflicht bspw. aus Gesetz oder VA)

⇨ technische und rechtliche Möglichkeit sowie Zumutbarkeit der Beseitigung des Zustands

⇨ Mitverschulden, § 254 BGB analog (h.M.)

Rechtsfolge des FBA ist die Wiederherstellung des ursprünglichen Zustands. *359*

hemmer-Methode: Der FBA ist das Thema von Fall 40 in „Die 44 wichtigsten Fälle nicht nur für Anfangssemester" von Hemmer/Wüst.

II. Vertragsansprüche

Öff.-r. Vertrag

Für Ansprüche aus einem öffentlich-rechtlichen Vertrag kann grundsätzlich auf den aus dem Zivilrecht bekannten Aufbau zurückgegriffen werden. *360*

Zu prüfen ist demnach, ob der öffentlich-rechtliche Vertrag ordnungsgemäß durch zwei übereinstimmende Willenserklärungen zustande gekommen und im Übrigen wirksam ist.

Im Einzelnen kann folgendermaßen vorgegangen werden:

1. Vorliegen eines Vertrages

Abgrenzung zum mitwirkungsbedürftigen VA

Hier kann sich das Abgrenzungsproblem zu einem mitwirkungsbedürftigen VA stellen, bei dem der Bürger ebenfalls beteiligt ist, insbesondere durch eine notwendige Antragstellung. Der Unterschied liegt darin, dass bei einem VA der Bürger zu einer vorgegebenen Regelung seine Zustimmung erteilen soll, sonst fehlt dem VA eine Rechtmäßigkeitsvoraussetzung. Bei einem Vertrag kann der Bürger dagegen auf den Inhalt der Regelung zumindest theoretisch Einfluss nehmen.

361

hemmer-Methode: Beachten Sie, dass das Kriterium der „Einflussnahme" auf den Vertragsinhalt nicht zu wörtlich genommen werden darf. Auch im öffentlichen Recht gibt es zahlreiche vorformulierte Verträge, deren Regelungsgehalt akzeptiert werden muss, ohne dass eine Veränderung verhandelbar ist. Dennoch wird es sich um eine vertragliche Regelung handeln, wenn im Sachverhalt von „schriftlicher Vereinbarung", „Übereinkunft", „Vergleich" etc. die Rede ist.

2. Zustandekommen des Vertrages

Vertragsschluss

Das Zustandekommen des öffentlich-rechtlichen Vertrages richtet sich nach den aus dem Zivilrecht bekannten Grundsätzen von Angebot und Annahme (vgl. §§ 145 ff. BGB), § 62 S. 2 VwVfG.

362

3. Wirksamkeit des Vertrages

Nichtigkeitsgrund i.S.d. § 59 VwVfG

Der Vertrag ist – auch wenn er rechtswidrig ist – wirksam, wenn kein Nichtigkeitsgrund im Sinne des § 59 VwVfG eingreift. Allerdings knüpft § 59 VwVfG an die Rechtswidrigkeit des Vertrages an, sodass zunächst diese Rechtswidrigkeit geprüft werden kann, um so dann im Anschluss daran ggf. die Rechtsfolge der Rechtswidrigkeit festzustellen.

363

hemmer-Methode: Aus diesem Grund wäre es dogmatisch am Genauesten, ausgehend von den Nichtigkeitsgründen des § 59 VwVfG, eventuelle Fehler zu suchen.

Übersichtlicher ist es allerdings, wenn Sie – nachdem Sie § 59 VwVfG als Nichtigkeitsgrund erwähnt haben – zunächst die Rechtswidrigkeit des Vertrages prüfen und sich dann fragen, ob das Gesetz an diese Rechtswidrigkeit in § 59 VwVfG die Rechtsfolge der Nichtigkeit knüpft.

a) Formelle Rechtmäßigkeit des Vertrages

formelle Rechtmäßigkeit

Wie bei der Prüfung der Rechtmäßigkeit eines VA ist auch hier die Zuständigkeit der am Vertrag beteiligten Behörde für den Regelungsgehalt des Vertrages zu klären, außerdem die Frage nach einem rechtmäßigen Verfahren.

364

Dabei ist hier wieder an das Verfahren etwa im Gemeinderat zu denken, sowie an die Einhaltung der vorgeschriebenen Form, wobei insbesondere §§ 57, 58 VwVfG zu beachten sind.

hemmer-Methode: Auch wenn es um einen öffentlich-rechtlichen Vertrag geht, sollten Sie ruhig in zivilrechtlichen Bahnen denken. Liegt bei Vertragsschluss ein Willensmangel vor, so finden über § 62 S. 2 VwVfG die Vorschriften der §§ 116 ff. BGB Anwendung.

b) Materielle Rechtmäßigkeit des Vertrages

aa) Vertragsformverbot

materielle Rechtmäßigkeit
Vertragsformverbot

Geklärt werden muss zuerst, ob der Vertrag als solcher in dem Rechtsgebiet, in dem die Regelung erfolgt ist, überhaupt gesetzlich zugelassen ist (sog. „Vertragsformverbot").

365

Dabei ist zu beachten, dass § 54 S. 1 VwVfG den Vertrag generell zulässt, d.h. es muss sich eine klare Regelung oder eine eindeutige Gesetzesauslegung finden, wenn der Vertrag verboten sein soll.

hemmer-Methode: Das Vertragsformverbot ist eine Frage der materiellen Rechtmäßigkeit und hat nichts mit der formellen Rechtmäßigkeit, vgl. insbes. § 57 VwVfG, zu tun.

Solche Verbote ergeben sich z.B.:   *366*

⇨   im Abgabenrecht,

⇨   bei Prüfungsentscheidungen,

⇨   im Beamtenrecht oder

⇨   innerhalb der Bauleitplanung. Dort ergibt sich aus § 1 III
      S. 2 HS 2 BauGB, dass ein Anspruch auf eine Bauleit-
      planung auch nicht durch Vertrag begründet werden
      kann.

wenn (-): § 59 VwVfG   Wird gegen das Vertragsformverbot verstoßen, so ist der   *367*
i.V.m. § 134 BGB   Vertrag gemäß § 59 I VwVfG i.V.m. § 134 BGB nichtig (dazu
                          unten Rn. 372).

bb) Vertragsinhalt

möglicher Inhalt   Nach § 54 S. 1 VwVfG kann ein Verwaltungsvertrag ge-   *368*
                     schlossen werden, „soweit Rechtsvorschriften nicht entge-
                     genstehen".

Daraus folgt: Der Inhalt des Vertrages darf nicht gegen höherrangiges Recht verstoßen; er muss mit dem geltenden
Recht in Einklang stehen (Vorrang des Gesetzes, dazu oben
Rn. 160). Der Grundsatz vom Vorbehalt des Gesetzes gilt allerdings nicht.

hemmer-Methode: Insbesondere die Grundrechte erfordern
hier keinen Gesetzesvorbehalt. Auch wenn der Bürger im
Vertrag zu einer Leistung verpflichtet wird, stellt dies keinen
grundrechtsrelevanten Eingriff dar. Vielmehr verkörpert der
freiwillige Vertragsschluss gerade die Ausübung der (Frei-
heits-)Grundrechte.

Abweichungen von der Rechtsordnung sind allein nach   *369*
Maßgabe des § 55 VwVfG (Vergleichsvertrag) zulässig. Wird
zur Beseitigung einer rechtlichen oder tatsächlichen Unge-
wissheit ein Vertrag im Wege des gegenseitigen Nachge-
bens geschlossen, so ist dieser auch dann rechtmäßig,
wenn sich später herausstellt, dass der Vergleich mit der tatsächlichen Rechts- oder Sachlage nicht vereinbar ist.

§ 56 VwVfG für Leis-   Während die Behördenleistung allein am Vorrang des Ge-   *370*
tung des Bürgers   setzes zu beurteilen ist, muss sich eine eventuelle Bürger-
                          leistung zudem noch an § 56 VwVfG messen lassen.

hemmer-Methode: Machen Sie nie den Kardinalfehler, die Behördenleistung an § 56 VwVfG zu messen. Dies würde als Verständnisfehler und besonders schwerwiegend bewertet werden.

Die Bürgerleistung muss demnach | 371

⇨ für einen bestimmten Zweck im Vertrag vereinbart werden,

⇨ der Behörde zur Erfüllung ihrer Aufgaben dienen,

⇨ angemessen sein **und**

⇨ im sachlichen Zusammenhang mit der Behördenleistung stehen.

c) Rechtsfolge der Rechtswidrigkeit

Nichtigkeit

Rechtsfolgen im Hinblick auf eine aus dem Vertrag folgende | 372
Leistung können nur dann nicht mehr abgeleitet werden, wenn der Vertrag nichtig ist, d.h. wenn der festgestellte Mangel so schwerwiegend ist, dass er zu einem Nichtigkeitsgrund i.S.d. § 59 VwVfG führt. Dabei sind zunächst die speziellen Nichtigkeitsgründe des § 59 II VwVfG zu prüfen, bevor § 59 I VwVfG i.V.m. Vorschriften des BGB untersucht wird.

hemmer-Methode: Nicht jeder rechtswidrige öffentlich-rechtliche Vertrag ist also auch nichtig. Die Nichtigkeit tritt vielmehr nur bei Fehlern ein, welche unter § 59 VwVfG subsumiert werden können. Allerdings gilt über § 59 I VwVfG auch § 134 BGB entsprechend, sodass man bei jedem Verstoß gegen ein Verbotsgesetz zur Nichtigkeit gelangen könnte. Dies würde aber die Aufzählung des § 59 II VwVfG überflüssig machen. Wann § 59 I VwVfG i.V.m. § 134 BGB angewendet werden darf, ist deshalb weithin ungeklärt. Letztlich sollten Sie hier in der Klausur abwägen, ob der Mangel des Vertrages so schwer wiegt, dass die Annahme der Nichtigkeit gerechtfertigt erscheint oder nicht.
Verträge, die zwar rechtswidrig, aber nicht nichtig sind, können anders als „schlicht rechtswidrige" VAe nicht durch eine Klage aus der Welt geschafft werden. Sie sind vielmehr vollumfänglich wirksam. Allein über § 60 VwVfG (lesen!), der § 313 I BGB (Störung der Geschäftsgrundlage) entspricht, ist unter Umständen eine Vertragsanpassung oder Kündigung möglich.

§ 7 ALLGEMEINE FESTSTELLUNGSKLAGE[112]

A) Zulässigkeit der allgemeinen Feststellungsklage

I. Eröffnung des Verwaltungsrechtswegs

streitentscheidende Normen

Auch hier ist im Rahmen des § 40 I S. 1 VwGO insbesondere zu prüfen, ob eine öffentlich-rechtliche Streitigkeit vorliegt. Anzuwenden ist das vorrangige Kriterium der streitentscheidenden Vorschriften.

373

II. Klageart

Feststellungsklagen

Das Klagebegehren bei einer Feststellungsklage betrifft entweder die Feststellung des Bestehens („positive" Feststellungsklage) oder Nichtbestehens („negative" Feststellungsklage) eines Rechtsverhältnisses oder der Nichtigkeit eines VA. Die allgemeine Feststellungsklage ist eine eigenständige Klageart, welche in § 43 VwGO geregelt ist.

374

1. Rechtsverhältnis

Begriffsbestimmung

Der Begriff des Rechtsverhältnisses ist grundsätzlich weit auszulegen. Es liegt immer vor, wenn es um die sich aus einer Rechtsnorm des öffentlichen Rechts ergebenden rechtlichen Beziehungen zwischen einer Person zu einer anderen Person oder zu einer Sache geht. Rechtsbeziehungen zu einer Sache spielen nur dann eine Rolle, wenn sie Beziehungen zu anderen Personen vermitteln. Dabei muss der Kläger innerhalb der Zulässigkeit der Klage das Rechtsverhältnis schlüssig darlegen.

375

Das **Rechtsverhältnis muss hinreichend konkret** sein, d.h. es muss ein bestimmter, bereits überschaubarer Sachverhalt vorliegen, dessen Rechtsfolgen festgestellt werden sollen. Das sich daraus ergebende Rechtsverhältnis oder einzelne daraus resultierende Rechte und Pflichten müssen streitig, d.h. vom Prozessgegner bestritten sein, oder der Prozessgegner muss sich des Rechtsverhältnisses oder einzelner Rechte oder Pflichten daraus „berühmen". Der Streit über **abstrakte Rechtsfragen** reicht dafür nicht aus.[113]

376

---

[112] Umfassend Hemmer/Wüst, Verwaltungsrecht II, Rn. 292 ff.
[113] Vgl. BVerwG, NVwZ 2007, 1428 = **Life & Law 2008, 329.**

Bspe.:

- *Feststellung der Genehmigungsfreiheit einer bestimmten Tätigkeit, z.B. eine Feststellungsklage im Straßenrecht, dass es sich bei der Ausübung etwa von Straßenkunst nicht um eine Sondernutzung handelt, oder eine Feststellungsklage im Baurecht, dass es für die Verwirklichung eines Vorhabens keiner Baugenehmigung bedarf.*

Beide Fälle setzen ein Verhalten der Behörde voraus, durch das der Betroffene aufgefordert werden soll, eine Genehmigung zu beantragen.

- *Feststellung der Mitgliedschaft in einer Körperschaft, z.B. des Status eines Gemeinderats.*

- *Feststellung, dass eine Zwangsmitgliedschaft z.B. in der Handwerkskammer nicht begründet wurde.*

2. Feststellung der Nichtigkeit eines VA

Nichtigkeits-
feststellung

Die Nichtigkeit des angegriffenen VA ist hier plausibel geltend zu machen, d.h. ein besonders schwerwiegender Mangel i.S.d. § 44 VwVfG ist zu behaupten. Ist die Nichtigkeit nicht auf Anhieb erkennbar, so ist auch zunächst die Erhebung einer Anfechtungsklage zulässig. Erst wenn sich die Nichtigkeit im Laufe des Prozesses herausstellt, muss der Kläger auf eine Nichtigkeitsfeststellungsklage umstellen, § 86 III VwGO.

377

hemmer-Methode: Das sichere Anwenden der Möglichkeiten der Auslegung des Klagebegehrens gem. § 88 VwGO und der Klageumstellung auf richterlichen Hinweis gem. § 86 III VwGO sollten Sie beherrschen. Die Grenzen zwischen den beiden Möglichkeiten sind fließend.
Sollte in einer Klausur ein Klageantrag gestellt werden, aus dem sich nicht eindeutig ergibt, was der Kläger erreichen will, oder wird der Klageantrag reduziert auf ein „Weniger" (z.B. von Anfechtungs- auf Feststellungsklage), so sollte der Weg über § 88 VwGO gewählt werden.
Wird dagegen ein präziser, nicht auslegungsfähiger Antrag gestellt oder der Klageantrag erweitert, dann bleibt der Weg über § 86 III VwGO. Es ist dann in der Klausur nach Feststellung der eigentlich richtigen Klageart auszuführen, dass „der Richter einen Hinweis gem. § 86 III VwGO geben wird, sodass nachfolgend von einer ... -klage ausgegangen werden kann."

III. Subsidiarität, § 43 II S. 1 VwGO

Subsidiarität

Die Subsidiarität gilt zwar auch gegenüber der allgemeinen Leistungsklage, sie ist aber insbesondere gegenüber Anfechtungs- und Verpflichtungsklagen zu beachten, da sie dort den Zweck hat, eine Umgehung der strengeren Prozessvoraussetzungen dieser Klagearten zu verhindern.

378

1. Rechtsfolge der Subsidiarität

Folge: u.U. Unzulässigkeit

Die Feststellungsklage ist unzulässig, wenn der Kläger den von ihm verfolgten Zweck mit einer anderen, von der VwGO vorgesehenen Klage ebenso gut oder besser erreichen kann.

379

hemmer-Methode: Vor einer Abweisung als unzulässig muss allerdings der Richter i.d.R. auf den Gesichtspunkt der Subsidiarität und der Möglichkeit einer Klageumstellung hinweisen, § 86 III VwGO.

Der Ausschluss gilt aber nur dann, wenn durch die anderen Klagemöglichkeiten Rechtsschutz in zumindest gleichem Umfang und mit gleicher Effektivität erreicht würde.

2. Ausnahmen von der Subsidiarität:

Ausnahmen

⇨ Zunächst ist die gesetzlich geregelte Ausnahme des § 43 II S. 2 VwGO zu beachten. Wird die Feststellung der Nichtigkeit eines VA begehrt, so gibt es für die Erreichung dieses Klagezieles einzig und allein die Feststellungsklage, sodass eine Subsidiarität nicht eintreten kann.

380

⇨ Der Kläger behauptet, Rechte auch ohne Rücksicht auf eine mit einer Verpflichtungsklage verfolgbare behördliche Genehmigung zu haben, z.B. indem er geltend macht, sein Verhalten bedarf keiner Erlaubnis. Er kann dann nicht aufgrund einer Subsidiaritätsregelung zur Beantragung einer Genehmigung gezwungen werden, die er nicht erstrebt.

⇨ Eine mögliche Anfechtungsklage könnte nur zur Klärung von Teilfragen führen.

⇨ Ohne Feststellung müssten eine Vielzahl von Anfechtungsprozessen geführt werden.

⇨ Eine Rechtsverfolgung durch eine andere Klage ist aus sonstigen Gründen unzumutbar.

str. bei Klage gg.
Träger öff. Gewalt

Strittig ist die Rechtslage, wenn sich die Feststellungsklage gegen einen Träger der öffentlichen Gewalt richtet. **381**

Nach einer Ansicht ist hier auf Art. 20 III GG abzustellen, wonach die öffentliche Hand an Gesetz und Recht gebunden ist und sich deshalb ohne weiteres an der gerichtlichen Feststellung orientieren wird. **328**

Gegen diese Ansicht spricht neben dem eindeutigen Wortlaut, dass damit der Grundsatz der Subsidiarität weitgehend ausgehöhlt würde, da der Großteil aller Klagen vor den Verwaltungsgerichten gegen einen Träger der öffentlichen Gewalt gerichtet ist. **383**

Zudem regeln §§ 170, 172 VwGO die Vollstreckung gegen die öffentliche Hand. Demnach ist also der Gesetzgeber selbst davon ausgegangen, dass sich auch die öffentliche Hand nicht immer freiwillig an ein Gerichtsurteil halten wird.

Keine Subsidiarität besteht auch im Verhältnis zur Normenkontrollklage gem. § 47 VwGO, da die beiden Rechtsschutzmittel völlig andere Zielsetzungen verfolgen. **384**

Mit der Normenkontrolle wird die Feststellung der Ungültigkeit einer Rechtsvorschrift begehrt, § 47 V VwGO, mit der allgemeinen Feststellungsklage das (Nicht-) Bestehen eines konkreten Rechtsverhältnisses.

Die allgemeine Feststellungsklage ist auch dann möglich, wenn ihre Begründetheit von einer Inzidentprüfung einer nach § 47 VwGO überprüfbaren Norm abhängt. **385**

hemmer-Methode: Die allgemeine Feststellungsklage ist in einem solchen Fall besonders dann interessant, wenn die Frist des § 47 II S. 2 VwGO für eine Normenkontrolle abgelaufen ist. Die allgemeine Feststellungsklage bleibt von diesem Fristablauf unberührt.

IV. Berechtigtes Interesse an der baldigen Feststellung, § 43 I VwGO

berechtigtes Interesse

Als berechtigtes Interesse gilt danach jedes nach vernünftigen Erwägungen anzuerkennende schutzwürdige Interesse auch rechtlicher, wirtschaftlicher oder ideeller (politischer, kultureller, religiöser) Art. Es muss nur hinreichend gewichtig sein. **386**

Dazu ist auf die Interessenlage im Einzelfall abzustellen.

Das Tatbestandsmerkmal der „baldigen" Feststellung hat kaum eigene Bedeutung. Es weist lediglich darauf hin, dass die Feststellung nicht nur Bedeutung für eine ferne Zukunft haben darf.

Fallgruppen

Anerkannte Fallgruppen des Feststellungsinteresses sind: 387

⇨ Bestehen einer unklaren Rechtslage, die von der Behörde anders interpretiert wird als vom Kläger; dieser will sein künftiges Verhalten an der Feststellung orientieren oder er hat Grund zur Besorgnis der Gefährdung seiner Rechte.

⇨ Die Klärung des Rechtsverhältnisses dient der Wahrung oder Wiederherstellung von Rechtspositionen; dies kann als Rehabilitationsinteresse bezeichnet werden.

⇨ Wiederholungsgefahr, d.h. der konkret streitige Sachverhalt zeichnet sich in ähnlichem Umfang bereits wieder ab.

hemmer-Methode: Hinterlassen Sie aber in einer Klausur nicht den Eindruck, das Feststellungsinteresse mit stur auswendig gelernten Fallgruppen zu bejahen. Leiten Sie diesen Prüfungspunkt vielmehr mit den oben genannten generellen Erwägungen ein, bevor Sie auf das konkret gegebene Interesse abstellen.

V. Klagebefugnis, § 42 II VwGO analog

Klagebefugnis?

Es ist strittig, ob auch bei dieser Klageart eine Geltendmachung der Verletzung in eigenen Rechten analog § 42 II VwGO zu fordern ist. 388

e.A.: § 43 I VwGO a.E. als lex specialis

Nach einer Ansicht in der Literatur kommt es auf § 42 II VwGO nicht an, da in diesem Fall die Regelung des berechtigten Interesses in § 43 I VwGO a.E. als lex specialis anzusehen ist. Es reicht dann aus, wenn der Kläger am Rechtsverhältnis beteiligt ist und sein künftiges Verhalten von der Feststellung abhängig machen will. 389

h.M.: § 42 II VwGO analog

Nach der überwiegenden Ansicht der Rechtsprechung und Großteilen der Literatur sollen auch hier Popularklagen ausgeschlossen sein. 390

B) Begründetheit der Feststellungsklage

Obersatz

Der auch hier zu formulierende Obersatz richtet sich nach dem Klagebegehren, benennt also das festzustellende Rechtsverhältnis oder den möglicherweise nichtigen VA. *391*

I. Nichtigkeitsfeststellungsklage

Nichtigkeitsfeststellung: § 44 VwVfG?

Hier ist auf das Vorliegen von Nichtigkeitsgründen entweder i.S.d. § 44 VwVfG abzustellen. Hierbei ist zunächst nach zwingenden Nichtigkeitsgründen nach § 44 II VwVfG zu fragen. Liegt keiner dieser Fehler vor, fällt der konkrete Fehler aber auch nicht unter § 44 III VwVfG, der eine Nichtigkeit ausschließt, ist § 44 I VwVfG zu prüfen. Nichtig ist ein VA bei einem schwerwiegenden, offenkundigen Fehler. Insoweit ist zu verlangen, dass der Mangel des VA einem unbefangenen Betrachter „ins Auge springt".[114] *392*

II. Positive oder negative Feststellungsklage

Feststellung eines Rechtsverhältnisses

Hier ist das Bestehen des Rechtsverhältnisses zu prüfen. Bei der begehrten Feststellung der Genehmigungsfreiheit ist auf die Tatbestände der grundsätzlichen Genehmigungspflichtigkeit abzustellen. Zu prüfen ist m.a.W., ob eine Genehmigung erforderlich wäre. Ist dies entgegen der Ansicht der Behörde nicht der Fall, so ist die Klage begründet. *393*

---

[114] Zu § 44 VwVfG s.bereits o. Rn. 63 ff, 377.

§ 8 NORMENKONTROLLKLAGE[115]

Entscheidung über die Gültigkeit bestimmter untergesetzlicher Rechtsvorschriften

Nach § 47 VwGO besteht die Möglichkeit einer Prüfung bestimmter untergesetzlicher Rechtsnormen durch das OVG. Dabei ist stets auf die richtige Bezeichnung des Gerichts zu achten. Statt der Bezeichnung als OVG wird in einigen Bundesländern die Bezeichnung VGH verwendet, die gem. § 184 VwGO weitergeführt werden darf (z.B. Art. 1 I BayAGVwGO, § 11 HessAGVwGO).

394

A) Zulässigkeit der Normenkontrollklage

I. Tauglicher Prüfungsgegenstand

Streitgegenstand: Norm (und nicht VA o.ä.)

Im Gegensatz zur inzidenten Normenkontrolle innerhalb einer anderen verwaltungsgerichtlichen Klage, bei der etwa ein VA Streitgegenstand ist, der seine Rechtsgrundlage in einer untergesetzlichen Vorschrift findet, ist hier die Norm selbst Streitgegenstand, es handelt sich um eine sog. „prinzipale" Normenkontrolle.

395

1. § 47 I Nr. 1 VwGO, Satzungen nach dem BauGB

§ 47 I Nr. 1 VwGO: baurechtl. Satzung

Das BauGB kennt für zahlreiche Regelungen die Form der Satzung. Darauf stellt § 47 I Nr. 1 VwGO ab. Die wichtigsten Satzungsregeln sind diejenigen

396

⇨ für Bebauungspläne, § 10 BauGB;

⇨ für Veränderungssperren, §§ 14, 16 I BauGB;

⇨ für Satzungen nach § 34 IV BauGB;

⇨ für Erschließungssatzungen, § 132 BauGB.

nicht FINP

Keine Satzung ist der Flächennutzungsplan. Dieser stellt lediglich einen vorbereitenden Plan dar, vgl. § 1 II BauGB. Allerdings lässt das BVerwG einen Normenkontrollantrag analog § 47 I Nr. 1 VwGO gegen Darstellungen eines Flächennutzungsplans zu, die nach § 35 III S. 3 BauGB einem privilegierten Vorhaben entgegenstehen können.[116]

397

---

[115] Umfassend Hemmer/Wüst, Verwaltungsrecht II, Rn. 350 ff.
[116] BVerwG , Urteil v. 26.04.2007, 4 CN .06, **Life & Law 2007, Heft 10 (Kompakt)**.

2. § 47 I Nr. 2 VwGO, andere, im Rang unter dem Landesgesetz stehende Rechtsvorschriften

§ 47 I Nr. 2 VwGO:
weitere Normen

Wenn das Landesrecht dies bestimmt, können auch Rechtsverordnungen und Satzungen, deren Ermächtigungsgrundlage außerhalb des BauGB im Landesrecht zu finden ist, kontrolliert werden.

398

Die weitaus meisten Bundesländer haben von dieser Möglichkeit Gebrauch gemacht, sie fehlt lediglich in Berlin, Hamburg und Nordrhein-Westfalen.

nicht Behördeninteressen

Es muss sich dabei grundsätzlich um Normen, d.h. generell-abstrakte Regelungen (⇔ VA, s.o. Rn. 53 ff.) des Außenrechts handeln.

Bloße Behördeninterna wie Verwaltungsvorschriften, allgemeine Verwaltungsanordnungen oder Richtlinien genügen nicht.

3. Zeitliche Gültigkeit des Prüfungsgegenstandes

Vorauss.: Verkündung (nicht aber Inkrafttreten)

a) Eine vorbeugende Normenkontrollklage ist über § 47 VwGO nicht möglich, d.h. tauglicher Prüfungsgegenstand kann nur eine Norm sein, die bereits erlassen, also verkündet ist.

399

Das Inkrafttreten ist dagegen keine Voraussetzung. Rechtsschutz kann von dem Moment an beansprucht werden, in dem mit dem Vollzug der Vorschrift gerechnet werden muss.

noch gültig

b) Die Rechtsnorm muss grundsätzlich noch gültig sein, darf also nicht aufgehoben worden sein.

400

II. „I.R.d. Gerichtsbarkeit" des OVG

i.R.d. Gerichtsbarkeit

Das OVG/der VGH entscheidet nach § 47 I VwGO im Rahmen seiner Gerichtsbarkeit.

401

⇨ vg. § 40 VwGO

Der Rahmen wird gesteckt von § 40 VwGO; daher müssen sich aus dem **Vollzug** der angegriffenen Rechtsnorm öffentlich-rechtliche Streitigkeiten ergeben können, die von den Verwaltungsgerichten zu entscheiden sind, unabhängig von einer bestimmten Klageart.

Sonderproblem: § 68 OWiG

Dies ist etwa nicht der Fall, wenn Normen angefochten werden, die einen Bußgeldtatbestand enthalten. Daraus können sich nur Streitigkeiten aus dem Recht der Ordnungswidrigkeiten ergeben. Dafür ist gem. § 68 I OWiG das Amtsgericht zuständig.

402

*Bsp.: Eine städtische Rechtsverordnung über Kampf-
hunde (z.B. nach Art. 18 I BayLStVG) enthält neben zahlreichen Vorschriften über Anleinpflichten etc. in ihrem
§ 20 einen Bußgeldtatbestand für den Fall bestimmter
Zuwiderhandlungen. Hundehalter A will die gesamte Verordnung angreifen. Ist die Normenkontrollklage statthaft?*

Die Verordnung stellt einen tauglichen Prüfungsgegenstand gem. § 47 I Nr. 2 VwGO, Art. 5 I BayAGVwGO dar.

Der Rahmen der Gerichtsbarkeit des BayVGH ist eröffnet, wenn sich aus dem Vollzug der angefochtenen Norm
öffentlich-rechtliche Streitigkeiten, die vor den Verwaltungsgerichten entschieden werden, ergeben können.
Aufgrund der Regelungen über Pflichten zum Anleinen
können etwa VAe erlassen werden, die auf dem Verwaltungsrechtsweg nach § 40 I VwGO angefochten werden
können.

In Vollzug der Bußgeldnorm des § 20 können jedoch nur
Bußgeldbescheide gem. Art. 3, 4 BayLStVG i.V.m. § 65
OWiG ergehen, deren Anfechtung gem. § 68 I OWiG
nach einem verwaltungsbehördlichen Vorverfahren ausschließlich in die Zuständigkeit der ordentlichen Gerichte
fällt. Damit ist die Normenkontrollklage des A bzgl. des
§ 20 der Rechtsverordnung unzulässig, im Übrigen ist sie
statthaft.

hemmer-Methode: Prägen Sie sich den „Vollzugs-Satz" ein!
So erkennen Sie die genannte Ausnahme leichter, außerdem stellen Sie eine Besonderheit des Normenkontrollver-
fahrens heraus. Wer prüft, ob die angefochtene Norm als
Streitgegenstand öffentlich-rechtlich ist gem. § 40 I VwGO
oder gar von einem öffentlich-rechtlichen Organ erlassen
wurde, zeigt geringes Verständnis. Jede Rechtsnorm wird
von einem Hoheitsträger in einem öffentlich-rechtlichen Verfahren erlassen, es handelt sich dabei also nicht um eine
taugliche Abgrenzung.

III. Antrag und Antragsbefugnis, § 47 II VwGO

1. Formelle Voraussetzungen

Antrag: §§ 81,82 VwGO

Es gelten die Vorschriften der §§ 81, 82 VwGO entspre-   403
chend, d.h. notwendig ist ein schriftlicher Antrag, der die
Mindestangaben des § 82 VwGO enthält. Antragsteller kann
jede natürliche oder juristische Person sowie jede Behörde
sein.

2. Antragsbefugnis

a) Behörden

Behörden als Antrag-
steller

Behörden benötigen für ihre Antragsbefugnis keinen beson-   **404**
deren Nachteil. Sie müssen lediglich ein Antragsbedürfnis
vorweisen. Die Behörde muss mit der Ausführung der Norm
befasst sein.

> **Bsp.:** *Die Baugenehmigungsbehörde kann im Rahmen*
> *eines Baugenehmigungsverfahrens Zweifel an der Gül-*
> *tigkeit eines Bebauungsplanes bekommen. Zur Klärung*
> *dieser Zweifel kann sie eine Normenkontrolle beantragen.*

b) Natürliche und juristische Personen

andere Antragsteller

Natürliche und juristische Personen müssen dagegen gel-   **405**
tend machen, durch die betreffende Norm oder ihre Anwendung in ihren Rechten verletzt zu sein oder in naher Zukunft
verletzt zu werden. Diese Regelung bezüglich der Klagebefugnis entspricht derjenigen des § 42 II VwGO.

Wirtschaftliche oder ideelle Nachteile reichen für eine An-   **406**
tragsbefugnis nicht aus. Der Kläger muss plausibel eine ge-
genwärtige oder zukünftige (in absehbarer Zeit eintretende)
Rechtsverletzung geltend machen. Es muss die Möglichkeit
der Verletzung eigener Rechte bestehen, wobei nur subjek-
tiv-öffentliche Rechte in Betracht kommen.

hemmer-Methode: Besondere Probleme bereitet hier die
Normenkontrolle eines Mieters gegen einen Bebauungsplan.
Während der Eigentümer eines „planbetroffenen" Grund-
stücks sich letztlich immer auf Art. 14 I GG berufen kann, ist
die Antragsbefugnis des Mieters höchst fraglich.

IV. Antragsfrist

Antragsfrist:
ein Jahr nach Be-
kanntmachung

Gemäß § 47 II S. 1 VwGO ist eine Antragsfrist von einem   **407**
Jahr nach Bekanntmachung (nicht Inkrafttreten!) der
Rechtsvorschrift gegeben. Dies bezieht sich nur auf die prinzipale Normenkontrolle und lässt die Möglichkeit einer Inzi-
dentkontrolle i.R.e. Anfechtungsklage nach Ablauf der Jahresfrist unberührt. Des Weiteren kommt auch noch eine allgemeine Feststellungsklage im Falle einer self-executing-
Norm in Betracht. Folglich hat die Frist des § 47 II S. 1
VwGO kaum entscheidende Bedeutung.

V. Richtiger Antragsgegner, § 47 II S. 2 VwGO

§ 47 II S. 2 VwGO　　Richtiger Antragsgegner ist der Rechtsträger, dem der Er-　408
lass der angegriffenen Norm zuzurechnen ist (§ 47 II S. 2
VwGO). Es handelt sich also um die Anwendung des
Rechtsträgerprinzips.

B) Begründetheit der Normenkontrollklage

Obersatz　　Die Normenkontrolle ist begründet, wenn die Rechtsvor-　409
schrift ungültig ist.

keine Rechtsverlet-　Auf eine Rechtsverletzung des Klägers kommt es dagegen　410
zung erforderlich　nicht an, da dieses Verfahren der objektiven Rechtsüberprü-
fung dient (Schlagwort: „objektives Rechtsbeanstandungs-
verfahren").

> **hemmer-Methode:** Die Normenkontrolle ist insoweit eine
> absolute Ausnahme im Verwaltungsprozessrecht. Üblicher-
> weise entspricht der Antragsbefugnis in der Zulässigkeit die
> subjektive Rechtsverletzung in der Begründetheit.

I. Landesverfassungsrechtlicher Vorbehalt

Prüfungsmaßstab　Prüfungsmaßstab bei der Normenkontrollklage ist grundsätz-　411
lich die Vereinbarkeit mit höherrangigem Recht, insbesonde-
re auch mit Bundesverfassungsrecht.

§ 47 III VwGO: Vor-　Zu beachten ist allerdings der landesverfassungsrechtliche　412
behalt für Landesver-　Vorbehalt des § 47 III VwGO, wonach die Prüfung der Ver-
fassungsrecht　letzung von Landesverfassungsrecht den Landesverfas-
sungsgerichten vorbehalten sein kann. Hiervon haben die
Bundesländer Hessen und Bayern Gebrauch gemacht.

Eine Abweisung als unbegründet ist jedoch nur möglich,　413
wenn sich innerhalb der Prüfung ergeben würde, dass ausschließlich Landesgrundrechte betroffen sind.

Dieses Ergebnis ist jedoch kaum denkbar, da die Grundrechte der Landesverfassung nahezu wort- und inhaltsgleich
zu den Bundesgrundrechten ausgelegt werden.

II. Weitere Begründetheitsprüfung

1. Ermächtigung

Rechtsgrundlage der
Norm

Wie bei einem VA ist die Frage nach der Rechtsgrundlage *414*
voranzustellen, da sich daraus häufig erst die Zuständigkeit
und die einzuhaltende Form ergeben.

Neben den Satzungen des BauGB ist in den Bundesländern,
die von § 47 I Nr. 2 VwGO Gebrauch gemacht haben, an die
Gemeindeordnung, das dazugehörige kommunale Abgabenrecht oder an den sicherheitsrechtlichen Bereich der Ord-
nungsgesetze zu denken.

2. Formelle Rechtmäßigkeit der zu kontrollierenden
Rechtsnorm

a) Zuständigkeit

Zuständigkeit zum
Normerlass

Die Zuständigkeit ergibt sich entweder aus einer speziellen *415*
Zuweisung i.R.d Rechtsgrundlage oder einer allgemeinen
Zuständigkeitsnorm, wie sie für Gemeinden im eigenen Wir-
kungskreis regelmäßig vorliegt.

Handelt eine Gemeinde, ist des Weiteren zwischen der Ver- *416*
bands- und der Organzuständigkeit zu trennen. Während die
Verbandszuständigkeit die Frage betrifft, ob die Gemeinde
überhaupt zuständig ist, betrifft die Organzuständigkeit die
Abgrenzung zwischen den einzelnen Gemeindeorganen, also Gemeinderat und Bürgermeister.

b) Verfahren

Verfahren beim
Normerlass

Hinsichtlich des Verfahrens ist v.a. wieder das ordnungsge- *417*
mäße Beschlussverfahren der jeweiligen Gemeindeordnung
zu beachten.

Hier können sich weitere Probleme ergeben aus:

⇨　Bekanntmachungsfehlern,

⇨　fehlender Genehmigung (eine solche ist aber nur in
　　wenigen Ausnahmefällen erforderlich),

⇨　fehlender Ausfertigung der Satzung durch das maßgeb-
　　liche Exekutivorgan (insbes. den Bürgermeister).

3. Materielle Rechtmäßigkeit der Norm

i.R.d. Rechtsgrund-
lage

Die zentrale Prüfung besteht darin zu klären, ob sich die zu überprüfende Rechtsvorschrift an den Rahmen ihrer Rechtsgrundlage hält und nicht gegen höherrangiges Recht verstößt.

418

evt. Rückwirkungs-
problematik

Besonderheiten ergeben sich, wenn die Norm rückwirkend in Kraft gesetzt wurde. Dann ist auf echte und unechte Rückwirkung bzw. Rückbewirkung von Rechtsfolgen und tatbestandliche Rückanknüpfung einzugehen.

419

Bei der Überprüfung von Bebauungsplänen sind insbesondere die Unbeachtlichkeitsvorschriften der §§ 214 ff. BauGB zu prüfen.[117]

420

hemmer-Methode: Vergleichen Sie zur Normenkontrolle nach § 47 VwGO Fall 44 in „Die 44 wichtigsten Fälle nicht nur für Anfangssemester" von Hemmer/Wüst.

---

[117] Vgl. hierzu m.w.N. BVerwG, NVwZ 2008, 899 = **Life & Law 2008, 761.**

§ 9 Vorläufiger Rechtsschutz[118]

A) Einleitung

Bedeutung

Recht haben und Recht bekommen ist zweierlei. Bis man in einem verwaltungsgerichtlichen Verfahren (möglicherweise noch inklusive des Widerspruchsverfahren und eventueller Rechtsmittelinstanzen) auch „Recht bekommt", d.h. also ein rechtskräftiges Urteil erstritten hat, kann lange Zeit vergehen. In diesem Zeitrahmen kann es für den Bürger zu erheblichen, gegebenenfalls irreparablen Nachteilen kommen.

421

Dies gilt um so mehr, als die Verwaltung die Möglichkeit hat, sich durch den Erlass eines VA selbst (d.h. zunächst ohne Inanspruchnahme eines Gerichts) einen Vollstreckungstitel zu schaffen, mit dem sie ihre Anordnungen/Anforderungen an den Bürger notfalls mit staatlichem Zwang durchsetzen kann. Aus diesem Grund ist der sog. einstweilige Rechtsschutz im Verwaltungsrecht von elementarer Bedeutung. In ihm wird in einem wesentlich schnelleren Verfahren eine vorläufige Regelung getroffen.

422

hemmer-Methode: Die Attraktivität des einstweiligen Rechtsschutzes für eine Klausur ergibt sich daraus, dass bei der Prüfung der Erfolgsaussichten eines Rechtsbehelfs im einstweiligen Rechtsschutz – wie unten noch näher gezeigt werden wird – die Bearbeitung immer mehr oder weniger schnell in „bekannte" Fragestellungen einmündet, also etwa in die Prüfung der Rechtmäßigkeit eines VA oder das Vorliegen eines öffentlich-rechtlichen Leistungsanspruches.
Damit erreicht der Aufgabensteller zweierlei: Zum einen kann er die klassischen examenstypischen Problemfelder anprüfen, wenngleich in etwas ungewohnter Einkleidung; zum anderen erreicht er über den einstweiligen Rechtsschutz eine „Verlängerung" der Klausur, die die Möglichkeit der Notendifferenzierung eröffnet. Dies gilt umso mehr, als damit auch geprüft werden kann, wie sich der Kandidat in regelmäßig eher weniger bekannten Abschnitten des Gesetzes zurechtfindet.

B) Verfassungsrechtliche Vorgaben des einstweiligen Rechtsschutzes

Art. 19 IV GG: Gebot des effektiven Rechtsschutzes

Um rechtswidrige Nachteile durch die Verwaltung abwenden zu können, garantiert **Art. 19 IV GG** jedermann, der durch ein Verhalten der Exekutive in seinen subjektiven Rechten verletzt wird, gerichtlichen Rechtsschutz.

423

---

[118] Ausführlich Hemmer/Wüst, Verwaltungsrecht III, Rn. 73 ff.

Damit ist nicht nur irgendein Rechtsschutz (etwa auch in Form von späteren Ausgleichszahlungen) gemeint, sondern ein umfassender und effektiver Rechtsschutz gegen Akte der öffentlichen Gewalt. Effektivität bedeutet aber im besonderen Maße auch „Rechtzeitigkeit".

Um den Eintritt von irreparablen Ergebnissen zu verhindern, gebietet Art. 19 IV GG den Schutz des Bürgers gegen den Vollzug einer Entscheidung oder deren Folgen bis zum rechtskräftigen Abschluss eines Prozesses. Die „Umgestaltung der Wirklichkeit" soll solange verhindert werden, bis in einem ordentlichen Verfahren darüber befunden werden kann, ob die entsprechende Veränderung einem subjektiven Recht widerspricht.   *424*

> **hemmer-Methode:** Hier geht es nicht nur um verfassungstheoretische Ausführungen, die für die Klausur ohne Bedeutung wären! Die Tatsache, dass in Deutschland jede Prozessordnung die Möglichkeit eines einstweiligen Rechtsschutzes kennt, ist gerade auch im Zusammenhang mit Art. 19 IV GG zu sehen. Daher kann in der Klausur bei Streitfragen auch das Schlagwort des „effektiven Rechtsschutzes nach Art. 19 IV GG" als Argument herangezogen werden, etwa wenn es um die Frage geht, ob vor der Stellung eines Antrags nach § 80 V VwGO die Einlegung eines Widerspruchs oder die Stellung eines Antrags an die zuständige Behörde nach § 80 IV VwGO erforderlich ist. Stoßen Sie also auf ein Problem, bei dem nach der e.A. der einstweilige Rechtsschutz zulässig, nach der a.A. aus eher formalen Gründen unzulässig wäre, so ist zumindest ein wichtiges Argument für die großzügigere Handhabung stets auch Art. 19 IV GG.

C) Exkurs: Vorläufiger und vorbeugender Rechtsschutz

vorbeugender Rechtsschutz: präventiv

Die im Folgenden dargestellten Verfahrensarten des vorläufigen Rechtsschutzes stimmen im Ergebnis und Ziel insofern überein, als sie grds. den Streit nur vorläufig klären und nicht endgültig Recht gewähren. Diese Vorläufigkeit unterscheidet sie vom sog. vorbeugenden Rechtsschutz, der einer Abwehr von zu erwartenden Rechtsbeeinträchtigungen durch Verwaltungshandeln dient und durch eine (endgültige) gerichtliche Entscheidung in der Hauptsache gewährt wird.   *425*

Entscheidender Unterschied ist weiterhin, dass der vorläufige Rechtsschutz auch nach einer behördlichen Anordnung eingreifen kann, während sich der vorbeugende Rechtsschutz allein gegen künftiges Handeln der Verwaltung richtet.   *426*

Der vorbeugende Rechtsschutz ist damit eine Ausnahme zum Grundsatz des repressiven (d.h. nachträglich eingreifenden, im Gegensatz zum präventiven) Rechtsschutzes, welche nur in engen, hier nicht näher vertieften Einzelfällen für zulässig erachtet wird (vgl. dazu näher Hemmer/Wüst, Verwaltungsrecht III, Rn. 265 ff.).

hemmer-Methode: Vorläufiger und vorbeugender Rechtsschutz können allerdings durchaus einmal kombiniert auftreten: So kann etwa eine vorbeugende Unterlassungsklage gegen staatliches Handeln durchaus in Form eines Antrags auf eine einstweilige Anordnung nach § 123 VwGO (vgl. dazu unten) erfolgen.
Dies wird sogar nicht einmal selten der Fall sein; denn da der Kläger/Antragsteller beim vorbeugenden Rechtsschutz geltend machen muss, dass ihm für sein Rechtsschutzbegehren ein Zuwarten bis zur Vornahme der drohenden Behördenhandlung nicht zumutbar ist, wird er in diesen Fällen auch sehr häufig ein Interesse an einer raschen, einstweiligen Entscheidung haben.

D) Vorläufiger Rechtsschutz in der VwGO

§ 80 I VwGO ⇔
§ 123 VwGO

Die VwGO kennt grds. zwei Arten (mit entsprechenden Unterfällen) des vorläufigen Rechtsschutzes, deren Anwendbarkeit vom jeweiligen Verfahren bzw. Verwaltungshandeln abhängig ist.   427

⇨ Die aufschiebende Wirkung von Widerspruch und Anfechtungsklage gem. § 80 I VwGO sowie in Ergänzung dazu die Möglichkeit einer gerichtlichen Anordnung oder Wiederherstellung der aufschiebenden Wirkung i.S.d. § 80 V VwGO (inkl. der gerichtlichen Anordnungen nach § 80a III VwGO bei VA mit Doppelwirkung)

⇨ Die einstweilige Anordnung gem. § 123 VwGO (bzw. im verwaltungsger. Normenkontrollverfahren gem. § 47 VIII VwGO)

Suspensivwirkung bei
belastenden VAen

Bei belastenden VAen wird vorläufiger Rechtsschutz regelmäßig bereits dadurch gewährt, dass Widerspruch und Anfechtungsklage gem. § 80 I VwGO aufschiebende Wirkung haben. Der VA wird damit automatisch und kraft Gesetzes suspendiert, sodass ein spezieller gerichtlicher Antrag nach § 80 V VwGO nur erforderlich ist, wenn diese automatische Suspendierung (aufschiebende Wirkung) ausgeschlossen ist, vgl. § 80 II VwGO.   428

hemmer-Methode: Zum Verständnis: Der VA ist für die Verwaltung ein sehr „scharfes Schwert": Er dient als Vollstreckungstitel, den die Verwaltung sich selbst ohne Hinzuziehung eines Gerichtes verschaffen kann. Gewissermaßen zum Ausgleich dafür hat der Bürger eine relativ einfache Möglichkeit, insoweit einen vorläufigen Rechtsschutz herbeizuführen. Die Einlegung eines Widerspruchs hat aufschiebende Wirkung, d.h. der VA darf nicht vollzogen werden. Auch die „Waffe" des Bürgers ist damit im Regelfall relativ wirkungsvoll.

sonstige Fälle ⇨
§ 123 VwGO

Dagegen ist die einstweilige Anordnung nach § 123 VwGO immer dann das einschlägige Verfahren, wenn es nicht um die Suspendierung eines belastenden VA geht, vgl. § 123 V VwGO.

429

§ 123 V VwGO stellt den Vorrang des vorläufigen Rechtsschutzes nach § 80 VwGO und zugleich die Abgrenzung zwischen beiden Verfahrensarten klar. Dies beruht auf einer exakten Ausrichtung am Streitgegenstand und an der Klageart in der Hauptsache.

Ist der Streitgegenstand ein belastender VA, wäre statthafte Klageart in der Hauptsache also die Anfechtungsklage, ist vorläufiger Rechtsschutz i.d.R. nach § 80 VwGO zu gewähren.

Bei allen anderen Klagearten kommt § 123 VwGO zur Anwendung, also bei Verpflichtungs-, Leistungs- und Feststellungsklage. Aufbaumäßig ist diese Abgrenzung im Prüfungsschema (vgl. dazu unten) eine Frage der Statthaftigkeit. Eine wichtige Ausnahme von dieser Faustregel stellt der Fall des § 80a I Nr. 2 VwGO dar, der auch in den Fällen des sog. faktischen Vollzugs angewendet wird. Hier baut der Genehmigungsinhaber trotz eines Widerspruchs bzw. einer Klage mit Suspensivwirkung. In der Hauptsache wäre eine Verpflichtungsklage bspw. auf Baueinstellung statthaft. Der einstweilige Rechtsschutz richtet sich aber nach § 80 VwGO.

Übersicht zur Abgrenzung von § 123 VwGO und § 80 V VwGO

⇨ Einstiegsnorm ist § 123 V VwGO.

⇨ Wenn als Hauptsacherechtsbehelf die **Anfechtungsklage** einschlägig ist, dann Vorgehen nach **§ 80 V VwGO,**

⇨ wenn als Hauptsacherechtsbehelf **keine Anfechtungsklage** einschlägig ist, nur dann Vorgehen nach **§ 123 VwGO.**

E) Antrag nach § 80 V VwGO

statthaft, soweit VA
sofort vollziehbar

Sowohl praktisch bedeutsamstes als auch prüfungsrelevan-   *430*
testes Verfahren ist die Anordnung bzw. Wiederherstellung
der aufschiebenden Wirkung eines Widerspruchs bzw. der
Anfechtungsklage durch das Gericht nach § 80 V VwGO.
Zwar tritt nach § 80 I VwGO die aufschiebende Wirkung (und
damit zumindest die Nichtvollziehbarkeit; im Einzelnen ist
freilich streitig, ob die aufschiebende Wirkung zur Unwirksamkeit oder „nur" zur Unvollziehbarkeit des VA führt) bereits kraft Gesetzes durch die Einlegung des Widerspruchs
bzw. der Erhebung der Anfechtungsklage ein.

In bestimmten Fällen wird allerdings nach § 80 II VwGO die-   *431*
ses Regel-Ausnahme-Verhältnis umgekehrt: Bei der Anfor-
derung von öffentlichen Abgaben und Kosten, Anordnungen
und Maßnahmen von Polizeivollzugsbeamten sowie speziellen, durch Gesetz vorgeschriebenen Fällen (§ 80 II Nr. 1 - 3
VwGO) oder aber bei einer Anordnung der sofortigen Vollziehung durch die Erlassbehörde gem. § 80 II Nr. 4 VwGO
hat der Rechtsbehelf keine aufschiebende Wirkung.

In diesen Fällen kann sich der Bürger aber an das Gericht
wenden und von diesem die Anordnung (in den Fällen des
§ 80 II Nr. 1 - 3 VwGO) bzw. die Wiederherstellung (im Fall
des § 80 II Nr. 4 VwGO) der aufschiebenden Wirkung beantragen.

Die Zulässigkeit des
Antrags nach
§ 80 V VwGO

Die Zulässigkeit dieses Antrags richtet sich nach § 80 V   *432*
VwGO bzw. den allgemeinen Vorschriften. In der Begründetheit ist darüber zu entscheiden, ob es gerechtfertigt ist,
dem Widerspruch bzw. der Anfechtungsklage hier keine aufschiebende Wirkung zukommen zu lassen. Dies ist dann der
Fall, wenn ernstliche Zweifel an der Rechtmäßigkeit des angefochtenen VAs bestehen oder wenn die Vollziehung eine
unbillige, nicht durch überwiegende öffentliche Interessen
gebotene Härte zur Folge hätte.

Interessenabwägung
⇨ Erfolgsaussichten
in Hauptsache

Es kommt also letztlich auf eine Interessenabwägung zwi-   *433*
schen dem Interesse des Staates an einer raschen Vollziehung des VA und dem Interesse des Bürgers an der Verhin-
derung rechtswidriger (möglicherweise irreparabler) Schäden an.

Wichtigstes Kriterium dieser Interessenabwägung sind die Erfolgsaussichten des Rechtsbehelfs in der Hauptsache: Wenn nämlich die Anfechtungsklage in der Hauptsache erfolgreich wäre, so besteht kein Interesse daran, dass der VA vorher bereits vollzogen wird. Wenn umgekehrt die Anfechtungsklage in der Hauptsache erfolglos ist, ist der Bürger mit seinem Interesse, den VA noch nicht zu vollziehen, regelmäßig weniger schutzwürdig.

hemmer-Methode: Somit kommen Sie nach dem etwas „exotischen Vorspiel" der Zulässigkeit des Antrags nach § 80 V VwGO in die gewohnte Schiene der Prüfung der Erfolgsaussichten der Klage: In der Begründetheit des Antrags nach § 80 V VwGO sind diese Erfolgsaussichten (d.h. also Zulässigkeit und Begründetheit der Klage in der Hauptsache) wesentlicher Gesichtspunkt der Abwägung.

Prüfungsschema zum Antrag nach § 80 V VwGO

A) Zulässigkeit eines Antrags nach § 80 V VwGO

1. **Eröffnung des Verwaltungsrechtswegs**

2. **Statthaftigkeit** (vgl. § 123 V VwGO zur Abgrenzung von § 123 und § 80 V VwGO)

3. **Antragsbefugnis**

4. **Allgemeines Rechtsschutzbedürfnis**

   a) Kein vorheriger Antrag n. § 80 IV VwGO nötig, str.

   b) Str., ob vorheriger Rechtsbehelf in der Hauptsache nötig ist, vgl. § 80 V S. 2 VwGO.

5. **Keine Frist** (aber der VA darf nicht bestandskräftig sein, sonst entfällt RSB)

6. **Beteiligten- und Prozessfähigkeit, §§ 61, 62 VwGO**

7. **Weitere Voraussetzungen** (z.B. Gerichtszuständigkeit, § 80 V S.1 VwGO; Antragsform, §§ 81, 82 VwGO)

B) Begründetheit

1. **Ggf. Antragsgegner, § 78 VwGO analog**

2. **Nur in Fällen des § 80 II Nr. 4 VwGO: Formelle Rechtmäßigkeit der Anordnung?** (Inbes. Einzelfallbegründung i.S.d. § 80 III VwGO.)

3. **Interessenabwägung, dabei Prüfung der Erfolgsaussichten in der Hauptsache** (⇨ Zulässigkeit und Begründetheit des Rechtsbehelfs in der Hauptsache)

<table>
<tr><td>

§ 80a VwGO ⇨ VAe mit Doppelwirkung

</td><td>

§ 80a VwGO ergänzt den Rechtsschutz nach § 80 VwGO, wenn Streitgegenstand ein VA mit Doppelwirkung ist. Dies ist dann der Fall, wenn der VA einen Betroffenen rechtlich begünstigt und zugleich einen anderen belastet.

</td><td>

434

</td></tr>
</table>

Bsp.: *Eine Baugenehmigung, die den Bauherrn begünstigt, kann den Nachbarn, der den Bau nunmehr dulden muss, belasten.*

In einem solchen Fall kann der Dritte, d.h. also derjenige, der nicht selbst Adressat des VA ist, nach § 80a I VwGO   *435*

⇨ die sofortige Vollziehbarkeit eines ihn begünstigenden, den Adressaten aber belastenden VA nach § 80 II Nr. 4 VwGO (vgl. § 80a I Nr. 1 VwGO) oder

⇨ die Aussetzung der Vollziehung eines ihn belastenden, dafür den Adressaten begünstigenden VA nach § 80 IV VwGO (vgl. § 80a I Nr. 2 VwGO)

verlangen. Ebenfalls auf Antrag des Dritten, aber auch auf Antrag des Adressaten hin kann das Gericht diese Maßnahmen nach § 80a III VwGO ändern oder aufheben, wobei § 80 V - VIII VwGO entsprechend gilt.

F) Einstweilige Anordnung nach § 123 VwGO

<table>
<tr><td>

Subsidiarität

</td><td>

Die einstweilige Anordnung nach § 123 VwGO ist die Form des vorläufigen Rechtsschutzes in den Fällen, die nicht unter §§ 80, 80a VwGO fallen, in denen es also nicht um einen belastenden VA und eine Anfechtungsklage in der Hauptsache geht.

</td><td>

436

</td></tr>
<tr><td>

immer gerichtliche Einzelfallregelung

</td><td>

Anders als beim gewissermaßen „automatischen" vorläufigen Rechtsschutz des § 80 I VwGO ist die Gewährung von vorläufigem Rechtsschutz nach § 123 VwGO ausschließlich dem Gericht vorbehalten. Danach findet in Fällen, in denen in der Hauptsache etwa eine Verpflichtungs-, Feststellungs- oder Leistungsklage statthafte Klageart ist, ein „summarisches Erkenntnisverfahren" statt, das im Aufbau im wesentlichen der Klage in der Hauptsache entspricht. Danach ist zwischen Zulässigkeit und Begründetheit des Antrags auf Erlass einer einstweiligen Anordnung zu unterscheiden.

</td><td>

437

</td></tr>
</table>

Als Besonderheiten kurz erwähnenswert erscheinen noch die folgenden Punkte:

Anordnungsanspruch und -grund

⇨ Für einen erfolgreichen Antrag nach § 123 VwGO müssen ein sog. Anordnungsanspruch und ein sog. Anordnungsgrund geltend (und i.R.d. Begründetheit auch „glaubhaft", vgl. dazu sogleich unten) gemacht werden. Der Anordnungsanspruch ist dabei der Anspruch, der auch mit der Hauptsacheklage verfolgt würde. Der Anordnungsgrund ist die Legitimation dafür, dass eine vorläufige Entscheidung in einem summarischen Verfahren getroffen wird.

438

Sicherungs- und Regelungsanordnung

⇨ § 123 I VwGO enthält in S. 1 und S. 2 zwei verschiedene Arten der einstweiligen Anordnung, nämlich die Sicherungsanordnung und die Regelungsanordnung. Die Sicherungsanordnung soll einen bereits bestehenden Zustand vor eventuellen Änderungen bis zu einer Entscheidung in der Hauptsache schützen, die Regelungsanordnung einen noch nicht herrschenden Zustand vorübergehend bis zur Hauptsacheentscheidung herstellen.

439

Eine genaue Abgrenzung ist in vielen Fällen allerdings nicht möglich, aber auch nicht notwendig (und wird z.B. von der Rspr. auch zum großen Teil nicht durchgeführt), da sich vom prozessualen Ablauf, von den Zulässigkeitsanforderungen oder vom Ergebnis her nichts ändert. Gerade in einer Klausur erscheint es daher durchaus möglich, auf diese Entscheidung nicht weiter einzugehen, sondern die Erfolgsaussichten des Antrags nur anhand des unten aufgezeigten Schemas zu prüfen.

Glaubhaftmachung

§ 123 VwGO verlangt zur Begründetheit des Antrags die Glaubhaftmachung von Anordnungsanspruch und -grund. Glaubhaftmachung bedeutet, dass der Antragsteller die von ihm behaupteten Tatsachen substantiiert darlegt und – wenn und soweit möglich – so belegt, dass das Gericht von einer überwiegenden Wahrscheinlichkeit des Vorliegens dieser Behauptung ausgehen darf.

440

Es wird also, um einen raschen Verfahrensabschluss zu ermöglichen, jeweils auf den vollständigen Beweis einer Tatsache zu Gunsten eines Wahrscheinlichkeitsurteils verzichtet.

Grds. darf „die Hauptsache nicht vorweggenommen" wer- **441**
den, d.h. es darf i.R.d. einstweiligen Rechtsschutzes noch
keine endgültige Entscheidung getroffen werden, die eigentlich dem Hauptsacheverfahren vorbehalten bleiben müsste.

In Einzelfällen kann es aber Ausnahmen von diesem Grundsatz geben, wenn anders ein effektiver Rechtsschutz nicht
möglich wäre (so z.b. beim einstweiligen Antrag auf das Unterlassen einer bestimmten, nur einmalig vorgesehenen
Handlung: Wird diese durch einstweilige Anordnung untersagt, wird damit zwangsläufig „die Hauptsache vorweggenommen").

hemmer-Methode: Über § 123 III VwGO gelten die
§§ 920 II, 294 ZPO, die als Mittel der Glaubhaftmachung
z.b. eine eidesstattliche Versicherung zulassen.

Damit ergibt sich folgendes Prüfungsschema: **442**

Erfolgsaussichten eines Antrags nach § 123 VwGO

A) Zulässigkeit

1. **Eröffnung des Verwaltungsrechtswegs**

2. **Statthaftigkeit**

   a) § 123 V VwGO: Abgrenzung zu §§ 80, 80a
   VwGO

   b) Eventuell Abgrenzung der Sicherungs- und Regelungsanordnung

3. **Antragsbefugnis, § 42 II VwGO analog**

   Behauptung eines Anordnungsanspruchs und eines
   Anordnungsgrundes

4. **Sonstige Voraussetzungen, z.B.:**

   a) Allgemeines Rechtsschutzbedürfnis, insbesondere vorherige Antragstellung bei der Behörde sowie
   keine Vorwegnahme der Hauptsache

   b) Zuständigkeit des Gerichts

   c) Beteiligten- und Prozessfähigkeit, §§ 61, 62 VwGO

B) Begründetheit

1. **Ggf. Richtiger Antragsgegner, § 78
   VwGO analog**

2. **Glaubhaftmachung eines Anordnungsgrundes**

3. **Glaubhaftmachung eines Anordnungsanspruchs**

Die Zahlen verweisen auf die Randnummern des Skripts

Grund Wissen

Der Theorieband zu den „wichtigsten Fällen"

BGB AT

von den Profis
Hemmer / Wüst

- ✔ Für Einsteiger
- ✔ Das notwendige Wissen
- ✔ Die relevanten Probleme knapp und prägnant
- ✔ Querverweise auf die wichtigsten Fälle

einfach • verständlich • kurz

Artikel-Nr.: 111.10

Grundwissen BGB AT

Das vorliegende Skript „Grundwissen" ermöglicht Ihnen eine schnelle Einführung in die Grundlagen des BGB AT. Einfach leicht gelernt! In verständlicher Sprache wird das notwendige Grundwissen präzise und knapp vermittelt. Die Bände „Grundwissen" sind die theoretischen Grundlagenbände zu unserer Skriptenreihe „Die wichtigsten Fälle". Durch die Kombination von Grundwissen und Fällen lernen Sie sowohl deduktiv (im Überblick) als auch induktiv (anwendungsspezifisch). Die Reihen „Grundwissen" und „die wichtigsten Fälle" stellen ein ideales Lernsystem für den Einstieg in das jeweilige Rechtsgebiet dar. Je früher Sie sich die Denkweise von Klausurerstellern aneignen, um so leichter fallen Ihnen die Prüfungen. Die Bände „Grundwissen" fördern Ihr Verständnis für typische Prüfungsprobleme. Richtiges Lernen von Anfang an stellt die Weichen für Ihr Studium. Sie werden feststellen: Wer die juristischen Zusammenhänge versteht, dem macht Jura Spaß. Wir wünschen Ihnen viel Erfolg im Studium!

Aus dem Inhalt:

- ✔ Grundlagen der Fallbearbeitung
- ✔ Willenserklärung und Zustandekommen von Verträgen
- ✔ Geschäftsfähigkeit
- ✔ Anfechtung
- ✔ Stellvertretung
- ✔ Allgemeine Geschäftsbedingungen
- ✔ Verjährung

Grund Wissen

Der Theorieband zu den „wichtigsten Fällen"

Schuldrecht AT

von den Profis
Hemmer / Wüst

✔ Für Einsteiger
✔ Das notwendige Wissen
✔ Die relevanten Probleme knapp und prägnant
✔ Querverweise auf die wichtigsten Fälle

§

einfach • verständlich • kurz

Artikel-Nr.: 111.11

Grundwissen Schuldrecht AT

Das vorliegende Skript „Grundwissen" ermöglicht Ihnen eine schnelle Einführung in die Grundlagen des Schuldrecht AT. Einfach leicht gelernt! In verständlicher Sprache wird das notwendige Grundwissen präzise und knapp vermittelt. Die Bände „Grundwissen" sind die theoretischen Grundlagenbände zu unserer Skriptenreihe „Die wichtigsten Fälle". Durch die Kombination von Grundwissen und Fällen lernen Sie sowohl deduktiv (im Überblick) als auch induktiv (anwendungsspezifisch). Die Reihen „Grundwissen" und „die wichtigsten Fälle" stellen ein ideales Lernsystem für den Einstieg in das jeweilige Rechtsgebiet dar. Je früher Sie sich die Denkweise von Klausurerstellern aneignen, um so leichter fallen Ihnen die Prüfungen. Die Bände „Grundwissen" fördern Ihr Verständnis für typische Prüfungsprobleme. Richtiges Lernen von Anfang an stellt die Weichen für Ihr Studium. Sie werden feststellen: Wer die juristischen Zusammenhänge versteht, dem macht Jura Spaß. Wir wünschen Ihnen viel Erfolg im Studium!

Aus dem Inhalt:

✔ Grundbegriffe und -prinzipien
✔ Unmöglichkeit
✔ Schadensersatzansprüche
✔ Rücktritt
✔ Erlöschen von Schuldverhältnissen
✔ Der Dritte im Schuldverhältnis

Grund Wissen

Der Theorieband zu den „wichtigsten Fällen"

Staatsrecht

von den Profis
Hemmer / Wüst

- ✔ Für Einsteiger
- ✔ Das notwendige Wissen
- ✔ Die relevanten Probleme knapp und prägnant
- ✔ Querverweise auf die wichtigsten Fälle

einfach • verständlich • kurz

Artikel-Nr.: 113.30

Grundwissen Staatsrecht

Das vorliegende Skript „Grundwissen" ermöglicht Ihnen eine schnelle Einführung in die Grundlagen des Staatsrechts. Einfach leicht gelernt! In verständlicher Sprache wird das notwendige Grundwissen präzise und knapp vermittelt. Die Bände „Grundwissen" sind die theoretischen Grundlagenbände zu unserer Skriptenreihe „Die wichtigsten Fälle". Durch die Kombination von Grundwissen und Fällen lernen Sie sowohl deduktiv (im Überblick) als auch induktiv (anwendungsspezifisch). Die Reihen „Grundwissen" und „die wichtigsten Fälle" stellen ein ideales Lernsystem für den Einstieg in das jeweilige Rechtsgebiet dar. Je früher Sie sich die Denkweise von Klausurerstellern aneignen, um so leichter fallen Ihnen die Prüfungen. Die Bände „Grundwissen" fördern Ihr Verständnis für typische Prüfungsprobleme. Richtiges Lernen von Anfang an stellt die Weichen für Ihr Studium. Sie werden feststellen: Wer die juristischen Zusammenhänge versteht, dem macht Jura Spaß. Wir wünschen Ihnen viel Erfolg im Studium!

Aus dem Inhalt:

- ✔ Einführung in das Verfassungsrecht
- ✔ Klagearten im Staatsrecht
- ✔ Allgemeine Grundrechtslehren
- ✔ Wichtige Einzelgrundrechte
- ✔ Staatsorganisationsrecht

§ **die 76 Fälle** wichtigsten nicht nur für Anfangssemester

BGB-AT

von den Profis
Hemmer / Wüst

- ✔ Einordnungen
- ✔ Gliederungen
- ✔ Musterlösungen
- ✔ bereichsübergreifende Hinweise
- ✔ Zusammenfassungen

einfach • verständlich • kurz

Artikel-Nr.: 115.21

Die wichtigsten 76 Fälle BGB-AT

Die klassischen BGB AT Probleme anhand von Fällen für die Klausur und Hausarbeit systematisch aufbereitet. Die Fallsammlung ist einfach, verständlich und knapp gehalten. Die Einordnung erleichtert Ihnen den Zugang zu den jeweiligen Problemfeldern. Problem erkannt – Gefahr gebannt. Die Gliederung ermöglicht eine schnelle Übersicht. Die Musterlösungen dienen als Formulierungshilfen für Ihre Klausur. Bereichsübergreifende Hinweise dienen dem Verständnis. Nur so vernetzen Sie frühzeitig gelerntes Wissen. So können Sie in kürzester Zeit die wichtigsten BGB AT Probleme anwendungsspezifisch erlernen. Denken Sie frühzeitig an Ihren Korrektor. Diesen erfreut, wenn Sie seine Gedankengänge erfassen. Wir wissen als Profis, was von Ihnen in Klausur und Hausarbeit erwartet wird.

Inhalt:

- ✔ Willenserklärung
- ✔ Zustandekommen von Verträgen
- ✔ Geschäftsfähigkeit
- ✔ Anfechtung
- ✔ Stellvertretung

hemmer/wüst
Verlagsgesellschaft mbH

Der hemmer Tipp!

§ **die 45 Fälle** wichtigsten nicht nur für Anfangssemester

Deliktsrecht

von den Profis
Hemmer / Wüst

✔ Einordnungen
✔ Gliederungen
✔ Musterlösungen
✔ bereichsübergreifende Hinweise
✔ Zusammenfassungen

einfach • verständlich • kurz

Artikel-Nr.: 115.25

Die wichtigsten 45 Fälle Deliktsrecht

Das Deliktsrecht spielt in den meisten Klausuren eine Rolle, auch wenn die Kernproblematik im Vertragsrecht liegt. Dann sind insbesondere die Bezüge des Vertrags- zum Deliktsrecht wichtig. Im Recht der unerlaubten Handlung gibt es Spezialprobleme, deren Kenntnis bis zum Examen und darüber hinaus unerläßlich ist. Anhand der wichtigsten Fallkonstellationen werden diese typischen Probleme dargestellt. So werden die theoretischen Grundlagen anhand der konkreten Sachverhalte gleich eingeübt. Auch die so wichtige Verortung im Klausuraufbau wird auf diese Weise mittrainiert.

Aus dem Inhalt:

✔ Die Rechtsgüter des § 823 BGB
✔ Probleme der Kausalität
✔ Die Haftungstatbestände der §§ 823 ff. BGB
✔ Die Haftung nach dem StVG

§ die 50 Fälle · wichtigsten · nicht nur · für Anfangssemester

Sachenrecht I

von den Profis
Hemmer / Wüst

✔ Einordnungen
✔ Gliederungen
✔ Musterlösungen
✔ bereichsübergreifende Hinweise
✔ Zusammenfassungen

einfach • verständlich • kurz

Artikel-Nr.: 115.31

Die wichtigsten 50 Fälle Sachenrecht I

Das Sachenrecht von den Profis mit der Jahrzehnte langen Unterrichtserfahrung als Repetitoren! Nur wer in Kenntnis der Prüfungsanforderungen sein Programm erstellt, weiß, worauf es in der Klausur ankommt. Zivilrecht besteht, öffentliches Recht vergeht! Dies gilt besonders für das Sachenrecht. Die klassischen Fälle muss man kennen. So sind der Besitzschutz, §§ 858 ff. BGB und § 1007 BGB, die Übereignung nach §§ 929 ff. BGB (insbesondere die Sicherungsübereignung und der gutgläubige Erwerb), das Eigentümer-Besitzverhältnis, § 985 ff. BGB immer dankbar für eine Klausur oder Hausarbeit. Denken Sie frühzeitig an den Ersteller und Korrektor und überzeugen Sie ihn durch Ihre systematische Fallbearbeitung. Abstrakte Erörterungen bringen für ihre Klausur und Hausarbeit wenig. So sind auch ehemalige Kursteilnehmer inzwischen Professoren im Zivilrecht. Durch die ständige Diskussion mit unseren Kursteilnehmern wissen wir auch, wo es „hakt". Die Fallsammlung ist verständlich und knapp gehalten. Die Einordnung bietet einen Überblick über den jeweiligen Schwerpunkt des Falles. Die Gliederung ermöglicht die exakte Einordnung der Probleme in der Lösung. Die Lösung ist Formulierungsvorschlag für Ihre Klausur. Mit der Fallsammlung lernen Sie anwendungsspezifisch. Vereinfachen Sie sich auf diese Art das Sachenrecht.

Aus dem Inhalt:

✔ Besitzschutz, §§ 1007, 858 ff. BGB
✔ Übereignung beweglicher Sachen, §§ 929 ff. BGB
✔ Eigentümer-Besitzverhältnis, §§ 985 ff. BGB

hemmer/wüst
Verlagsgesellschaft mbH

Der hemmer Tipp!

§ **die 32 Fälle** wichtigsten nicht nur für Anfangssemester

Staatsrecht

von den Profis
Hemmer / Wüst

✔ Einordnungen
✔ Gliederungen
✔ Musterlösungen
✔ bereichsübergreifende Hinweise
✔ Zusammenfassungen

einfach • verständlich • kurz

Artikel-Nr.: 115.27

Die wichtigsten 32 Fälle Staatsrecht

In 32 Fällen haben wir für Sie klassische Probleme des Staatsrechts für Klausur und Hausarbeit systematisch aufbereitet. Diese Fallsammlung ist einfach, verständlich und knapp gehalten. Zum Aufbau: Die Einordnung im Anschluss an den Sachverhalt erleichtert Ihnen den Zugang zu den jeweiligen Problemfeldern. Problem erkannt – Gefahr gebannt. Die Gliederung ermöglicht eine schnelle Übersicht. Die Musterlösungen dienen als Formulierungshilfen für Ihre Klausur. Bereichsübergreifende Hinweise dienen dem Verständnis. Nur so vernetzen Sie frühzeitig gelerntes Wissen. Auf diese Weise können Sie in kürzester Zeit die wichtigsten Probleme zum Staatsrecht anwendungsspezifisch erlernen. Als Profis mit langjähriger Erfahrung und Erfolg wissen wir, was von Ihnen in Klausur und Hausarbeit erwartet wird.

Inhalt:

✔ Grundrechte

✔ Verfassungsbeschwerde

✔ Staatsstrukturprinzipien

✔ Staatsfunktionen

✔ Staatsorgane

hemmer/wüst
Verlagsgesellschaft mbH

VERLAGSPROGRAMM
2010

Jura mit den Profis

WWW.HEMMER-SHOP.DE

Liebe Juristinnen und Juristen,

Auch beim Lernmaterial gilt:
„Wer den Hafen nicht kennt, für den ist kein Wind günstig" (Seneca).
Häufig entbehren Bücher und Karteikarten der Prüfungsrealität. Bei manchen Produkten stehen ausschließlich kommerzielle Interessen im Vordergrund. Dies ist gefährlich: Leider kann der Student oft nicht erkennen wie gut ein Produkt ist, weil ihm das praktische Wissen für die Anforderungen der Prüfung fehlt.
Denken Sie deshalb daran, je erfahrener die Ersteller von Lernmaterial sind, um so mehr profitieren Sie. Unsere Autoren im Verlag sind alle Repetitoren. Sie wissen, wie der Lernstoff richtig vermittelt wird. Die Prüfungsanforderungen sind uns bekannt.
Unsere Zentrale arbeitet seit 1976 an examenstypischem Lernmaterial und wird dabei von hochqualifizierten Mitarbeitern unterstützt.
So arbeiteten z.B. viele ehemalige Kursteilnehmer mit den Examensnoten von „sehr gut" und „gut" als Verantwortliche an unserem Programm mit. Unser Team ist Garant, um oben genannte Fehler zu vermeiden.
Lernmaterial bedarf ständiger Kontrolle auf Prüfungsrelevanz. Wer sonst als derjenige, der sich täglich mit Examensthemen beschäftigt, kann diesem Anforderungsprofil gerecht werden.

Gewinnen Sie, weil

- gutes Lernmaterial Verständnis schafft
- fundiertes Wissen erworben wird
- Sie intelligent lernen
- Sie sich optimal auf die Prüfungsanforderungen vorbereiten
- Jura Spaß macht

und Sie letztlich unerwartete Erfolge haben, die Sie beflügeln werden.

Damit Sie sich Ihre eigene Bibliothek als Nachschlagewerk nach und nach kostengünstig anschaffen können, schlagen wir Ihnen speziell für die jeweiligen Semester Skripten und Karteikarten vor. Bildung soll für jeden bezahlbar bleiben, deshalb der studentenfreundliche Preis.

Viel Spaß und Erfolg beim intelligenten Lernen.

HEMMER Produkte - im Überblick

Grundwissen

- Skripten „Grundwissen"
- Die wichtigsten Fälle
- Die wichtigsten Fälle Musterklausuren Examen
- Musterfälle für die Zwischenprüfung
- Lexikon, die examenstypischen Begriffe

Basiswissen

- Die Basics
- Die Classics

Examenswissen

- Skripten Zivilrecht
- Skripten Strafrecht
- Definitionen Strafrecht - schnell gemerkt
- Skripten Öffentliches Recht
- Skripten Schwerpunkt

Karteikarten

- Die Shorties
- Die Karteikarten
- Übersichtskarteikarten

Assessor-Skripten/-karteikarten

BWL-Skripten

Intelligentes Lernen/Sonderartikel

- Coach dich! - Psychologischer Ratgeber
- Lebendiges Reden - Psychologischer Ratgeber
- NLP für Einsteiger
- Lernkarteikartenbox
- Der Referendar
- Der Rechtsanwalt
- Gesetzesbox
- Klausurenblock
- Wiederholungsmappe
- Jurapolis - das hemmer-Spiel

Life&LAW - die hemmer-Zeitschrift

Alle Preise gültig ab 01/2010

HEMMER Skripten - Logisch aufgebaut!

Intelligentes Lernen
schnell & effektiv

Randbemerkung
Zur schnellen Rekapitulation
des Skripts

hemmer-Methode
Zur richtigen Einordnung des
Gelernten in der Klausurlösung

Systematische Verweise
Isoliertes Lernen
vermeiden!
Zusammenhänge
verstehen.
Unsere Skriptenreihe
– der große Fall

Randnummern
Für zielgenaues
Arbeiten mit
Stichwortver-
zeichnis
und Wieder-
holungsfragen

Freiraum
Viel Platz für
eigene
Anmerkungen

Fußnoten
Vertiefende Literatur
und Rechtsprechung

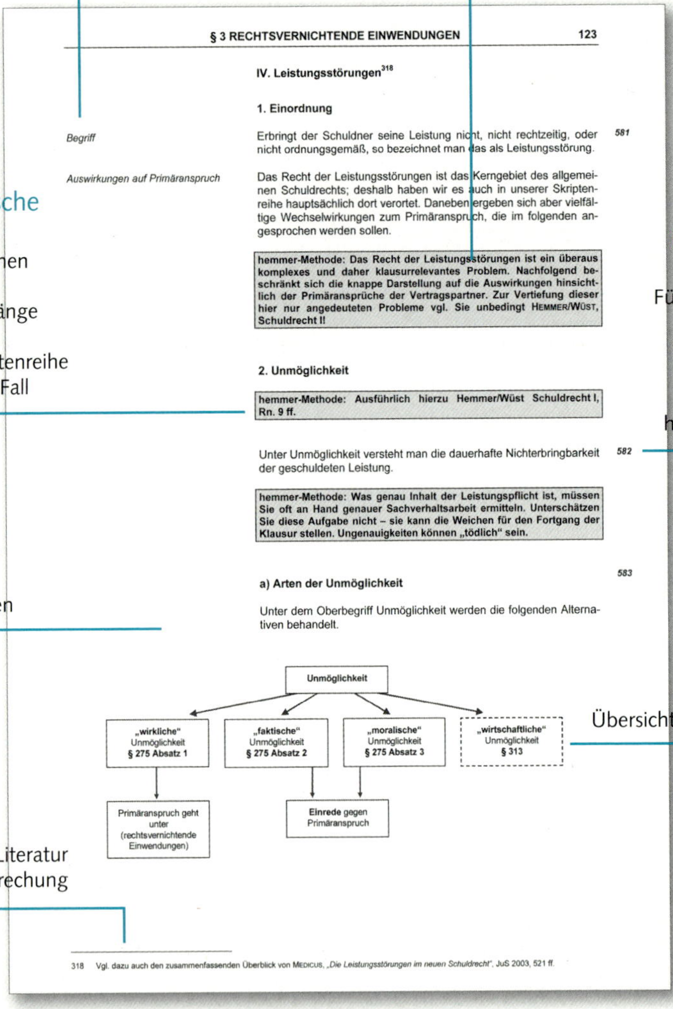

Schemata
Übersichtliches Lernen

---

§ 3 RECHTSVERNICHTENDE EINWENDUNGEN   123

IV. Leistungsstörungen[318]

1. Einordnung

Begriff

Erbringt der Schuldner seine Leistung nicht, nicht rechtzeitig, oder nicht ordnungsgemäß, so bezeichnet man das als Leistungsstörung.   581

Auswirkungen auf Primäranspruch

Das Recht der Leistungsstörungen ist das Kerngebiet des allgemeinen Schuldrechts; deshalb haben wir es auch in unserer Skriptenreihe hauptsächlich dort verortet. Daneben ergeben sich aber vielfältige Wechselwirkungen zum Primäranspruch, die im folgenden angesprochen werden sollen.

> **hemmer-Methode:** Das Recht der Leistungsstörungen ist ein überaus komplexes und daher klausurrelevantes Problem. Nachfolgend beschränkt sich die knappe Darstellung auf die Auswirkungen hinsichtlich der Primäransprüche der Vertragspartner. Zur Vertiefung dieser hier nur angedeuteten Probleme vgl. Sie unbedingt HEMMER/WÜST, Schuldrecht I!

2. Unmöglichkeit

> **hemmer-Methode:** Ausführlich hierzu Hemmer/Wüst Schuldrecht I, Rn. 9 ff.

Unter Unmöglichkeit versteht man die dauerhafte Nichterbringbarkeit der geschuldeten Leistung.   582

> **hemmer-Methode:** Was genau Inhalt der Leistungspflicht ist, müssen Sie oft an Hand genauer Sachverhaltsarbeit ermitteln. Unterschätzen Sie diese Aufgabe nicht – sie kann die Weichen für den Fortgang der Klausur stellen. Ungenauigkeiten können „tödlich" sein.

a) Arten der Unmöglichkeit   583

Unter dem Oberbegriff Unmöglichkeit werden die folgenden Alternativen behandelt.

```
                    Unmöglichkeit

   „wirkliche"    „faktische"     „moralische"    „wirtschaftliche"
   Unmöglichkeit  Unmöglichkeit   Unmöglichkeit   Unmöglichkeit
   § 275 Absatz 1 § 275 Absatz 2  § 275 Absatz 3  § 313

   Primäranspruch geht            Einrede gegen
   unter                          Primäranspruch
   (rechtsvernichtende
   Einwendungen)
```

318 Vgl. dazu auch den zusammenfassenden Überblick von MEDICUS, „Die Leistungsstörungen im neuen Schuldrecht", JuS 2003, 521 ff.

---

examenstypisch - anspruchsvoll - umfassend

Grundwissen

Für Ihr Jurastudium ist es nötig, sich schnell mit dem notwendigen Grundwissen einen Überblick zu verschaffen. Was aber ist wichtig und richtig? Bei der Fülle der Ausbildungsliteratur kann einem die Lust auf Jura vergehen. Wir beschränken uns in dieser Ausbildungsphase auf das Wesentliche. Weniger ist mehr.

Skripten Grundwissen

Die Reihe „Grundwissen" stellt die theoretische Ergänzung unserer Reihe „die wichtigsten Fälle" dar.

Mit ihr soll das notwendige Hintergrundwissen vermittelt werden, welches für die Bewältigung der Fallsammlungen erforderlich ist. Auf diese Art und Weise ergänzen sich beide Reihen ideal. Hilfreich dabei sind Verweisungen auf die jeweiligen Fälle der Fallsammlungen, so dass man das Erlernte gleich klausurtypisch anwenden kann. Die Darstellung erfolgt bewusst auf sehr einfachem Niveau. Es werden also für die Bewältigung der Ausführungen keine Kenntnisse vorausgesetzt. Ebenso wird bewusst auf Vertiefungshinweise verzichtet. Eine Vertiefung kann erfolgen, wenn die Kenntnisse anhand der Fälle wiederholt wurden. Dazu werden Hinweise in den Fallsammlungen gegeben.

Grundwissen und die Reihe „Die wichtigsten Fälle" sind so das ideale Lernsystem für eine klausur- und damit prüfungstypische Arbeitsweise.

Grundwissen Zivilrecht

BGB AT (111.10)	6,90 €
Schuldrecht AT (111.11)	6,90 €
Schuldrecht BT I (111.12)	6,90 €
Schuldrecht BT II (111.13)	6,90 €
Sachenrecht I (111.14)	6,90 €
Sachenrecht II (111.15)	6,90 €

Grundwissen Strafrecht

Strafrecht AT (112.20)	6,90 €
Strafrecht BT (112.21)	6,90 €

Grundwissen Öffentliches Recht

Staatsrecht (113.30)	6,90 €
Verwaltungsrecht (113.31)	6,90 €

Die wichtigsten Fälle

Die vorliegende Fallsammlung ist für Studenten in den ersten Semestern gedacht. Gerade in dieser Phase ist es wichtig, bei der Auswahl der Lernmaterialien den richtigen Weg einzuschlagen. Die Gefahr zu Beginn des Studiums liegt darin, den Stoff zu abstrakt zu erarbeiten. Ein problemorientiertes Lernen, d.h. ein Lernen am konkreten Fall, führt zum Erfolg. Das gilt für die kleinen Scheine/die Zwischenprüfung genauso wie für das Examen. Wer gelernt hat, sich die Probleme des Falles aus dem Sachverhalt schnell zu erschließen, schreibt die gute Klausur. Bei der Anwendung dieser Lernmethode sind wir Marktführer. Profitieren Sie von der über 30-jährigen Erfahrung des Juristischen Repetitoriums hemmer im Umgang mit Examensklausuren. Diese Erfahrung fließt in sämtliche Skripten des Verlages ein. Das Repetitorium beschäftigt ausschließlich Spitzenjuristen, teilweise Landesbeste ihres Examenstermins. Die so erreichte Qualität in Unterricht und Skripten werden Sie woanders vergeblich suchen. Lernen Sie mit den Profis! Ihre Aufgabe als Jurist wird es einmal sein, konkrete Fälle zu lösen. Je mehr Sie verstehen, mehr Freude werden Sie haben, sich neue Probleme durch eigenständiges Denken zu erarbeiten. Wir bieten Ihnen mit unserer juristischen Kompetenz die notwendige Hilfestellung. Fallsammlungen gibt es viele. Die Auswahl des richtigen Lernmaterials ist jedoch der entscheidende Aspekt. Prüfungsinhalte wiederholen sich. Wir vermitteln Ihnen das, worauf es in der Prüfung ankommt
– verständlich – knapp – präzise.

Die wichtigsten Fälle Musterklausuren Examen

Fahrlässig handelt, wer sich diese Fälle entgehen lässt! Aus unserem langjährigen Klausurenkursprogramm die besten Fälle, die besonders häufig Gegenstand von Prüfungen waren und sicher wieder sein werden. Lernen Sie den Horizont von Klausurenerstellern und -korrektoren anhand von exemplarischen Fällen kennen .

BGB AT (115.21)	12,80 €
Schuldrecht AT (115.22)	12,80 €
Schuldrecht BT (115.23)	12,80 €
GOA-BereicherungsR (115.24)	12,80 €
Deliktsrecht (115.25)	12,80 €
Verwaltungsrecht (115.26)	12,80 €
VerwaltungsR BT Bayern (115.45)	12,80 €
Staatsrecht (115.27)	12,80 €
Strafrecht AT (115.28)	12,80 €
Strafrecht BT I (115.29)	12,80 €
Strafrecht BT II (115.30)	12,80 €
Sachenrecht I (115.31)	12,80 €
Sachenrecht II (115.32)	12,80 €
ZPO I (115.33)	12,80 €
ZPO II (115.34)	12,80 €
Handelsrecht (115.35)	12,80 €
Erbrecht (115.36)	12,80 €
Familienrecht (115.37)	12,80 €
Gesellschaftsrecht (115.38)	12,80 €
Arbeitsrecht (115.39)	12,80 €
StPO (115.40)	12,80 €
Europarecht (115.41)	12,80 €

Die wichtigsten Fälle Musterklausuren

Examen Zivilrecht (16.01)	14,80 €
Examen Strafrecht (115.43)	14,80 €
Examen Steuerrecht (115.44)	14,80 €

Sonderband
Der Streit- und Meinungsstand im neuen Schuldrecht

Der hemmer/wüst Verlag stellt mit dem vorliegenden Werk die umstrittensten Problemkreise in 23 Fällen des neuen Schuldrechts dar, zeigt den aktuellen Meinungsstand auf und schafft so einen Überblick. Es wird das notwendige Wissen vermittelt.

115.20   *14,80 €*

Grundwissen

Musterfälle für die Zwischenprüfung

Exempla docent - an Beispielen lernen. Die Fälle zu den Basics! Nur wer so lernt, weiß was in der Klausur verlangt wird. Die Fallsammlungen erweitern unsere Basics und stellen die notwendige Fortsetzung für das Schreiben der Klausur dar. Genau das, was Sie für die Scheine brauchen - nämlich exemplarisch dargestellte Falllösungen. Wichtige, immer wiederkehrende Konstellationen werden berücksichtigt.

Profitieren Sie von der seit 1976 bestehenden Klausurerfahrung des Juristischen Repetitoriums hemmer. Über 1000 Klausuren wurden für die Auswahl der Musterklausuren auf ihre „essentials" analysiert

Musterklausur für die Zwischenprüfung - Zivilrecht

Ein Muss: Klassiker wie die vorvertragliche Haftung (c.i.c.), die Haftung bei Pflichtverletzungen im Schuldverhältnis (§ 280), Vertrag mit Schutzwirkung, Drittschadensliquidation, Mängelrecht, EBV, Bereicherungs- und Deliktsrecht werden klausurtypisch aufbereitet. Auf „specials" wie Saldotheorie, Verarbeitung, Geldwertvindikation, Vorteilsanrechnung und Nebenbesitz wird eingegangen. So entsteht wichtiges Grundverständnis.

16.31   *14,80 €*

Musterklausur für die Zwischenprüfung - Strafrecht

Auch hier wieder prüfungstypische Fälle mit genauen Aufbauhilfen. Die immer wiederkehrenden „essentials" der Strafrechtsrechtsklausur werden in diesem Skript abgedeckt: Von der Abgrenzung von dolus eventualis und bewusster Fahrlässigkeit über die Irrtumslehre bis hin zu Problemen der Täterschaft und Teilnahme, u.v.m. Wer sich die Zeit nimmt, diese Musterfälle sorgfältig durchzuarbeiten, besteht jede Grundlagenklausur.

16.32   *14,80 €*

Musterklausur für die Zwischenprüfung - Öffentliches Recht

Dieses Skript enthält die wichtigsten, in der Klausur immer wiederkehrenden Problemkonstellationen für die Bereiche Verfassungs- und Verwaltungsrecht. Im Verfassungsrecht werden die Zulässigkeitsvoraussetzungen von Verfassungsbeschwerden, Organstreitverfahren sowie abstrakter und konkreter Normenkontrolle erörtert. Im Rahmen der Begründetheitsprüfung werden die klausurrelevanten Grundrechte ausführlich erläutert. Gleichzeitig werden auch staatsorganisationsrechtliche Problemfelder aufbereitet. Die Klausuren zum Verwaltungsrecht zeigen die optimale Prüfung von Anfechtungs-, Verpflichtungs- und Fortsetzungsfeststellungsklagen sowie von Widerspruchsverfahren. Standardprobleme wie die Rücknahme oder der Widerruf eines Verwaltungsaktes und die Behandlung von Nebenbestimmungen eines VA sind u.a. Gegenstand der Begründetheitsprüfung.

16.33   *14,80 €*

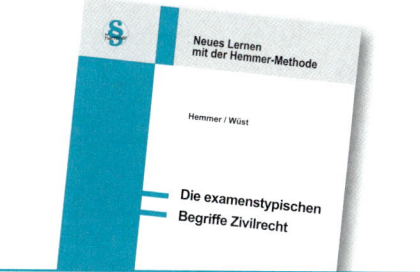

Die examenstypischen Begriffe/ ZivilR.

Das Grundwerk für die eigene Bibliothek. Alle examenstypischen Begriffe in diesem Nachschlagewerk werden anwendungsspezifisch für Klausur und Hausarbeit erklärt. Das gesammelte Examenswissen ist eine optimale schnelle Checkliste. Zusätzlicher Nutzen: Das große Stichwortverzeichnis. Neben der Einbettung des gesuchten Begriffs in den juristischen Kontext finden Sie Verweisungen auf entsprechende Stellen in unserer Skriptenreihe. Begriffe werden transparenter. Sie vertiefen Ihr Wissen. So können Sie sich schnell und auf anspruchsvollem Niveau einen Überblick über die elementaren Rechtsbegriffe verschaffen.

14.01   *14,80 €*

Basiswissen

Grundwissen auf höherem Niveau! Sie sind Jurastudent in den mittleren Semestern und wollen die großen Scheine unter Dach und Fach bringen. Wenn Sie sich in dieser Phase mit tausend Meinungen beschäftigen, besteht die Gefahr, sich im Detail zu verlieren. Wir empfehlen Ihnen, schon jetzt das Material zu wählen, welches Sie durch die Scheine begleitet. Ideal zur schnellen Wiederholung vor dem Examen.

Die „Basics" - Reihe

Die **Klassiker** der hemmer-Reihe. So schaffen Sie die Universitätsklausuren **viel** leichter. Die Basics vermitteln Ihnen Grundverständnis auf anspruchsvollem Niveau, sie sind auch für die Examensvorbereitung ideal.
Denn: Wissen wird konsequent unter Anwendungsgesichtspunkten erworben.
Die Basics dienen auch der schnellen Wiederholung vor dem Examen oder der mündlichen Prüfung, wenn Zeit zur Mangelware wird.

Basics-Zivilrecht I
BGB-AT/ Vertragliche Schuldverhältnisse mit dem neuen Schuldrecht
Im Vordergrund steht die Vermittlung der Probleme des Vertragsschlusses, u.a. das Minderjährigenrecht und die Stellvertretung. Neben rechtshindernden (z.B. §§ 134, 138 BGB) und rechtsvernichtenden Einwendungen (z.B. Anfechtung) werden auch die Klassiker der Pflichtverletzung nach § 280 BGB wie Unmöglichkeit (§§ 280 I, III, 283), Verzug (§§ 280 I, II, 286) und Haftung bei Verletzung nicht leistungsbezogener Nebenpflichten i.S.d. § 241 II BGB (früher: pVV bzw. c.i.c. jetzt: § 280 I bzw. § 280 I i.V.m. § 311 II BGB) behandelt. Ausführlich wird auf die wichtige Unterscheidung von Schadensersatz nach § 280 I BGB und Schadensersatz statt der Leistung nach §§ 280 I, III, 281-283 bzw. § 311a II BGB eingegangen. Nach Mängelrecht, Störung der GG und Schadensrecht schließt das Skript mit dem nicht zu unterschätzenden Gebiet des Dritten (z.B. Abgrenzung § 278 / § 831 / § 31; § 166; Vertrag mit Schutzwirkung zugunsten Dritter; DriSchaLi) im Schuldverhältnis ab.

110.0011   *14,80 €*

Basics-Zivilrecht II
Gesetzliche Schuldverhältnisse, Sachenrecht
Das Skript befasst sich mit dem Recht der GoA, dem Bereicherungsrecht und dem Recht der unerlaubten Handlungen als immer wieder klausurrelevante gesetzliche Schuldverhältnisse. Der Einstieg in das Sachenrecht wird mit der Abhandlung des Besitzrechts und dem Erwerb dinglicher Rechte an beweglichen Sachen erleichtert, wobei der Schwerpunkt auf dem rechtsgeschäftlichen Erwerb des Eigentums liegt. Über das für jede Prüfung unerlässliche Gebiet des EBV gibt das Skript einen ausführlichen Überblick.
Eine systematische Aufbereitung des Pfandrechts und des Grundstücksrechts führen zum richtigen Verständnis dieser prüfungsrelevanten Gesetzesmaterie.

110.0012   *14,80 €*

Basics-Zivilrecht III
Familienrecht/ Erbrecht
Die typischen Probleme des Familienrechts: Von der Ehe als Klassiker für die Klausur (z.B. § 1357; GbR; Gesamtschuldner; Gesamtgläubiger; §§ 1365; 1369 BGB) zum ehelichen Güterrecht bis hin zur Scheidung.
Gegenstand des Erbrechts sind die gesetzliche und gewillkürte Erbfolge, die möglichen Verfügungen (Testament bzw. Erbvertrag) des Erblassers und was sie zum Inhalt haben (z.B. Erbeinsetzung, Vermächtnis, Auflage), Annahme und Ausschlagung der Erbschaft sowie neben Fragen der Rechtsstellung des Erben (z.B. im Verhältnis zum Erbschaftsbesitzer) auch das Pflichtteilsrecht und der Erbschein.
Fazit: Das Wichtigste in Kürze für den schnellen Überblick.

110.0013   *14,80 €*

Basics-Zivilrecht IV

Zivilprozessrecht (Erkenntnisverfahren und Zwangsvollstreckungsverfahren)

Wegen fehlender Praxis ist in der Regel die ZPO dem Studenten fremd. Von daher wurde hier besonders auf leichte Verständlichkeit Wert gelegt. Der Schwerpunkt im Erkenntnisverfahren liegt neben den immer wiederkehrenden Problemen der Zulässigkeitsvoraussetzungen (z.B. Zuständigkeit, Streitgegenstand) auf den typischen Problemen des Prozesses, wie z.B. Versäumnisurteil, Widerklage und Klagenhäufung. Die Beteiligung Dritter am Rechtsstreit wird im Hinblick auf die Klausur und die examensrelevante Verortung erklärt.

Das Kapitel der Zwangsvollstreckung befasst sich vor allem mit dem Ablauf der Zwangsvollstreckung und den möglichen Rechtsbehelfen von Schuldner, Gläubiger und Dritten.

Dieses Skript gehört daher zur „Pflichtlektüre", um sich einen vernünftigen Überblick zu verschaffen!

110.0014   14,80 €

Basics-Zivilrecht V

Handels- und Gesellschaftsrecht

Im Vordergrund steht: Wie baue ich eine gesellschaftsrechtliche Klausur richtig auf. Häufig geht es um die Haftung der Gesellschaft und der Gesellschafter. Eine systematische Aufbereitung führt durch das Recht der Personengesellschaften, also der GbR und OHG, sowie der KG. Das Recht der Körperschaften, wozu der rechts- und nichtrechtsfähige Verein, die GmbH sowie die AG zählen, wird ebenso im Überblick dargestellt.

Auf dem Gebiet des Handelsrechts als Sonderrecht des Kaufmanns dürfen typische Problemkreise wie Kaufmannseigenschaft, Handelsregister, Wechsel des Unternehmensträgers und das kaufmännische Bestätigungsschreiben nicht fehlen. Abschließend befasst sich das Skript mit den Mängelrechten beim Handelskauf, der auch häufig die Schnittstelle zu BGB-Problemen darstellt.

110.0015   14,80 €

Basics-Zivilrecht VI

Arbeitsrecht

Das Arbeitsrecht gehört in den meisten Bundesländern zum Pflichtprogramm in der Examensvorbereitung. Hier tauchen immer wieder die gleichen Fragestellungen auf, die in diesem Skript knapp, präzise und klausurtypisch aufbereitet werden, wie die Zulässigkeit der Kündigungsschutzklage, Kündigungsschutz nach dem KSchG, innerbetrieblicher Schadensausgleich, fehlerhafter Arbeitsvertrag und die Reaktionsmöglichkeiten des Arbeitnehmers auf Änderungskündigungen. Ferner bildet auch das Recht der befristeten Arbeitsverhältnisse nach dem TzBfG einen Schwerpunkt.

110.0016   14,80 €

Basics-Strafrecht

Je besser der Einstieg, umso besser später die Klausuren. Weniger ist häufig mehr. Alle klausurwichtigen Probleme und Fragestellungen des materiellen Strafrechts auf einen Blick: Vom StGB-AT bis hin zum StGB-BT finden Sie all das dargestellt, was als Grundlagenwissen im Strafrecht angesehen wird. Außerdem werden die wichtigsten Aufbaufragen zur strafrechtlichen Klausurtechnik - an denen gerade Anfänger häufig scheitern - in einem eigenen Kapitel einfach und leicht nachvollziehbar erläutert.

110.0032   14,80 €

Basics-Öffentliches Recht I

Verfassungsrecht/ Staatshaftungsrecht

Materielles und prozessuales Verfassungsrecht bilden zusammen mit wichtigen Problemstellungen des Staatshaftungsrechts die Grundlage für dieses Skript. Öffentlich-rechtliches Wissen wird konsequent unter Anwendungsgesichtspunkten erworben.

110.0035   14,80 €

Basiswissen

Skripten Classics

Basics-Öffentliches Recht II
Verwaltungsrecht
Grundfragen des allgemeinen und besonderen Verwaltungsrechts werden im Rahmen der wichtigsten Klagearten der VwGO verständlich und einprägsam dargestellt. Zusammen mit dem Skript Ö-Recht I werden Sie sich in der öffentlich rechtlichen Klausur sicher fühlen.

110.0036   *14,80 €*

Basics-Steuerrecht
Die Basics im Steuerrecht für einen einfachen, aber instruktiven Einstieg in das materielle Einkommensteuer- und Steuerverfahrensrecht. Die notwendigen Bezüge des Einkommensteuerrechts zum Umsatz- und Körperschaftssteuerrecht werden dargestellt sowie auf examens- und klausurtypische Konstellationen hingewiesen. Ein ideales Skript für alle, die sich erstmals mit der Materie befassen und die Grundstrukturen verstehen wollen. Es wird der Versuch unternommen, den Einstieg so verständlich wie möglich zu gestalten. Dazu werden immer wieder kleine Beispiele gebildet, die das Erlernen des abstrakten Stoffs vereinfachen sollen.

110.0004   *14,80 €*

Basics-Europarecht
Neben unserem Hauptskript nun die Basics zum Europarecht. Verständlicher Einstieg oder schnelle Wiederholung der wesentlichen Probleme? Für beides sind die Basics ideal. Wer in die Tiefe gehen möchte, kann dies mit unserem Klassiker, dem Hauptskript Europarecht. In Verbindung mit den Classics Europarecht und der Fallsammlung auf Examensniveau sind Sie somit gerüstet für die Prüfung in Ausbildung und Examen. Vernachlässigen Sie dieses immer wichtiger werdende Prüfungsgebiet nicht!

110.0005   *14,80 €*

In den Classics haben wir für Sie die wichtigsten Entscheidungen der Obergerichte, denen Sie während Ihres Studiums immer wieder begegnen, ausgewählt und anschaulich aufbereitet. Bestimmte Entscheidungen müssen bekannt sein. In straffer Form werden der Sachverhalt, die Entscheidungssätze und die Begründung dargestellt. Die hemmer-Methode ordnet die Rechtssprechung für die Klausuren ein. Rechtsprechung wird so verständlich, Seitenfresserei vermieden. Hiermit bereiten Sie sich auch gezielt auf die mündliche Prüfung vor.

BGH-Classics Zivilrecht
Rechtskultur und Verständnis des Gesetzes werden in weiten Teilen von der Rechtsprechung geprägt. Nicht umsonst spricht man von der Rechtsprechung als der normativen Kraft des Faktischen. Die wegweisenden Entscheidungen müssen Student, Referendar und Anwalt bekannt sein. Auf leicht erfaßbare, knappe, präzise Darstellung wird Wert gelegt. Die hemmer-Methode sichert den für die Klausur und Hausarbeit notwenigen „background" ab.

15.01   *14,80 €*

BGH-Classics Strafrecht
Auch die Entscheidungen im Strafrecht in ihrer konkreten Aufbereitung führen zur richtigen Einordnung der jeweiligen Problematik. Es wird die Interessenslage der Rechtsprechung erklärt. Im Vordergrund steht oft Einzelfallgerechtigkeit. Deswegen vermeidet die Rechtsprechung auch allzu dogmatische Entscheidungen.
Effizient, und damit in den wesentlichen Punkten knapp und präzise, wird die Entscheidung selbst wiedergegeben. So sparen Sie sich Zeit und erleiden nicht den berühmten Informationsinfarkt. Sowohl in der Examensvorbereitung, als auch in Klausur und Hausarbeit dienen die Classics als schnelles Lern- und Nachschlagewerk.

15.02   *14,80 €*

Examenswissen

In der letzten Phase sollten Sie sich mit voller Kraft auf das Examen vorbereiten. Besonders wichtig ist jetzt fundiertes Wissen auf Examensniveau! unser Filetstück: die Hauptskripten. Konfrontierten Sie sich frühzeitig mit dem, was Sie im Examen erwartet. Examenswissen unter professioneller Anleitung.

Zivilrecht BGB-AT I-III

> Die Aufteilung der Unwirksamkeitsgründe nach den verschiedenen Büchern des BGB (z.B. BGB-AT, Schuldrecht AT usw.) entspricht nicht der Struktur des Examensfalls. Wegen der klassischen Einteilung wird der Begriff BGB-AT/ Schuldrecht AT beibehalten. Unsere Skripten BGB-AT I - III unterscheiden entsprechend der Fallfrage in Klausur und Hausarbeit (Anspruch entstanden? Anspruch untergegangen? Anspruch durchsetzbar?) zwischen wirksamen und unwirksamen Verträgen, zwischen rechtshindernden, rechtsvernichtenden und rechtshemmenden Einwendungen. Damit stellen sich diese Skripten als großer Fall dar und dienen auch als Checkliste für Ihre Prüfung. Schon das Durchlesen der Gliederung schafft Verständnis für den Prüfungsaufbau.

Classics Öffentliches Recht

Das Skript umfasst die Dauerbrenner aus den Bereichen der Rechtsprechung zu den Grundrechten, zum Staatsrecht, Verwaltungsrecht AT und BT sowie zum Europarecht. Neben der inhaltlichen Darstellung der Entscheidung werden mit Hilfe knapper Anmerkungen Besonderheiten und Bezüge zu anderen Problematiken hergestellt und somit die Fähigkeit zur Verknüpfung geschärft.

15.03   *14,80 €*

Classics Europarecht

Anders als im amerikanischen Recht gibt es bei uns kein reines „case-law". Gleichwohl hat die Rechtsprechung für Rechtsentwicklung und -fortbildung eine große Bedeutung. Gerade im Europarecht kommt man ohne festes Basiswissen in der europäischen Rechtsprechung nur selten zum Zuge. Auch für das Pflichtfach ein unbedingtes Muss!

15.04   *14,80 €*

BGB-AT I
Entstehen des Primäranspruchs

Besteht der Vertrag, so kann der Anspruchsteller Erfüllung, z.B. Übereignung, Überlassung der Mietsache etc. verlangen. Dies setzt unter anderem Rechtsfähigkeit der Vertragspartner, eine wirksame Willenserklärung, Zugang und ggf. Bevollmächtigung voraus. Nur wenn ein wirksamer Vertrag vorliegt, entsteht die Leistungspflicht des Schuldners und deren Folgeproblematik wie Rücktritt und Schadensersatz. Konsequent befasst sich das Skript daher auch mit den Problemkreisen der Stellvertretung sowie der Einbeziehung von AGB'en.

0001   *14,80 €*

BGB-AT II
Scheitern des Primäranspruchs

Scheitert der Vertrag von vornherein, so entfallen Erfüllungsansprüche. Die Unwirksamkeitsgründe sind im Gesetz verstreut, wie z.B. § 125, § 134, § 2301. Als konsequentes Rechtsfolgenskriptum sind alle klausurtypischen rechtshindernden Einwendungen zusammengefasst.

0002   *14,80 €*

BGB-AT III
Erlöschen des Primäranspruchs

Der Primäranspruch (bzw. Leistungs- oder Erfüllungsanspruch) kann nachträglich wegfallen, z.B. durch Erfüllung, Aufrechnung, Anfechtung, Unmöglichkeit. Nur wer Unwirksamkeitsgründe im Kontext des gescheiterten Vertrags einordnet, lernt richtig. Die rechtshemmenden Einreden (z.B. Verjährung, § 214 BGB) bewirken, dass der Berechtigte sein Recht nicht (mehr) geltend machen kann.

0003   *14,80 €*

> Die klassischen Rechtsfolgeskripten
> zum Schadensersatz - „klausurtypisch!"

Schadensersatzrecht I

Das Skript erfasst neben Allgemeinem zum Schadensersatzrecht zunächst den selbstständigen Garantievertrag als Primäranspruch auf Schadensersatz. Daneben wird die gesetzliche Garantiehaftung behandelt. Ebenfalls enthalten sind die Sachmängelhaftung im Kauf- und Werk-, Miet- und Reisevertragsrecht sowie die Rechtsmängelhaftung.

0004   *14,80 €*

Schadensersatzrecht II

Umfassende Darstellung des Leistungsstörungsrechts, rechtsfolgenorientierte Darstellung der Sekundäransprüche-Schadensersatzansprüche.

0005   *14,80 €*

Schadensersatzrecht III

Befasst sich schwerpunktmäßig mit dem Anspruchsinhalt, d.h. mit der Frage des Umfangs der Ersatzpflicht, also dem „wie viel" eines dem Grunde nach bereits bestehenden Anspruchs. Drittschadensliquidation, Vorteilsausgleichung und hypothetische Schadensursachen dürfen nicht fehlen.

0006   *14,80 €*

Schuldrecht

> Die Reihe Schuldrecht orientiert sich an der Klausurrelevanz des Schuldrechts. In nahezu jeder Klausur ist nach Schadensersatzansprüchen des Gläubigers bei Leistungsstörungen des Schuldners, nach bereicherungsrechtlichen Ansprüchen oder nach der deliktischen Haftung gefragt.
> Die Schuldrechtsskripten eignen sich hervorragend sowohl zur erstmaligen Aneignung der Materie als auch zur aufgrund der Schuldrechtsreform notwendigen Neustrukturierung bereits vorhandenen Wissens.

Schuldrecht I

Das allgemeine Leistungsstörungsrecht war schon immer äußerst klausurrelevant. Dies hat sich durch die Schuldrechtsreform in erheblichem Maße verstärkt, zumal das Besondere Schuldrecht nun häufig Rückverweisungen auf die §§ 280 ff. BGB vornimmt (z.B. § 437 BGB). Entsprechend der Gesetzessystematik ist das Skript von der Rechtsfolge her aufgebaut: Welche Art des Schadensersatzes verlangt der Gläubiger? Schwerpunkte bilden das Unmöglichkeitsrecht, der allgemeine Anspruch aus § 280 I BGB (auch vorvertragliche Haftung und Schuldnerverzug), die Ansprüche auf Schadensersatz statt der Leistung, Rücktritt und Störung der Geschäftsgrundlage.

0051   *14,80 €*

Examenswissen

Schuldrecht II

Die Klassiker im Examen! Kauf- und Werkvertrag in allen prüfungsrelevanten Varianten. Dies gilt insbesondere beim Kauf, dessen spezielles Gewährleistungsrecht abgeschafft und stattdessen auf die §§ 280 ff. BGB Bezug genommen wurde. Das Skript setzt sich mit den kaufspezifischen Fragestellungen wie Sachmangelbegriff, Nacherfüllung, Rücktritt, Minderung und Schadensersatz, Versendungs- und Verbrauchsgüterkauf auseinander. Ferner wird das - dem Kauf nun weitgehend gleichgeschaltete - Werkvertragsrecht behandelt.

0052 *14,80 €*

Schuldrecht III

Umfassend werden die klausurrelevanten Probleme der Miete, Pacht, Leihe, des neuen Darlehensrechts (samt Verbraucherwiderruf nach §§ 491 ff. BGB), des Leasing- und Factoringrechts abgehandelt. Die äußerst wichtigen Fragestellungen aus dem Bereich Bürgschaft („Wer bürgt, wird erwürgt"), Reise- und Maklervertrag kommen ebenfalls nicht zu kurz.

0053 *14,80 €*

Bereicherungsrecht

Die §§ 812 ff. sind regelmäßig die Folge unwirksamer Verträge. Abgrenzungsprobleme gibt es dabei u.a. zum Wegfall der Geschäftsgrundlage (z.B. Rückabwicklung bei der nichtehelichen Lebensgemeinschaft) und §§ 987 ff. Die hemmer-Methode versteht sich als Gebrauchsanweisung für die erfolgreiche Bewältigung des anspruchsvollen Rechtsgebiets Bereicherungsrecht. Ohne Verständnis für dieses Rechtsgebiet bleibt der Zusammenhang im Zivilrecht im Dunkeln.

0008 *14,80 €*

Verbraucherschutzrecht

Das Verbraucherschutzrecht erlangt im Gesamtgefüge des BGB eine immer stärkere Bedeutung. Kaum ein Bereich, in dem die Besonderheiten des Verbraucherschutzrechtes nicht zu abweichenden Ergebnissen führen, so z.B. bei den §§ 474 ff. BGB, oder bei der Widerrufsproblematik der §§ 355 ff. BGB. Insbesondere die umständliche Verweisungstechnik der §§ 499 ff. BGB stellt den Bearbeiter von Klausuren vor immer neue Herausforderungen. Das Skript liefert eine systematische Einordnung in den Gesamtzusammenhang. Wer den Verbraucher richtig einordnet, schreibt die gute Klausur.

0007 *14,80 €*

Deliktsrecht I

Eine umfassende Einführung in das deliktische Haftungssystem. Da die deliktische Haftung gegenüber jedermann besteht, können die §§ 823 ff BGB. in jede Klausur problemlos eingebaut werden. Neben einer umfassenden Übersicht über die Haftungstatbestände werden sämtliche klausurrelevanten Problemfelder der §§ 823 ff BGB. umfassend behandelt (z.B. Probleme der haftungsbegründenden und -ausfüllenden Kausalität). § 823 I BGB ist als elementarer, strafrechtsähnlicher Grundtatbestand leicht erlernbar. Auch § 823 II und §§ 824 - 826 BGB sollten nicht vernachlässigt werden. Neben § 831 BGB (Vorsicht beim Entlastungsbeweis!), der Haftung für Verrichtungsgehilfen, befasst sich der erste Band auch mit der Mittäterschaft, Teilnahme und Beteiligung gem. § 830 BGB.

0009 *14,80 €*

Deliktsrecht II

Deliktsrecht II vervollständigt das deliktische Haftungssystem mit besonderem Schwerpunkt auf der Gefährdungshaftung und der Haftung für vermutetes Verschulden. Zum einen erfolgt eine ausführliche Erörterung der im BGB integrierten Haftungsnormen. Zum anderen vermittelt das Skript ein umfassendes Wissen in den klausurrelevanten Spezialgesetzen wie dem StVG, dem ProdHaftG und dem UmweltHaftG. Abgerundet werden die Darstellungen durch den wichtigen Beseitigungs- und Unterlassungsanspruch des § 1004 BGB.

0010 *14,80 €*

Sachenrecht I-III:

> Sachenrecht ist durch immer wiederkehrende examenstypische Problemfelder gut ausrechenbar. Anders als das Schuldrecht ist es ein klar strukturiertes Rechtsgebiet. In der Regel besteht deswegen eine feste Vorstellung, wie der Fall zu lösen ist. Deshalb gilt es gerade hier, mit der hemmer-Methode den Ersteller der Klausur als imaginären Gegner zu erfassen. Es gilt, Begriffe wie z.B. Widerspruch und Vormerkung in ihrer rechtlichen Wirkung zu begreifen und in den Kontext der Klausur einzuordnen.

Sachenrecht I

Zu Beginn werden die allgemeinen Lehren des Sachenrechts (Abstraktionsprinzip, Publizität, numerus clausus etc.) behandelt, die für den Einstieg und ein grundlegendes Verständnis der Materie unabdingbar sind. Im Vordergrund stehen dann das Besitzrecht und das Eigentümer-Besitzer-Verhältnis. Gerade das EBV ist klausurrelevant. Hier dürfen Sie keinesfalls auf Lücke lernen. Schließlich geht es auch um den immer wichtiger werdenden (verschuldensunabhängigen) Beseitigungs- bzw. Unterlassungsanspruch aus § 1004 BGB.

0011   *14,80 €*

Sachenrecht II

Sachenrecht II behandelt den Erwerb dinglicher Rechte an beweglichen Sachen. Neben dem Erwerb kraft Gesetzes ist Schwerpunkt hier natürlich der rechtsgeschäftliche Erwerb des Eigentums. Bei dem Erwerb vom Berechtigten und den §§ 932 ff. BGB müssen Sie sicher sein, insbesondere, wenn wie im Examensfall regelmäßig Dritte (Besitzdiener, Besitzmittler, Geheißpersonen) in den Übereignungstatbestand eingeschaltet werden. Daneben geht es um die klausurrelevanten Probleme beim Pfandrecht, bei der Sicherungsübereignung und beim Anwartschaftsrecht des Vorbehaltsverkäufers.

0012   *14,80 €*

Sachenrecht III

Gegenstand des Skripts Sachenrecht III ist das Immobiliarsachenrecht, wobei die Übertragung des Eigentums an Grundstücken im Vordergrund steht. Weitere Schwerpunkte bilden u.a. Erst- und Zweiterwerb der Vormerkung, die Hypothek und Grundschuld -Gemeinsamkeiten und Unterschiede-, Übertragung sowie der Wegerwerb von Einwendungen und Einreden bei diesen.

0012A   *14,80 €*

Kreditsicherungsrecht

Der Clou! Wettlauf der Sicherungsgeber, Verhältnis Hypothek zur Grundschuld, Verlängerter Eigentumsvorbehalt und Globalzession/Factoring sind häufig Prüfungsgegenstand. Lernen Sie das, was zusammen gehört, als zusammengehörend zu betrachten. Alle examenstypischen Sicherungsmittel im Überblick: Wie sichere ich neben dem bestehenden Rückzahlungsanspruch einen Kredit? Unterschieden werden Personalsicherheiten (z.B. Bürgschaft, Schuldbeitritt), Mobiliarsicherheiten (z.B. Sicherungsübereignung, Sicherungsabtretung, Eigentumsvorbehalt und Pfandrecht) sowie Immobiliarsicherheiten (Grundschuld und Hypothek). Wer die Unterscheidung zwischen akzessorischen und nichtakzessorischen Sicherungsmitteln wirklich verstanden hat, geht unbesorgt in die Prüfung.

0013   *14,80 €*

Nebengebiete

Familienrecht

Das Familienrecht wird häufig in Verbindung mit anderen Rechtsgebieten geprüft. So sind z.B. §§ 1357, 1365, 1369 BGB Schnittstelle zum BGB-AT und nur in diesem Kontext verständlich. Die sog. Ehestörungsklage hat ihre Bedeutung aus §§ 823 und 1004 BGB. Da nur der geschädigte Ehegatte einen eigenen Schadensersatzanspruch gegen den Schädiger hat, stellen sich Probleme der Vorteilsanrechnung (vgl. § 843 IV BGB) und Fragen beim Regress. Von Bedeutung sind bei der Nichtehelichen Lebensgemeinschaft Bereicherungsrecht und, wie bei Eheleuten auch, familienrechtliche Bestimmungen sowie das Recht der BGB-Gesellschaft. Die typischen Problemkreise des Familienrechts sind berechenbar und leicht erlernbar.

0014   *14,80 €*

Examenswissen

Erbrecht

„Erben werden geboren, nicht gekoren." oder „Erben werden gezeugt, nicht geschrieben." deuten auf germanischen Einfluß mit seinem Sippengedanken. Das Prinzip der Universalsukzession und die Testamentidee sind römisch-rechtliche Tradition. Die Spannung zwischen individualistischem (der Erbe steht im Vordergrund) und kollektivistischem Ansatz (die Sippe ist privilegiert) ist auch für die Klausur von großer praktischer Relevanz, z.B. gewillkürte oder gesetzliche Erbfolge, Formwirksamkeit des Testaments (auch gemeinschaftliches Testament und Erbvertrag), Widerruf und Anfechtung, Bestimmung durch Dritte, Vor- und Nach- sowie Ersatzerbschaft, Vermächtnis, Pflichtteilsrecht, Erbschaftsbesitz, Miterben, Erbschein. Auch die dingliche Surrogation, z.B. bei § 2019 BGB, und das Verhältnis des Erbrechts zum Gesellschaftsrecht sollte als prüfungsrelevant bekannt sein.

0015   *14,80 €*

Zivilprozessrecht I

Versäumnisurteil, Erledigung, Streitverkündung, Berufung (ZPO I, sog. Erkenntnisverfahren) sind mit der hemmer-Methode leicht verständlich für die Klausuranwendung aufbereitet. Von den vielen Bestimmungen der ZPO sind insbesondere diejenigen, die mit materiellrechtlichen Problemen verknüpft werden können, klausurrelevant. ZPO-Probleme werden nur dann richtig erfasst und damit auch für die Klausur handhabbar, wenn man den praktischen Hintergrund verstanden hat. Dies erleichtert Ihnen die hemmer-Methode. Die klausurrelevanten Neuerungen der ZPO-Reform sind selbstverständlich eingearbeitet.

0016   *14,80 €*

Zivilprozessrecht II

Zwangsvollstreckungsrecht - mit diesem Skript halb so wild: Grundzüge, allgemeine und besondere Vollstreckungsvoraussetzungen, sowie die klausurrelevanten Rechtsbehelfe wie §§ 771 BGB (und die Abgrenzung zu § 805), 766 und 767 BGB werden wie gewohnt übersichtlich und gut verständlich für die Anwendung in der Klausur aufbereitet. Dann werden auch gefürchtete Zwangsvollstreckungsklausuren leicht.

0017   *14,80 €*

Arbeitsrecht

Arbeitsrecht ist stark von Richterrecht geprägt und hat sich auch, wie z.B. im Streikrecht, praeter legem entwickelt. Entsprechend häufig sind die Neuerungen. Gleichwohl ist die Arbeitsrechtsklausur im Regelfall standardisiert: Kündigungsschutz (Feststellungsklage) und Lohnzahlung (Leistungsklage) bilden häufig das Grundgerüst. Eingestreut sind regelmäßig Probleme wie z.B. Gratifikationen, Urlaubsabgeltungsanspruch, faktische Bindung und Anwendbarkeit der Grundrechte. Verständnis entsteht. So macht Arbeitsrecht Spaß. Das Standardwerk! Ausgehend von einem großen Fall wird das gesamte Arbeitsrecht knapp und prägnant erklärt.

0018   *16,80 €*

Handelsrecht

Handelsrecht verschärft wegen der Sonderstellung der Kaufleute viele Bestimmungen des BGB (z.B. §§ 362, 377 HGB). Auch Vertretungsrecht wird modifiziert (z.B. § 15 HGB, Prokura), ebenso die Haftung (§§ 25 ff HGB). So kann eine Klausur ideal gestreckt werden. Deshalb sind Kenntnisse im Handelsrecht unerlässlich, alles in allem aber leicht erlernbar.

0019A   *14,80 €*

Gesellschaftsrecht

Ein Problem mehr in der Klausur: die Gesellschaft, insbesondere BGB-Gesellschaft, OHG, KG und GmbH. Zu unterscheiden ist häufig zwischen Innen- und Außenverhältnis. Die Haftung von Gesellschaft und Gesellschaftern muss jeder kennen. In der examenstypischen Klausur sind immer mehrere Personen vorhanden (Notendifferenzierung!), so dass sich zwangsläufig die typischen Schwierigkeiten der Mehrpersonenverhältnisse stellen (Zurechnung, Gesamtschuld, Ausgleichsansprüche etc.).

0019B   *14,80 €*

Rechtsfolgeskripten

> Regelmäßig ist die sog. Herausgabeklausur („A verlangt von B Herausgabe. Zu Recht?") Prüfungsgegenstand. Der Rückgriff kann als Zusatzfrage jede Klausur abschließen. Klausurtypisch werden diese Problemkreise im Anspruchsgrundlagenaufbau dargestellt. So schreiben Sie die 18 Punkteklausur. Ein Muss für jeden Examenskandidaten!

Herausgabeansprüche

Der Band setzt das Rechtsfolgesystem bisheriger Skripten fort. Die Anspruchsgrundlagen, die in den verschiedenen Rechtsgebieten verstreut sind, werden in einem eigenen Skript klausurtypisch konzentriert behandelt, §§ 285, 346, 546, 604, 812, 861, 985, 1007 BGB. Die ideale Checkliste für die Herausgabeklausur. Wer konsequent von der Fallfrage aus geht, lernt richtig.

0031   *14,80 €*

Rückgriffsansprüche

Der Regreß ist examenstypisch. Dreiecksbeziehungen sind nicht nur im wirklichen Leben problematisch, sondern auch im Recht. Der Band gibt unsere Erfahrungen mit den verschiedenen Examenskonstellationen wieder. Beispielhaft ist die Begleichung einer Schuld durch einen Dritten und der Regreß beim Schuldner. In Betracht kommen häufig GoA, Gesamtschuld und Bereicherungsrecht.

0032   *14,80 €*

Strafrecht

> Eine zweistellige Punktezahl ist im Strafrecht immer im Bereich des Möglichen. Gerade im Strafrecht ist es wichtig, die Klassiker genau zu kennen. Im Strafrecht/Strafprozessrecht wird Ihre Belastbarkeit getestet: innerhalb relativ kurzer Zeit müssen viele Problemkreise „abgehakt" werden.

Strafrecht AT I

Für das Verständnis im Strafrecht unabdingbar sind vertiefte Kenntnisse des Allgemeinen Teils. Der Aufbau eines vorsätzlichen Begehungsdelikts wird ebenso vermittelt wie der eines vorsätzlichen Unterlassungsdelikts bzw. eines Fahrlässigkeitsdelikts. Darin eingebettet werden die examenstypischen Probleme erläutert und anhand der hemmer-Methode Lernverständis geschaffen. Um die allgemeine Strafrechtssystematik besser zu verstehen, beinhaltet dieses Skript zudem Ausführungen zur Garantiefunktion des Strafrechts, zum Geltungsbereich des deutschen Strafrechts sowie einen Überblick über strafrechtliche Handlungslehren.

0020   *14,80 €*

Strafrecht AT II

Dieses Skript vermittelt Ihnen anwendungsorientiert die Problemkreise Versuch (insbesondere Rücktritt vom Versuch), Täterschaft und Teilnahme (z.B. Täter hinter dem Täter), die Irrtumslehre (z.B. aberratio ictus), sowie das Wichtigste zu den Konkurrenzen. Grundbegriffe werden erläutert und zudem in den klausurtypischen Zusammenhang gebracht. Auch Sonderfälle wie die „actio libera in causa" werden in fallspezifischer Weise erklärt.

0021   *14,80 €*

Strafrecht BT I

Bei den Klassikern wie u.a. Diebstahl, Betrug einschließlich Computerbetrug, Raub, Erpressung, Hehlerei, Untreue (BT I) sollte man sich keine Fehltritte leisten. Mit der hemmer-Methode wird der verständnisvolle Umgang mit Fällen, die im Grenzbereich eines oder mehrerer Tatbestände liegen, eingeübt. Auf klausurtypische Fallkonstellationen wird hingewiesen.

0022   *14,80 €*

Strafrecht BT II

Immer wieder in Hausarbeit und Klausur: Totschlag, Mord, Körperverletzungsdelikte, Aussagedelikte, Urkundsdelikte, Straßenverkehrsdelikte. In aller Regel werden diese Delikte mit Täterschaftsformen des Allgemeinen Teils kombiniert, und dadurch die Problematik klausurtypisch gestreckt.

0023   *14,80 €*

Strafprozessordnung

Strafprozessrecht hat auch im Ersten Juristischen Staatsexamen deutlich an Bedeutung gewonnen: In fast jedem Bundesland ist mittlerweile verstärkt mit StPO-Zusatzfragen im Examen zu rechnen. Begriffe wie z.B. Legalitätsprinzip, Opportunitätsprinzip und Akkusationsprinzip dürfen keine Fremdworte bleiben. Lernen Sie spielerisch die Abgrenzung von strafprozessualem und materiellem Tatbegriff. Auf alle klausurtypischen Probleme wird eingegangen.

0030   *14,80 €*

Definitionen Strafrecht - schnell gemerkt

... durch Techniken vom Gedächtnismeister: Leichter lernen, schneller merken, sicherer erinnern. Das Lernen von Definitionen hat drei große Nachteile: Es ist eintönig, eine exakte Wiedergabe ist gerade bei längeren Definitionen nur schwer möglich und man vergisst viele Definitionen beinahe schneller als man sie gelernt hat.

Dieses Buch zeigt einen anderen Weg: Aus Definitionen werden Reihen von Stichworten, aus Stichworten Bilder und aus den Bildern Geschichten. So finden Techniken, die sonst dazu verwendet werden, sich mehrere hundert Zahlen in fünf Minuten einzuprägen oder ein Kartenspiel in weniger als einer Minute, auf das Recht Anwendung - und sie bleiben effektiv. Nun kann auch der Leser Gewinn daraus ziehen: Weniger Wiederholungen, klareres Behalten, sichere Wiedergabe in der Klausur.

0044   *14,80 €*

Verwaltungsrecht

Auch die Verwaltungsrechtsskripten sind klausur- und hausarbeitsorientiert und damit als großer Fall zu verstehen. Trainieren Sie Verwaltungsrecht mit uns klausurorientiert. Lernen Sie mit der hemmer-Methode die richtige Einordnung. Im Öffentlichen Recht gilt: wenig Dogmatik - viel Gesetz. Gehen Sie deshalb mit dem sicheren Gefühl in die Prüfung, die Dogmatik genau zu kennen und zu wissen, wo Sie was zu prüfen haben.

Verwaltungsrecht I

Wie in einem großen Fall sind im Verwaltungsrecht I die klausurtypischen Probleme der Anfechtungsklage als zentrale Klageart der VwGO dargestellt. Entsprechend der Reihenfolge in einer Klausur werden Fragen der Zulässigkeit, vom Vorliegen eines VA bis zum Vorverfahren, und der Begründetheit, von der Ermächtigungsgrundlage bis zum Widerruf und der Rücknahme von VAen, klausurorientiert aufbereitet.

0024   *14,80 €*

Verwaltungsrecht II

Die richtige Einordnung der Prüfungspunkte im Rahmen der Zulässigkeit und Begründetheit von Verpflichtungs-, Fortsetzungsfeststellungs-, Leistungs- und Feststellungsklage sowie Normenkontrolle unter gleichzeitiger Darstellung typischer Fragestellungen der Begründetheit sind Gegenstand dieses Skripts. Sie machen es zu einem unentbehrlichen Hilfsmittel zur Vorbereitung auf Zwischenprüfung und Examina.

0025   *14,80 €*

Verwaltungsrecht III

Profitieren Sie von unserer jahrelangen Erfahrung als Repetitoren und unserer Sachkenntnis von Prüfungsfällen. Widerspruchsverfahren, vorbeugender und vorläufiger Rechtsschutz, Rechtsmittel sowie Sonderprobleme aus dem Verwaltungsprozess- und allgemeinen Verwaltungsrechts sind anschließend für Sie keine Fremdwörter mehr.

0026   *14,80 €*

Staatsrecht

Stoffauswahl und Schwerpunktbildung von Verfassungsrecht (Staatsrecht I) und Staatsorganisationsrecht (Staatsrecht II) orientieren sich am praktischen Bedürfnis von Klausur und Hausarbeit. Da in diesem Bereich häufig nach dem Prinzip „terra incognita" gelernt wurde, gilt es Lücken zu schließen. Wer Staatsrecht richtig gelernt hat, kann sich jedem Fall stellen. Es gilt der Wahlspruch der Aufklärung: „sapere aude" (Wage, Dich Deines Verstandes zu bedienen.), Kant, auf ihn Bezug nehmend Karl Popper (Beck´sche Reihe, „Große Denker").

Staatsrecht I

Die Grundrechte sind das Herzstück der Verfassung. Zulässigkeit und Begründetheit der Verfassungsbeschwerde geben jedem Klausurersteller die Möglichkeit, Grundrechtsverständnis abzuprüfen. Die einzelnen Grundrechte werden im Rahmen der Begründetheit der Verfassungsbeschwerde umfassend erklärt. Lernen Sie mit der hemmer-Methode den richtigen Fallaufbau, auf den gerade im Öffentlichen Recht besonders viel Wert gelegt wird.

0027   14,80 €

Staatsrecht II

Speziell hier gilt: Die wenigen Klassiker, die immer wieder in der Klausur eingebaut sind, muss man kennen. Dies sind im Prozessrecht: Organstreitigkeiten, abstrakte und konkrete Normenkontrolle und föderale Streitigkeiten (Bund-/ Länderstreitigkeiten). Das materielle Recht beinhaltet Staatszielbestimmungen (Art. 20 GG), Finanzverfassung, daneben auch oberste Staatsorgane, Gesetzgebungskompetenz und -verfahren, Verwaltungsorganisation und das Recht der politischen Parteien. Mit diesen Problemkreisen sollten Sie sich im Rahmen einer sinnvollen Examensvorbereitung mit den jeweiligen landesrechtlichen Besonderheiten auseinandersetzen. Skripten, die die Problematik „verallgemeinernd" auf Bundesebene darstellen, helfen meist nicht weiter!

0028   14,80 €

Staatshaftungsrecht

Das Staatshaftungsrecht ist eine Querschnittsmaterie aus den Bereichen Verfassungsrecht, Allgemeines und Besonderes Verwaltungsrecht und dem Bürgerlichen Recht. Diese Besonderheit macht es einerseits kompliziert, andererseits interessant für Klausurersteller! In diesem Skript finden Sie alle klausurrelevanten Probleme des Staatshaftungsrechts examenstypisch aufgearbeitet.

0040   14,80 €

Europarecht

Immer auf dem neusten Stand! Unser Europarecht hat sich zum Klassiker entwickelt. In Zeiten unüberschaubarer Normenflut ermöglicht dieses Skript die zum Verständnis notwendige Orientierung und Vereinfachung. Anschaulich und klar strukturiert erspart es Zeit und dient dem Allgemeinverständnis für dieses in Zukunft immer wichtiger werdende Prüfungsgebiet. Zusammen mit der Fallsammlung Europarecht Garant für ein erfolgreiches Abschneiden in der Prüfung! Die hohe Nachfrage gibt dem Skriptum recht.

0029   16,80 €

Intelligentes Lernen
mit der hemmer-Methode

Öffentliches Recht - landesspezifische Skripten

Wesentliche Bereiche des Öffentlichen Rechts - Kommunalrecht, Sicherheitsrecht, Bauordnungsrecht - sind aufgrund der Kompetenzverteilung des Grundgesetzes Landesrecht. Hier müssen Sie sich im Rahmen einer sinnvollen Examensvorbereitung mit den jeweiligen landesrechtlichen Besonderheiten auseinandersetzen. Skripten, die die Problematik „verallgemeinernd" auf Bundesebene darstellen, helfen meist nicht weiter!

Baurecht/Bayern
Baurecht/Nordrhein-Westfalen
Baurecht/Baden Württemberg
Baurecht/Saarland
Baurecht/Hessen

Bauplanungs- und Bauordnungsrecht werden in klausurtypischer Aufarbeitung so dargestellt, dass selbst ein Anfänger innerhalb kürzester Zeit die Systematik des Baurechts erlernen kann. Vertieft werden darüber hinaus alle wichtigen Spezialprobleme des Baurechts wie gemeindliches Einvernehmen, Vorbescheid, Erlass von Bebauungsplänen etc. behandelt.

01.0033 BauR Bayern	*14,80 €*
02.0033 BauR NRW	*14,80 €*
03.0033 BauR Baden Württ.	*14,80 €*
06.0033 BauR Saarland	*14,80 €*
04.0033 BauR Hessen	*14,80 €*

Polizei- und Sicherheitsrecht/ Bayern
Polizei- und Ordunungsrecht/ Nordrhein-Westfalen
Polizeirecht/Baden Württemberg
Polizeirecht/Saarland

Gerade das Polizei- und/oder Sicherheitsrecht stellt sich von Bundesland zu Bundesland unterschiedlich dar: Hier kommt die Stärke der landesrechtlichen Skripten voll zur Geltung! Lernen Sie im jeweils regionalen Kontext die Begriffe Primär- und Sekundärmaßnahme, Konnexität, Anscheins- und Putativgefahr usw. Der Aufbau des Skripts orientiert sich an der typischen Systematik einer Polizeirechtsklausur.

01.0034 Polizei-/SR Bayern	*14,80 €*
02.0034 Polizei-/OR NRW	*14,80 €*
03.0034 PolizeiR/Baden Württ.	*14,80 €*
06.0034 PolizeiR/Saarland	*14,80 €*

Kommunalrecht/Bayern
Kommunalrecht/NRW
Kommunalrecht/Baden Württemberg

In vielen Bundesländern ist Kommunalrecht das Herz der verwaltungsrechtlichen Klausur, da es sich mit den meisten anderen Bereichen des Verwaltungsrecht-BT hervorragend kombinieren lässt: Begriffe wie eigener und übertragener Wirkungskreis, Kommunalaufsicht, Verbands- und Organkompetenz, Befangenheit von Gemeinderäten, Kommunale Verfassungsstreitigkeit, gemeindliche Geschäftsordnung und vieles mehr werden in gewohnt fallspezifischer Art dargestellt und erklärt.

01.0035 KomR. Bayern	*14,80 €*
02.0035 KomR. NRW	*14,80 €*
03.0035 KomR. Baden Württ.	*14,80 €*

Examenswissen

Schwerpunktskripten

Auch im Schwerpunktbereich können Sie auf die gewohnte und bewährte Qualität der Hemmer-Skripten zurückgreifen. Wir ermöglichen Ihnen, ihren Schwerpunktbereich effektiv und examenstypisch zu erschließen. Die Zusammenstellung der Skripten orientiert sich am examensrelevanten Stoff und den wichtigsten Problemkreisen.

Kriminologie

Das Skript Kriminologie umfasst sämtliche, für den Schwerpunkt relevanten Bereiche: Kriminologie, Jugendstrafrecht und Strafvollzug. Im Mittelpunkt stehen insbesondere die Erscheinungsformen und Ursachen von Kriminalität, der Täter, aber auch das Opfer und die Kontrolle und Behandlung des Straftäters. Durch die Behandlung vieler strafrechtlicher Grundbegriffe ist das Skriptum auch für den Studenten geeignet, der diesen Schwerpunktbereich nicht gewählt hat.

0039   *16,80 €*

Völkerrecht

Die Probleme im Völkerrecht sind begrenzt. Erschließen Sie sich mit Hilfe dieses Skripts die Problemkreise der völkerrechtlichen Verträge, über die Personalhoheit bis hin zum Interventionsverbot.
Denken Sie daran: Seit das Europarecht Prüfstoff des Ersten und Zweiten Juristischen Staatsexamens geworden ist, hat die Attraktivität des Schwerpunktbereiches Völker-/Europarecht stark zugenommen.

0036   *16,80 €*

Internationales Privatrecht

In der Praxis wird der Jurist von morgen nicht darum herumkommen, sich mit IPR zu beschäftigen. Internationale Verflechtungen gewinnen an Bedeutung und den nationalen Scheuklappen wird entgegen gewirkt. Das Skript ist fallorientiert und ermöglicht den leichten Einstieg. Die Anwendung des Internationalen Einheitsrechts, staatsvertraglicher Kollisionsnormen sowie des autonomen Kollisionsrechts werden hier erläutert. Auch werden die Rechte der natürlichen Person auf internationaler Ebene vom Vertragsrecht bis hin zum Sachenrecht behandelt.

0037   *16,80 €*

Kapitalgesellschaftsrecht

Im Skript Kapitalgesellschaftsrecht werden die Gründung der Kapitalgesellschaften und deren Organisationsverfassung dargestellt. Es beinhaltet daneben die Rechtsstellung der Gesellschafter, die Finanzordnung der Gesellschaften und die Stellung der Gesellschaften im Rechtsverkehr. Abschließend erfolgt ein Überblick über das Konzernrecht und Sonderformen der Kapitalgesellschaften.

0055   *16,80 €*

Rechtsgeschichte I

Gegenstand des Skripts ist die Rechtsgeschicht des frühen Mittelalters bis hin zur Rechtsgeschichte des 20. Jahrhunderts. Inhaltlich deckt es die Bereiche Verfassungsgeschichte, Privatrechtsgeschichte und Strafrechtsgeschichte ab. Hauptsächlich hilft das Skript bei der Vorbereitung auf die rechtsgeschichtlichen Klausuren. Gleichzeitig ist es auch für „kleine" Grundlagenklausuren und die „großen" Examensklausuren geeignet. Ideal auch zur Vorbereitung auf die mündliche Prüfung.

0058   *16,80 €*

Rechtsgeschichte II

Das Skript Rechtsgeschichte II befasst sich mit der Römischen Rechtsgeschichte und liefert im Zusammenhang mit dem Skript Rechtsgeschichte I (Deutsche Rechtsgeschichte) den Stoff für den Schwerpunktbereich. Darüber hinaus sollten Grundzüge der Rechtsgeschichte zum Wissen eines jeden Jurastudenten gehören. Mit diesem Skript werden Sie schnell in die Entwicklungen und Einflüsse der Römischen Rechtsgeschichte eingeführt.

0059   *16,80 €*

Wettbewerbs- und Markenrecht

Im Rahmen des Rechts des unlauteren Wettbewerbs werden die Grundzüge erklärt, die für das Verständnis dieser Materie unerlässlich sind. Aus dem Bereich des Immaterialgüterrechts wird das Markenrecht näher betrachtet, etwa Unterlassungs- und Schadensersatzansprüche wegen Markenverletzung.

0060   *16,80 €*

Examenswissen

Rechts- und Staatsphilosophie sowie Rechtssoziologie

Ziel des Skriptes ist es, über die Vermittlung des für die Klausur erforderlichen Wissens hinaus den Leser zu befähigen, ein eigenständiges rechtsphilosophisches Denken zu entwickeln und die erforderliche Argumentation auszuprägen. Das Werk führt zunächst gezielt in die Grundlagen und Fragestellungen der Rechtsphilosophie und Rechtssoziologie ein. Dem folgt eine historisch wie thematisch orientierte Auswahl von Philosophen und Soziologen, wobei nach einem festen Gliederungsmuster deren Leben, Vorstellung von Recht und Gerechtigkeit, Gesellschaft und Staat vorgestellt wird. Die Ausführungen schließen mit aktuellen Bezügen zur jeweiligen Theorie als Denkanstoß ab.

0062   *16,80 €*

Insolvenzrecht

Das Skript umfasst sämtliche relevanten Bereiche: Insolvenzantragsverfahren, vorläufige Insolvenzverwaltung, Anfechtung, Aus- und Absonderung sowie alles rund um das Amt des Insolvenzverwalters. Ebenfalls besprochen werden die Besonderheiten von Arbeitsverhältnissen in der Insolvenz sowie die Besonderheiten des Verbraucherinsolvenzverfahrens. Mit einer Vielzahl von Beispielen aus der Praxis ist das Skriptum geeignet, sich einen groben Überblick über diesen sehr bedeutsamen Bereich zu verschaffen.

0063   *16,80 €*

Steuererklärung leicht gemacht

Das Skript gibt alle erforderlichen Anleitungen und geldwerte Tipps für die selbstständige Erstellung der Einkommensteuererklärung von Studenten und Referendaren. Zur Verdeutlichung sind Beispielfälle eingebaut, deren Lösungen als Grundlage für eigene Erklärungen dienen können.

0038   *14,80 €*

Abgabenordnung

Die Abgabenordnung als das Verfahrensrecht zum gesamten Steuerrecht hält viele Besonderheiten bereit, die Sie sowohl im Rahmen der Pflichtfachklausur im 2. Examen, wie auch im Schwerpunktbereich beherrschen müssen. Hierbei hilft zwar Systemverständnis im allgemeinen Verwaltungsrecht, jedoch ist auch eine detaillierte Auseinandersetzung mit abgabenordnungsspezifischen Problemen unverzichtbar. Im 1. und 2. Examen stellen verfahrensrechtliche Fragen regelmäßig zwischen 25 und 30 % des Prüfungsstoffes der Steuerrechtsklausur dar. Hier zeigt sich immer wieder, dass das Verfahrensrecht zu wenig beachtet wurde. Eine gute Klausur kann aber nur dann gelingen, wenn sowohl die einkommensteuerrechtliche als auch die verfahrensrechtliche Problematik erfasst wurde.

0042   *16,80 €*

Einkommensteuerrecht

Der gesamte examensrelevante Stoff sowohl für den Schwerpunktbereich als auch für die Pflichtklausur im 2. Examen: Angefangen bei den einkommensteuerlichen Grundfragen der subjektiven Steuerpflicht und den Besteuerungstatbeständen der sieben Einkommensarten, über die verschiedenen Gewinnermittlungsmethoden, bis hin zur Berechnung des zu versteuernden Einkommens orientiert sich das Skript streng am Klausuraufbau und stellt so absolut notwendiges Handwerkszeug dar. Das Skript eignet sich sowohl für den Einstieg, als auch für die intensive Auseinandersetzung mit dem Einkommensteuerrecht. Auch für jeden „Steuerzahler" empfehlenswert! Schwerpunkt bleiben die examensrelevanten Problemkreise.

0043   *21,80 €*

Wasser- und Immissionsschutzrecht

Sowohl das Wasser- als auch das Immissionsschutzrecht bilden die Kernmaterien des öffentlichen Umweltrechts. In den Prüfungsordnungen der Universitäten sind das Wasser- und Immissionsschutzrecht weitestgehend Bestandteil öffentlich-rechtlicher Schwerpunktbereiche, wohingegen im Rahmen der Referendarausbildung die Materien in vielen Ländern dem Pflichtstoff angehören. Der Aufbau des Skripts orientiert sich daher grundsätzlich an der gutachterlichen Prüfungsabfolge. Den Kern bilden dabei die stark formalisierten wasser- und immissionsschutzrechtlichen Zulassungsverfahren.

0064   *16,80 €*

Die Shorties -
in 20 Stunden zum Erfolg

Die wichtigsten Begriffe und Themenkreise werden anwendungsspezifisch erklärt.
Knapper geht es nicht.
Die „sounds" der Juristerei (super learning) grafisch aufbereitet - in Kürze zum Erfolg.

- als Checkliste
zum schnellen Erfassen des jeweiligen Rechtsgebiets.

- zum Rekapitulieren
mit dem besonderen Gedächtnistraining schaffen Sie Ihr Wissen ins Langzeitgedächtnis.

- vor der Klausur zum schnellen Überblick

- ideal vor der mündlichen Prüfung

Die Shorties 1
BGB AT, SchuldR AT (50.10)   *21,80 €*

Die Shorties 2/I
KaufR, MietV, Leihe, WerkVR,
ReiseV, Verwahrung (50.21)   *21,80 €*

Die Shorties 2/II
GoA, BerR, DeliktsR,
SchadensersatzR (50.22)   *21,80 €*

Die Shorties 3
SachenR, ErbR, FamR (50.30)   *21,80 €*

Die Shorties 4
ZPO I/II, HGB (50.40)   *21,80 €*

Die Shorties 5
StrafR AT/BT (50.50)   *21,80 €*

Die Shorties 6
Öffentliches Recht (50.60)   *21,80 €*
(VerwR, GrundR, BauR, StaatsOrgR, VerfProzR)

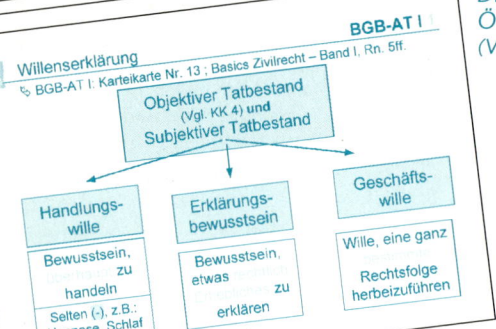

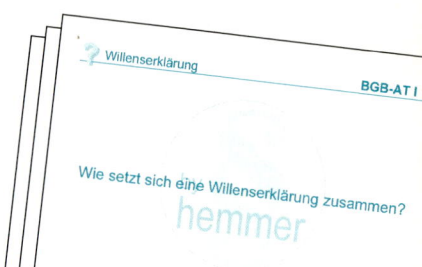

So lernen Sie richtig mit der hemmer-Box (im Preis inklusive):

1. Verstehen: Haben Sie den gelesenen Stoff verstanden, wandert die Karte auf Stufe 2., Wiederholen am nächsten Tag.

2. Wiederholen: Haben Sie den Stoff behalten, wandert er von Stufe 2. zu Stufe 4.

3. kleine Strafrunde: Konnten Sie den Inhalt von 2. nicht exakt wiedergeben, arbeiten Sie die Themen bitte noch einmal durch.

4. fundiertes Wissen: Wiederholen Sie die hier einsortierten Karten nach einer Woche noch einmal. Konnten Sie alles wiedergeben? Dann können Sie vorrücken zu Stufe 5.

5. Langzeitgedächtnis: Wiederholen Sie auf dieser Stufe das Gelernte im Schnelldurchlauf nach einem Monat. Sollten noch Fragen offen bleiben, gehen sie bitte eine Stufe zurück.

HEMMER Karteikarten - Logisch und durchdacht aufgebaut!

Einleitung
führt zur Fragestellung hin und verschafft Ihnen den schnellen Überblick über die Problemstellung

Frage oder zu lösender Fall
konkretisiert den jeweiligen Problemkreis

II. Verschulden bei Vertragsverhandlungen   §   **SchR-AT I**

Vorvertragliche Sonderverbindung   hemmer Karte 22

Die c.i.c. setzt ein vorvertragliches Vertrauensverhältnis voraus. Dieses entsteht nicht durch jeden gesteigerten sozialen Kontakt, sondern nur durch ein Verhalten, das auf den Abschluss eines Vertrages oder die Anbahnung geschäftlicher Kontakte abzielt. Ob es später tatsächlich zu einem Vertragsschluss kommt, ist dagegen unerheblich. Der Vertragsschluss ist nur erheblich für die Abgrenzung zwischen §§ 280 I, 241 II BGB (pVV) und §§ 280 I, 311 II, 241 II BGB (c.i.c.): Fällt die Pflichtverletzung in den Zeitraum vor Vertragsschluss, sind ohne Rücksicht auf den späteren Vertragsschluss die §§ 280 I, 311 II, 241 II BGB richtige Anspruchsgrundlage.

A macht einen Stadtbummel. Aus Neugier betritt er ein neues Geschäft, um das Warenangebot näher kennen zu lernen. Dazu kommt es aber nicht. Er rutscht kurz hinter dem Eingang auf einer Bananenschale aus und bricht sich ein Bein.
Hat A Ansprüche aus c.i.c.?
Abwandlung: A betritt das Geschäft nur, weil es gerade zu regnen angefangen hat. Er hat keinerlei Kaufinteresse.

Juristisches Repetitorium
examenstypisch · anspruchsvoll · umfassend **hemmer**

Antwort
informiert umfassend und in prägnanter Sprache

1. Grundfall:
Fraglich ist, ob ein vorvertragliches Schuldverhältnis vorliegt. Dieses entsteht insbesondere erst durch ein Verhalten, das auf die Aufnahme von Vertragsverhandlungen (§ 311 II Nr. 1 BGB), die Anbahnung eines Vertrags (§ 311 II Nr. 2 BGB) oder eines geschäftlichen Kontakts (§ 311 II Nr. 3 BGB) abzielt. Hier betritt A das Geschäft zwar ohne konkrete Kaufabsicht, aber doch als potentieller Kunde in der Absicht, sich über die Warenordnung zu informieren, um später möglicherweise doch etwas zu kaufen. **Sein Verhalten ist somit auf die Anbahnung eines Vertrags gerichtet, bei welchem der A im Hinblick auf eine etwaige rechtsgeschäftliche Beziehung dem Geschäftsinhaber die Möglichkeit zur Einwirkung auf seine Rechte, Rechtsgüter und Interessen gewährt oder ihm diese anvertraut, vgl. § 311 II Nr. 2 BGB.**
Der Geschäftsinhaber ist zur Pflicht, alles Zumutbare zu unternehmen, um seine Kunden vor Schäden an Leben und Gesundheit zu schützen. Das bloße Betreten eines Ladens genügt jedoch nicht, um ein gesteigertes Vertrauensverhältnis zu begründen. Daher scheiden Ansprüche aus § 280 I 2 BGB auszugehen. Ausreichend ist daher eine des Geschädigten der Nachweis des objektiv verkehrsunsicheren Zustands im Verantwortungsbereich des Schuldners, hier durch die Bananenschale. Der Schuldner, also der Geschäftsinhaber muss dann nachweisen, dass er und seine Erfüllungsgehilfen alle zumutbaren Maßnahmen zur Vermeidung des Schadens ergriffen haben. Das wird regelmäßig nicht gelingen. **Von Vertretenmüssen ist daher auszugehen,** gegebenenfalls ist dem Geschäftsinhaber das *Verschulden der Erfüllungsgehilfen (z.B. Ladenangestellten) nach § 278 BGB zuzurechnen.* Die **Pflichtverletzung war ursächlich für den Schaden des A. A kann somit Schadensersatz aus §§ 280 I, 311 II Nr. 2, 241 II BGB verlangen** (u.U. gekürzt um einen *Mitverschuldensanteil*).

2. Abwandlung:
In der Abwandlung hat A von vornherein keinerlei Kaufabsicht. Sein **Verhalten ist nicht auf die Anbahnung eines Vertrags gerichtet.** Das bloße Betreten eines Ladens genügt jedoch nicht, um ein gesteigertes Vertrauensverhältnis zu begründen. **Daher scheiden Ansprüche aus § 280 I, 311 II Nr. 2, 241 II BGB aus.** Es kommen lediglich *deliktische Schadensersatzansprüche in Betracht.*

hemmer-Methode: Bei dauernden Geschäftsbeziehungen, innerhalb derer sich ein Vertrauensverhältnis herausgebildet hat, ist eine Haftung aus c.i.c. auch für Handlungen, die nicht unmittelbar auf die Anbahnung eines Vertrages gerichtet sind, gerechtfertigt, sofern die Handlung in engem Zusammenhang mit der Geschäftsbeziehung steht.

hemmer-Methode
ein modernes Lernsystem, das letztlich erklärt, was und wie Sie zu lernen haben. Gleichzeitig wird background vermittelt. Die typischen Bewertungskategorien eines Korrektors werden miterklärt. So lernen Sie Ihre imaginären Gegner (Ersteller und Korrektor) besser einzuschätzen und letztlich zu gewinnen. Denken macht Spass und Jura wird leicht.

---

examenstypisch - anspruchsvoll - umfassend

Die Karteikartensätze

Lernen Sie intelligent
mit der 5-Schritt-Methode.

Weniger ist mehr. Das schnelle Frage- und Antwortspiel sich auf dem Markt durchgesetzt. Mit der hemmer-Methode wird der Gesamtzusammenhang leichter verständlich, das Wesentliche vom Unwesentlichen unterschieden. Ideal für die AG und Ihre Lerngruppe: wiederholen Sie die Karteikarten und dem hemmer-Spiel „Jurapolis". Lernen Sie so im Hinblick auf die mündliche Prüfung frühzeitig auf Fragen knapp und präzise zu antworten. Wissenschaftlich ist erwiesen, dass von dem Gelernten in der Regel innerhalb von 24 Stunden bis zu 70% wieder vergessen wird. Daher ist es wichtig, das Gelernte am nächsten Tag zu wiederholen, bevor Sie sich neue Karteikarten vornehmen.
Mit den Karteikarten können Sie leicht kontrollieren, wie viel Sie behalten haben.
Karteikarten bieten die Möglichkeit, knapp, präzise und zweckrational zu lernen. Im Hinblick auf das Examen werden die wichtigsten examenstypischen Problemfelder vermittelt. Das Karteikartensystem entspricht modernen Lernkonzepten und führt zum „learning just in time" (Lernen nach Bedarf). Da sie kurz und klar strukturiert sind, kann mit ihnen in kürzester Zeit der Lernstoff erarbeitet und vertieft werden.

Basics - Zivilrecht
Das absolut notwendige Grundwissen vom Vertragsabschluß bis zum EBV. Alles was Sie im Zivilrecht wissen müssen. Die Grundlagen müssen sitzen.

20.01   12,80 €

Basics - Strafrecht
Karteikarten Basics-Strafrecht bieten einen Überblick über die wichtigsten Straftatbestände wie z.B.: Straftaten gegen Leib und Leben sowie Eigentumsdelikte und Straßenverkehrsdelikte, sowie verschiedene Deliktstypen, wichtige Probleme aus dem allgemeinen Teil, z.B. Versuch, Beteiligung Mehrerer, usw.

20.02   12,80 €

Basics - Öffentliches Recht
Anhand der Karten Basics-Öffentliches Recht erhalten Sie einen breitgefächerten Überblick über Staatsrecht, Verwaltungs-, und Staatshaftungsrecht. So lassen sich die verschiedenen Rechtsbehelfe optimal in ihrer Zulässigkeits- und Begründetheitsstation auf die Grundlagen hin erlernen.

20.03   12,80 €

BGB-AT I
Die BGB-AT I Karteikarten beinhalten das, was zum Wirksamwerden eines Vertrages beiträgt (Wirksamwerden der WE, Geschäftsfähigkeit, Rechtsbindungswille, usw.) bzw. der Wirksamkeit hindernd entgegensteht (Willensvorbehalte, §§ 116 ff., Sittenwidrigkeit, u.v.m.). Die Problemfelder der Geschäftsfähigkeit, insbesondere das Recht des Minderjährigen, dürfen bei dieser Möglichkeit zu lernen nicht fehlen.

22.01   14,80 €

BGB-AT II
Die BGB-AT II Karteikarten stellen in bekannt knapper und präziser Weise dar, was auf dem umfangreichen Gebiet der Stellvertretung von Ihnen erwartet wird. Die unerlässlichen Kenntnisse der Probleme der Anfechtung, der AGB-Bestimmungen und des Rechts der Einwendungen und Einreden können hiermit zur Examensvorbereitung wiederholt bzw. vertieft werden.

22.02   14,80 €

Die Karteikarten

Schuldrecht AT I
Im bekannten Format werden hier die Grundbegriffe des Schuldrechts dargestellt. Dazu gehören der Inhalt und das Erlöschen des Schuldverhältnisses (z.B. durch Erfüllung, Aufrechnung oder auch Rücktritt). Insbesondere die verschiedenen Probleme in Zusammenhang mit der Haftung im vorvertraglichen Schuldverhältnis nach §§ 280 I, 311 II, 241 II BGB (c.i.c.), das Verhältnis des allgemeinen Leistungsstörungsrechts zu anderen Vorschriften und die Formen und Wirkungen der Unmöglichkeit werden behandelt.

22.031   14,80 €

Schuldrecht AT II
Klassiker wie Verzug, Abtretung, Schuldübernahme, Vertrag zugunsten oder mit Schutzwirkung zugunsten Dritter und Drittschadensliquidation gehören hier genauso zum Stoff der Karteikarten wie die Gesamtschuldnerschaft und das Schadensrecht (§§ 249 ff. BGB), das umfassend von Schadenszurechnung bis hin zu Art, Inhalt und Umfang der Ersatzpflicht dargestellt wird.

22.032   14,80 €

Schuldrecht BT I
Bei diesen Karteikarten steht das Kaufrecht als examensrelevante Materie im Vordergrund. Die Schwerpunkte bilden aber auch Sachmängelrecht und die Probleme rund um den Werkvertrag.

22.40   14,80 €

Schuldrecht BT II
Die Karteikarten Schuldrecht BT II behandeln nach Kaufrecht im Karteikartensatz Schuldrecht BT I, die restlichen Vertragstypen. Dazu gehören vor allem das Mietrecht, der Dienstvertrag, die Bürgschaft und die GoA. Auch Gebiete wie z.B. Schenkung, Leasing, Schuldanerkenntnis und Auftrag kommen nicht zu kurz.

22.41   14,80 €

Bereicherungsrecht
Die §§ 812 ff. BGB sind regelmäßig die Folge unwirksamer Verträge. Abgrenzungsprobleme gibt es u.a. zum Wegfall der Geschäftsgrundlage (z.B. Rückabwicklung bei der nichtehelichen Lebensgemeinschaft) und §§ 987 ff. BGB. Der Karteikartensatz versteht sich als Gebrauchsanweisung für die erfolgreiche Bewältigung des anspruchsvollen Rechtsgebiets Bereicherungsrecht. Ohne Verständnis für dieses Rechtsgebiet bleibt der Zusammenhang im Zivilrecht im Dunkeln.

22.08   14,80 €

Deliktsrecht
Thematisiert werden im Rahmen dieser Karteikarten schwerpunktmäßig die §§ 823 I und 823 II BGB. Verständlich und präzise wird auch auf die Probleme der §§ 830 ff. eingegangen, wobei besonders auf den Verrichtungsgehilfen und die Gefährdungshaftung geachtet wird. Neben einem Einblick in das Staatshaftungsrecht wird auch die Haftung aus dem StVG, ProdHaftG und die negatorische/quasinegatorische Haftung behandelt.

22.09   14,80 €

Sachenrecht I
Mit den Karteikarten zum Sachenrecht können Sie ein so komplexes Gebiet wie dieses optimal wiederholen und Ihr Wissen trainieren.
Das Sachenrecht mit EBV, Anwartschaftsrecht und Pfandrechten ist für jeden Examenskandidaten ein Muss.

22.11   14,80 €

Sachenrecht II
Auch auf einem so schwierigen Gebiet wie dem Grundstücksrecht und den damit verbundenen Pfand- und Sicherungsrechten geben die Karteikarten nicht nur eine zügige Wissensvermittlung, sondern reduzieren die Komplexität des Immobiliarsachenrechts auf das Wesentliche und erleichtern somit die eigene Systematik, z.B. des Hypothek- und Grundschuldrechts, zu verstehen. Begriffe wie die Vormerkung und das dingliche Vorkaufsrecht müssen im Examen beherrscht werden.

22.12   14,80 €

Kreditsicherungsrecht
Die Karteikarten als Ergänzung zum Skript Kreditsicherungsrecht ermöglichen Ihnen, spielerisch mit den einzelnen Sicherungsmitteln umzugehen, und die Unterschiede zwischen akzessorischen und nichtakzessorischen Sicherungsmitteln genauso wie ihre Besonderheiten zu beherrschen.

22.13   14,80 €

Die Karteikarten

Arbeitsrecht

Arbeitsrecht ist stark von Richterrecht geprägt und hat sich auch, wie z.B. im Streikrecht, praeter legem entwickelt. Entsprechend häufig sind die Neuerungen. Gleichwohl ist die Arbeitsrechtsklausur im Regelfall standardisiert: Kündigungsschutz (Feststellungsklage) und Lohnzahlung (Leistungsklage) bilden häufig das Grundgerüst. Eingestreut sind regelmäßig Probleme wie z.B. Gratifikationen, Urlaubsabgeltungsanspruch, faktische Bindung und Anwendbarkeit der Grundrechte.
Verständnis entsteht, so macht Arbeitsrecht Spaß.

22.18 *14,80 €*

Familienrecht

Die wichtigsten Problematiken dieses Gebietes werden hier im Überblick dargestellt und erleichtern Ihnen den Umgang mit Ehe, Sorgerecht, Vormundschaft, aber auch dem Familienprozessrecht.

22.14 *14,80 €*

Erbrecht

Die Grundzüge des Erbrechts mit den einzelnen Problematiken der gewillkürten und gesetzlichen Erbfolge, des Pflichtteilrechts und der Erbenhaftung gehören ebenso zum Examensstoff wie die Annahme und Ausschlagung der Erbschaft und die Problematik mit dem Erbschein. Die Grundlagen zu beherrschen ist wichtiger als einzelne Sonderprobleme.

22.15 *14,80 €*

ZPO I

ZPO taucht zunehmend in den Examensklausuren auf und darf nicht vernachlässigt werden. Nutzen Sie die Möglichkeit, sich durch die knappe und präzise Aufbereitung in den Karteikarten mit dem Prozessrecht vertraut zu machen, um im Examen eine ZPO-Klausur in Ruhe angehen zu können.

22.16 *14,80 €*

ZPO II

Die Karteikarten ZPO II führen Sie quer durch das Recht der Zwangsvollstreckung bis hin zu den verschiedenen Rechtsbehelfen in der Zwangsvollstreckung. Dabei können Rechtsbehelfe wie die Vollstreckungsgegenklage oder die Drittwiderspruchsklage den Einstieg in eine BGB-Klausur bilden.

22.17 *14,80 €*

Handelsrecht

Im Handelsrecht kehren oft bekannte Probleme wieder, die mittels der Karteikarten optimal wiederholt werden können. Auch für das umfassende Schuld- und Sachenrecht des Handels, in dem auch viele Verknüpfungen zum BGB bestehen, bieten die Karteikarten einen guten Überblick.

22.191 *14,80 €*

Gesellschaftsrecht

Die Personengesellschaften, Körperschaften und Vereine haben viele Unterschiede, weisen aber auch Gemeinsamkeiten auf. Um diese mit allen wichtigen Problemen optimal vergleichen zu können, eignen sich besonders die Karteikarten im Überblicksformat.

22.192 *14,80 €*

Strafrecht-AT I

Das vorsätzliche Begehungsdelikt mit all seinen Problemen der Kausalität, der Irrtumslehre bis hin zur Rechtfertigungsproblematik und Schuldfrage ist hier umfassend, aber in bekannt kurzer und übersichtlicher Weise dargestellt.

22.20 *14,80 €*

Strafrecht-AT II

Die Karteikarten Strafrecht AT II decken die restlichen Problemkreise Versuch (insbesondere Rücktritt vom Versuch), Täterschaft und Teilnahme, das Fahrlässigkeitsdelikt und die oft vernachlässigten Konkurrenzen ab.

22.21 *14,80 €*

Die Karteikarten

Strafrecht-BT I

Ergänzend zum Skript werden Ihnen hier die Vermögensdelikte in knapper und übersichtlicher Weise veranschaulicht. Besonders im Strafrecht BT, wo es oft zu Abgrenzungsproblematiken kommt (z.B. Abgrenzung zwischen Raub und räuberischer Erpressung) ist eine Darstellung auf Karteikarten sehr hilfreich.

22.22   14,80 €

Strafrecht-BT II

Die Strafrecht BT II - Karten befassen sich mit den Nichtvermögensdelikten. Besonderes Augenmerk wird hierbei auf die Körperverletzungsdelikte sowie die Urkundendelikte und die Brandstiftungsdelikte gelegt.

22.23   14,80 €

StPO

In fast jeder StPO-Klausur werden Zusatzfragen auf dem Gebiet des Strafprozessrechts gestellt. Es handelt sich hierbei meist um Standardfragen, aber gerade diese sollten Sie sicher beherrschen. Die Karteikarten decken alle Standardprobleme ab, von Prozessmaximen bis hin zu den einzelnen Verfahrensstufen.

22.30   14,80 €

Verwaltungsrecht I

Ob allgemeines oder besonderes Verwaltungsrecht - die einzelnen Probleme der Eröffnung des Verwaltungsrechtsweges werden Ihnen immer wieder begegnen. Wiederholen Sie hier auch Ihr Wissen rund um die Anfechtungsklage, welche die zentrale Klageart in der VwGO darstellt.

22.24   14,80 €

Verwaltungsrecht II

Von der Verpflichtungsklage über die Leistungsklage bis hin zum Normenkontrollantrag sowie weitere Bereiche, mit deren jeweiligen Sonderproblemen werden alle verwaltungsrechtlichen Klagearten dargestellt.

22.25   14,80 €

Verwaltungsrecht III

Mittels Karteikarten können die Spezifika der jeweiligen Rechtsgebiete umfassend aufbereitet und verständlich erklärt werden. Thematisiert werden im Rahmen dieser Karten das Widerspruchsverfahren, der vorläufige sowie der vorbeugende Rechtsschutz und das Erheben von Rechtsmitteln.

22.26   14,80 €

Staats- und Verfassungsrecht

Karteikarten eignen sich besonders gut, die einzelnen Grundrechte, Verfassungsrechtsbehelfe und Staatszielbestimmungen darzustellen, da gerade die einschlägigen Rechtsbehelfe zum Bundesverfassungsgericht sehr klaren und eindeutigen Strukturen folgen, innerhalb derer eine saubere Subsumtion notwendig ist. Das Gesetzgebungsverfahren und die Aufgaben der obersten Staatsorgane können hierbei gut wiederholt werden. Auch wird ein kurzer Einblick in die auswärtigen Beziehungen und die Finanzverfassung gegeben.

22.27   14,80 €

Europarecht

Nutzen Sie die Europarechtskarteikarten, um im weitläufigen Gebiet des Europarechts den Überblick zu behalten. Vom Wesen und den Grundprinzipien des Gemeinschaftsrechts über das Verhältnis von Gemeinschaftsrecht zum mitgliedstaatlichen Recht bis hin zu den Institutionen wird hier übersichtlich alles dargestellt, was Sie als Grundlagenwissen benötigen. Hinzu kommen die klausurrelevanten Bereiche des Rechtsschutzes und der Grundfreiheiten.

22.29   14,80 €

Übersichtskarteikarten

Ihr Begleiter vom 1. Semester bis zum 2. Staatsexamen! Die wichtigsten Problemfelder im Zivil-, Straf- und Öffentlichen Recht sind knapp, präzise und übersichtlich dargestellt. Sie erfassen effektiv auf einen Blick das Wesentliche. Die grafische Aufbereitung auf der Vorderseite erleichtert den schnellen Zugriff. Die Kommentierung mit der hemmer-Methode auf der Rückseite schafft die Einordnung für die Klausur. Nutzen Sie die Übersichtskarten auch als Checkliste zur Kontrolle.

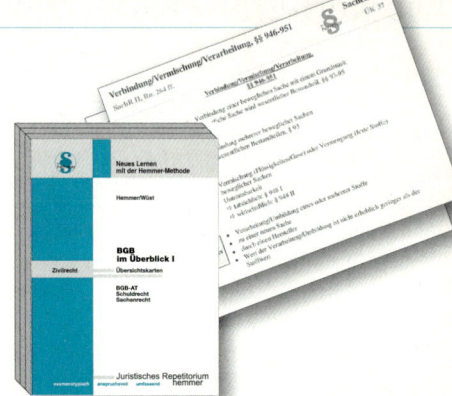

BGB im Überblick I

Mit den Übersichtskarteikarten verschaffen Sie sich einen schnellen und effizienten Überblick über die wichtigsten zivilrechtlichen Problemkreise des BGB-AT, Schuldrecht AT und BT sowie des Sachenrecht AT und BT.
Knapp und teilweise graphisch aufbereitet vermitteln Ihnen die Übersichtskarten das Wesentliche. Aufbauschemata helfen Ihnen bei der Subsumtion. Für den Examenskandidaten sind die Übersichtskarten eine „Checkliste", für den Anfänger eine Möglichkeit zum ersten Einblick.

25.01   *30,00 €*

BGB im Überblick II

Diese Karteikarten bieten einen Überblick der Gebiete Erbrecht, Familienrecht, Handelsrecht, Arbeitsrecht und ZPO.
Für den Examenskandidaten sind die Übersichtskarteikarten eine „Checkliste", für den Anfänger eine Möglichkeit zum ersten Einblick.

25.011   *30,00 €*

Strafrecht im Überblick

Die Übersichtskarten leisten eine Einordnung in den strafrechtlichen Kontext. Im Hinblick auf das Examen werden so die wichtigsten examenstypischen Problemfelder vermittelt. Behandelt werden die Bereiche Strafrecht AT I und II wie auch BT I und II und StPO. Im Strafrecht BT ist bekanntlich fundiertes Wissen der Tatbestandsmerkmale mit ihren Definitionen gefragt, was sich durch Lernen mit den Übersichtskarten gezielt und schnell wiederholen lässt.

25.02   *30,00 €*

Öffentliches Recht im Überblick

Verschaffen Sie sich knapp einen Überblick über das Wesentliche der Gebiete Staatsrecht und Verwaltungsrecht. Die verwaltungs- und staatsrechtlichen Klagearten, Staatszielbestimmungen und die wichtigsten Vorschriften des Grundgesetzes werden mit den wichtigsten examenstypischen Problemfeldern verknüpft und vermindern in der gezielten Knappheit die Datenflut.

25.03   *16,80 €*

ÖRecht im Überblick / Bayern
ÖRecht im Überblick / NRW

Mit dem zweiten Satz der Übersichtskarteikarten im Öffentlichen Recht können Sie Ihr Wissen nun auch auf dem Gebiete Polizei- und Sicherheitsrecht überprüfen und auffrischen. Die wichtigsten Probleme auf den Gebieten Baurecht und Kommunalrecht werden im klausurspezifischen Kontext dargestellt, z.B. die Besonderheiten von Kommunalverfassungsstreitigkeiten im Kommunalrecht oder Fortsetzungsfeststellungsklagen im Polizeirecht.

25.031 ÖRecht im Überb. / Bayern   *16,80 €*

25.032 ÖRecht im Überb. / NRW   *16,80 €*

Europarecht/Völkerrecht im Überblick

Die Übersichtskarten zum Europarecht dienen der schnellen Wiederholung. Gerade in diesem Rechtsgebiet ist es wichtig, einen schnellen Überblick über Institutionen, Klagearten usw. zu bekommen. Klassiker wie Grundfreiheiten und Verknüpfungen zum deutschen Recht werden ebenfalls dargestellt. Komplettiert wird der Satz durch eine Darstellung der Grundzüge des Völkerrechts.

25.04   *16,80 €*

Assessor-Skripten/-Karteikarten/BWL-Skripten

Skripten Assessor-Basics

Trainieren Sie mit uns genau das, was Sie im 2. Staatsexamen erwartet. Die Themenbereiche der Assessor-Basics sind alle examensrelevant. So günstig erhalten Sie nie wieder eine kleine Bibliothek über das im 2. Staatsexamen relevante Wissen. Die Skripten dienen als Nachschlagewerk, sowie als Anleitung zum Lösen von Examensklausuren.

Theoriebände

Die Zivilrechtliche Anwaltsklausur/Teil 1:
410.0004   18,60 €

Das Zivilurteil
410.0007   18,60 €

Die Strafrechtsklausur im Assessorexamen
410.0008   18,60 €

Die Assessorklausur Öffentliches Recht
410.0009   18,60 €

Klausurentraining (Fallsammlung)
Zivilurteile
410.0001   18,60 €

Arbeitsrecht
410.0003   18,60 €

Strafprozess
410.0002   18,60 €

Zivilrechtliche Anwaltsklausuren/Teil 2:
410.0005   18,60 €

Öffentlichrechtl. u. strafrechtl. Anwaltsklausuren
410.0006   18,60 €

Karteikarten Assessor-Basics

Zivilprozessrecht im Überblick
41.10   19,80 €

Strafprozessrecht im Überblick
41.20   19,80 €

Öffentliches Recht im Überblick
41.30   19,80 €

Familien- und Erbrecht im Überblick
41.40   19,80 €

Skripten für BWL'er, WiWi und Steuerberater

Profitieren Sie von unserem know-how.
Seit 1976 besteht das in Würzburg gegründete Repetitorium hemmer und bildet mit Erfolg aus. Grundwissen im Recht ist auch im Wirtschaftsleben heute eine Selbstverständlichkeit. Die prüfungstypischen Standards, die so oder in ähnlicher Weise immer wiederkehren, üben wir anhand unserer Skripten mit Ihnen ein. Durch unsere jahrelange Erfahrung wissen wir, mit welchen Anforderungen zu rechnen sind und welche Aspekte der Ersteller einer juristischen Prüfungsklausur der Falllösung zu Grunde legt. Das prüfungs- und praxisrelevante Wissen wird umfassend und gleichzeitig in der bestmöglichen Kürze dargestellt. Der Zugang zur „Fremdsprache Recht" wird damit erleichtert. Unsere Erfahrung - Ihr Profit. Die richtige Investition in eine gute Ausbildung garantiert den Erfolg.

Privatrecht für BWL'er, WiWi & Steuerberater
18.01   14,80 €

Ö-Recht für BWL'er, WiWi & Steuerberater
18.02   14,80 €

Musterklausuren für's Vordiplom/PrivatR
18.03   14,80 €

Musterklausuren für's Vordiplom/ÖRecht
18.04   14,80 €

Die 74 wichtigsten Fälle:
BGB-AT, Schuldrecht AT/BT für BWL'er
118.01   14,80 €

Die 44 wichtigsten Fälle:
GesR, GoA, BerR für BWL'er
118.02   14,80 €

Coach dich!

Rationales Effektivitäts-Training zur Überwindung emotionaler Blockaden

70.05   19,80 €

Lebendiges Reden (inkl. CD)

Wie man Redeangst überwindet und die Geheimnisse der Redekunst erlernt.

70.06   21,80 €

NLP für Einsteiger

Sind Sie neugierig und wollen selbstbestimmt neue Wege entdecken und beschreiten?

Dieses Buch stellt Schlüsselfragen, enthält viele Beispiele aus der Praxis und hilft mit Übungen, die Beziehung zwischen Körper und Denken zu nutzen. So stehen Ihnen mehr Kraft und Fähigkeiten im erfolgreichen Umgang mit Menschen zur Verfügung.

71.01   12,80 €

Die praktische Lern-Karteikartenbox

-     Maße der Lernbox mit Deckel: je 160 mm x 65 mm x 120 mm
-     für alle Karteikarten, auch für die Überichtskarteikarten
-     inklusive Lernreiter als Sortierhilfe: In 5 Schritten zum Langzeitgedächtnis

28.01   1,99 €

Der Referendar von Jörg Steinleitner

24 Monate zwischen Genie und Wahnsinn

Das gesamte nicht-examensrelevante Wissen über Trinkversuche, Referendarsstationen, Vorstellungsgespräch... Humorvoll und sprachlich spritzig!

250 Seiten im Taschenbuchformat

70.01   8,90 €

Der Rechtsanwalt von Jörg Steinleitner

Meine größten (Rein-) Fälle

Die im vorliegenden Band überarbeiteten und ergänzten Kolumnen erschienen in der Zeitschrift Life&LAW unter dem Titel: „Voll, der Jurist".

250 Seiten im Taschenbuchformat

70.02   9,90 €

Demnächst erhältlich:

Der Jurist

Ein Leerbuch für Leader von Jörg Steinleitner

Die Gesetzesbox

-     stabile Box aus geprägtem Kunstleder mit Magnetverschluss
-     für Ihre Gesetzestexte (Schönfelder und Sartorius)
-     innen und außen gepolstert

28.05   24,80 €

Klausurenblock

DinA 4, 100 Blatt, Super praktisch

-     Wie in der Prüfung wissenschaftlicher Korrekturrand, 1/3 von links
-     glattes Papier zum schnellen Schreiben
-     Klausur schreiben, rausreißen, fertig

KL 1   1,79 €
S 810   DinA 4, 100 Blatt, 10er Pack 15,00 €

Intelligentes Lernen Wiederholungsmappe

Wiederholungsmappe inklusive Übungsbuch und Mindmapps

75.01   9,90 €

Jurapolis - das hemmer-Spiel

Mit Jurapolis lernen Sie Jura spielerisch. Die mündliche Prüfungssituation wird spielerisch trainiert. Sie trainieren im Spiel Ihre für die mündliche Prüfung so wichtigen rhetorischen Fähigkeiten. Vergessen Sie nicht, auch im Mündlichen wird entscheidend gepunktet.

Inklusive Karteikartensatz (ohne Übersichtkarteikarten und Shorties) nach Wahl, bitte bei Bestellung angeben!

Lässt sich auch mit eigenen Karteikarten spielen!

40.01   30,00 €

Bestellschein

Bestellen Sie:
per Fax: 09 31/79 78 240
per e-Shop: www.hemmer-shop.de
per Post: hemmer/wüst Verlagsgesellschaft
Mergentheimer Str. 44, 97082 Würzburg

D						

Kundennummer (falls bekannt)

Absender:

Name: _____ Vorname: _____

Straße: _____ Hausnummer: _____

PLZ: _____ Ort: _____

Telefon: _____ E-Mail-Adresse: _____

Bestell-Nr.:	Titel:	Anzahl:	Einzelpreis:	Gesamtpreis:

+ Versandkostenanteil: 3,30 €
ab 30.- € versandkostenfrei!

Gesamtsumme

Prüfen Sie in Ruhe zuhause!
Alle Produkte dürfen innerhalb von 14 Tagen an den Verlag (Originalzustand) zurückgeschickt werden. Es wird ein uneingeschränktes gesetzliches Rückgaberecht gewährt. Hinweis: Der Besteller trägt bei einem Bestellwert bis 40 € die Kosten der Rücksendung. Über 40 € Bestellwert trägt er ebenfalls die Kosten, wenn zum Zeitpunkt der Rückgabe noch keine (An-) Zahlung geleistet wurde.
Ich weiß, dass meine Bestellung nur erledigt wird, wenn ich in Höhe meiner Bestellungs-Gesamtsumme zzgl. des Versandkostenanteils zum Einzug ermächtige. Bestellungen auf Rechnung können leider nicht erledigt werden. Bei fehlerhaften Angaben oder einer Rücklastschrift wird eine Unkostenpauschale in Höhe von 8 € fällig. Die Lieferung erfolgt unter Eigentumsvorbehalt.

Buchen Sie die Endsumme von meinem Konto ab:

Kontonummer: _____

BLZ: _____

Bank: _____

☐ **Schicken Sie mir bitte unverbindlich und kostenlos Informationsmaterial über hemmer-Hauptkurse in** _____

Ort, Datum: _____ Unterschrift: _____

bitte abtrennen oder kopieren